本书所属课题为2019年度山东省人文社会科学课题—《习近平奋斗幸福观研究》（19–ZX–XS–06）。

大学生思想政治教育与传统文化的融合研究

孙巧丽 **著**

新华出版社

图书在版编目（CIP）数据

大学生思想政治教育与传统文化的融合研究 / 孙巧丽著 . -- 北京：新华出版社，2024. 7. -- ISBN 978-7-5166-7467-3

Ⅰ . G641

中国国家版本馆 CIP 数据核字第 2024YS4768 号

大学生思想政治教育与传统文化的融合研究

作　　者：孙巧丽

责任编辑：王依然　　　　　　　　封面设计：优盛文化

出版发行：新华出版社

地　　址：北京石景山区京原路 8 号　　　邮　　编：100040

网　　址：http://www.xinhuapub.com

经　　销：新华书店、新华出版社天猫旗舰店、京东旗舰店及各大网店

购书热线：010-63077122　　　　　中国新闻书店购书热线：010-63072012

照　　排：优盛文化

印　　刷：河北万卷印刷有限公司

成品尺寸：170mm×240mm

印　　张：13　　　　　　　　　　字　　数：210 千字

版　　次：2024 年 7 月第一版　　　印　　次：2024 年 7 月第一次印刷

书　　号：ISBN 978-7-5166-7467-3

定　　价：78.00 元

　　随着时代的发展和科技的进步，人类社会正经历一场前所未有的深刻变革。经济全球化、信息化、网络化等词汇已经成为描述这个时代的关键词。大学生是国家和民族的未来，在这样的时代背景下，他们的思想政治素养如何，对于整个社会的进步具有重要意义。在文化多元化发展的今天，将中华优秀传统文化融入大学生思想政治教育，对于学生个人的成长和我国的长远发展意义重大。

　　大学生在接受思想政治教育过程中，通过了解和学习中华优秀传统文化，可以提升自身的道德素养，明确个人的追求方向，增强问题辨析能力，增强抗压能力，增强付出意识和责任感；同时，对中华优秀传统文化的了解和学习，有助于大学生提升自身的民族自豪感和认同感，更好地理解中华民族的历史，更深刻地理解中华民族的过去、现在和未来，树立民族自信和文化自信，成长为合格的社会主义建设者和接班人。

　　首先，本书介绍了大学生思想政治教育的内涵、基本模式，我国大学生思想政治教育的发展历程，文化的内涵、育人作用，以及中华优秀传统文化的内涵、现代价值等内容。这部分旨在明确相关的概念，为后续的探讨提供参照和指导。

　　然后，本书对于大学生思想政治教育与中华优秀传统文化融合育人的基础以及指导理论进行了详细分析。这部分旨在对相关问题提供理论解读和实践指导。

　　最后，本书对于大学生思想政治教育与中华优秀传统文化融合育人的具体措施进行了深入研究，包括路径、保障体系以及创新探索等。这部分的研究内容更注重实践操作，希望能够为教育实践提供有效的方法和策略，提升教育的实效性。

　　鉴于笔者水平有限，书中难免存在不足之处，敬请各位读者指正。

目录
CONTENTS

第一章 我国大学生思想政治教育概述

第一节 大学生思想政治教育的内涵、本质与特征

一、大学生思想政治教育的内涵

（一）思想政治教育的渊源

思想政治教育是社会群体用一定的思想观念、政治观点、道德规范，对其成员施加有目的、有计划、有组织的影响，使他们形成符合一定要求的思想品德的社会实践活动。思想政治教育的历史十分悠久，最早可以追溯到尧舜时代，当时就已经有了专门进行品德教育的学官——司徒，而儒家的道德教育则是在很长一段时间内成为中国封建社会思想品德教育的主流。本书所研究的思想政治教育，主要针对的是近现代思想政治教育，是马克思主义思想政治教育，是以马克思主义基本理念及其中国化成果为主要教学内容的思想教育活动。

1847 年，卡尔·海因里希·马克思（Karl Heinrich Marx）与弗里德里希·恩格斯（Friedrich Engels）在英国伦敦创立了第一个国际性的无产阶级政党——共产主义者同盟，并起草了《共产主义者同盟章程》，其中明确强调同盟的成员要"具有革命毅力并努力进行宣传工作"。马克思主义者早期对于"宣传工作"的重视，实际上就是对于思想政治教育工作的重视。

20 世纪初，列宁（Lenin）明确提出了"政治工作"和"政治教育工作"的概念。"政治教育"实质上就是现在的思想工作，主要任务是向群众积极宣传先进的共产主义思想。

1934 年，斯大林（Stalin）在联共（布）十七大总结报告中提出了"思想工作"和"政治思想工作"的概念，规定了政治思想工作的六项基本任务和内容，并将其纳入国家的政治文化生活和学校教育的轨道。

在我国，"思想政治教育"的概念是中国共产党在中国社会主义革命和建设实践中逐步确立的。1945年，毛泽东在《论联合政府》报告中指出："掌握思想教育，是团结全党进行伟大政治斗争的中心环节。如果这个任务不解决，党的一切政治任务是不能完成的。"1950年，在中华全国学生联合会第十四届第二次执行委员会扩大会议上通过的《中国学生当前任务的决议》中，第一次提出了"思想政治教育"的概念。

改革开放后，思想政治教育的概念也随之发展。1980年，第一机械工业部和全国机械工会在北京召开思想政治工作座谈会，第一次提出"思想政治工作应成为一门科学"的重要论断。1983年，中共中央批转了《国营企业职工思想政治工作纲要（试行）》，其中规定"现有的全国综合性大学、文科院校，各部、委、总局所属的大专院校，有条件的都要增设政治工作专业或政治工作干部进修班"。为了落实这一精神，教育部专门召开政工专业论证会，最后确定学科全称为"思想政治教育学"，专业名称为"思想政治教育专业"，并决定从1984年开始招生。

（二）大学生思想政治教育内涵的界定

伴随着我国思想政治教育概念的确立和思想政治学科的设立，"思想政治教育"这一概念成了规范的术语，思想政治教育逐步走上了科学化、系统化与规范化的发展轨道。

"高校"是"高等学校"的简称，指的是实施高等教育的学校，包括大学、专门学院与高等专科学校，具有人才培养、科学研究、社会服务与文化传承创新的职能。高校是学生学习知识和技能的重要场所，同时，也是思想政治教育开展的重要阵地。大学生思想政治教育即以高校为教学主阵地开展的思想政治教育。

从目的来看，大学生思想政治教育是为实现一定的政治目标而有目的地对大学生施加意识形态的影响，进而实现对于大学生思想转变的教育活动。从内容来看，大学生思想政治教育是通过教授马克思主义理论及其中国化成果、中国的革命与建设历程、德育与美育相关知识、国家政策与国内外形势等内容，提升大学生思想认知水平，促进大学生身心健康发展的教学活动。从学科建设层面来看，大学生思想政治教育是运用马克思主义理论与方法，专门研究人的思想品德形成、发展规律和大学生思想政治教育规律，培养大学生正确世界观、人生观、价值观的高等教育学科。

综上所述，大学生思想政治教育指的是在一定的社会阶段，以高校为教学主阵地，用一定的思想观念、政治观点、道德规范，对以大学生为主的受教育群体施加有目的、有计划、有组织的影响，使他们形成符合一定要求的思想品德的社会实践活动。

（三）新时代的大学生思想政治教育

大学生思想政治教育在新时代仍在不断地发展与完善。2019年8月，《关于深化新时代学校思想政治理论课改革创新的若干意见》发布，在"完善思政课课程教材体系"部分提出了以下四点内容（其中"思政课"为"思想政治理论课"的简称）。

（1）整体规划思政课课程目标。在大中小学循序渐进、螺旋上升地开设思政课，引导学生立德成人、立志成才，树立正确世界观、人生观、价值观，坚定对马克思主义的信仰，坚定对社会主义和共产主义的信念，增强中国特色社会主义道路自信、理论自信、制度自信、文化自信，厚植爱国主义情怀，把爱国情、强国志、报国行自觉融入坚持和发展中国特色社会主义事业、建设社会主义现代化强国、实现中华民族伟大复兴的奋斗之中。大学阶段重在增强使命担当，引导学生矢志不渝听党话跟党走，争做社会主义合格建设者和可靠接班人。高中阶段重在提升政治素养，引导学生衷心拥护党的领导和我国社会主义制度，形成做社会主义建设者和接班人的政治认同。初中阶段重在打牢思想基础，引导学生把党、祖国、人民装在心中，强化做社会主义建设者和接班人的思想意识。小学阶段重在启蒙道德情感，引导学生形成爱党、爱国、爱社会主义、爱人民、爱集体的情感，具有做社会主义建设者和接班人的美好愿望。

（2）调整创新思政课课程体系。加强以习近平新时代中国特色社会主义思想为核心内容的思政课课程群建设。在保持思政课必修课程设置相对稳定基础上，结合大中小学各学段特点构建形成必修课加选修课的课程体系。全国重点马克思主义学院率先全面开设"习近平新时代中国特色社会主义思想概论"课。博士阶段开设"中国马克思主义与当代"，硕士阶段开设"中国特色社会主义理论与实践研究"，本科阶段开设"马克思主义基本原理概论""毛泽东思想和中国特色社会主义理论体系概论""中国近现代史纲要""思想道德修养与法律基础""形势与政策"，专科阶段开设"毛泽东思想和中国特色社会主义理论体系概论""思想道德修养与法律基础""形势与政策"等必修课。各高校要重点围绕习近平新时代中国特色社会主义思想，党史、国史、改革开放史、社会主义发展史，宪法法律，中华优秀传统文化等设定课程模块，开设系列选择性必修课程。高中阶段开设"思想政治"必修课程，围绕学习习近平总书记最新重要讲话精神开设"思想政治"选择性必修课程。初中、小学阶段开设"道德与法治"必修课程，可结合校本课程、兴趣班开设思政类选修课程。

（3）统筹推进思政课课程内容建设。坚持用习近平新时代中国特色社会主义思想铸魂育人，以政治认同、家国情怀、道德修养、法治意识、文化素养为重点，以爱党、爱国、爱社会主义、爱人民、爱集体为主线，坚持爱国和爱党爱社会主义相统一，系统开展马克思主义理论教育，系统进行中国特色社会主义和中国梦教育、社会主义核心价值观教育、法治教育、劳动教育、心理健康教育、中华优秀传统文化教育。遵循学生认知规律设计课程内容，体现不同学段特点，研究生阶段重在开展探究性学习，本专科阶段重在开展理论性学习，高中阶段重在开展常识性学习，初中阶段重在开展体验性学习，小学阶段重在开展启蒙性学习。

（4）加强思政课教材体系建设。国家教材委员会统筹大中小学思政课教材建设，科学制定教材建设规划，注重提升思政课教材的政治性、时代性、科学性、可读性。国家统一开设的大中小学思政课教材全部由国家教材委员会组织统编统审统用，在教材中及时融入马克思主义中国化最新成果、坚持和发展中国特色社会主义最新经验、马克思主义理论学科最新研究进展。地方或学校开设的思政课选修课教材，由各地负责组织审定。研究编制习近平新时代中国特色社会主义思想进课程教材指导纲要，研究编制中华优秀传统文化、革命文化、社会主义先进文化、科技创新文化及总体国家安全观等进课程教材指南，编制中华民族古代历史和革命建设改革时期英雄人物、先进模范进课程教材图谱，分课程组织编写高校思政课专题教学指南，组织专家编写深度解读教材体系的示范教案，实施思政课优秀讲义出版工程，开列马克思主义经典著作、当代中国马克思主义理论著作、中华优秀传统文化典籍书单，建设思政课网络教学资源库。

由上述内容可知，新时代大学生思想政治教育是在中国特色社会主义新时代背景下推进的思想政治教育，与之前的大学生思想政治教育相比，基本内涵未发生变化，在教学内容上增加了以习近平新时代中国特色社会主义思想为代表的马克思主义中国化的最新成果，同时，将新时代新的教育理念与思想政治教学内容融入大学生思想政治教育的总体系之中。

二、大学生思想政治教育的本质

（一）德育的本质

1.思想政治课属于德育的范畴

在当代，思想政治课（思想政治理论课）是立德树人、为学生培根铸魂的课程。对于学生教育来说，学习成绩仅仅是衡量学生发展的重要指标之一，所谓德、智、体、美、劳"五育"并举，"德"排在第一位，这说明，在教育中，培养学生良好的品德，促进学生道德品质的完善，是重中之重。德育的任务是通过社会德育、社区德育、学校德育和家庭德育等基本途径，有目的地培养学生形成良好的品德，提升学生的道德认识能力、道德判断能力和自我约束能力。

大学生思想政治教育的重要任务就是使大学生能够自觉坚持马克思主义科学的世界观和方法论，能够根据客观条件对自身成长与国家发展、社会进步和人类文明做出正确的价值判断和行为选择，坚定中国特色社会主义理想信念，弘扬和践行社会主义核心价值观。可见，大学生思想政治教育非常重视道德的发展，这与德育具有内在的一致性。

思想政治课属于德育范畴还可以从思想政治课的发展历史中看出来。我国古代虽然没有思想政治教育、德育等相关概念，但是有思想教育、政治教育、道德教育的理念与实践，这为现代思想政治教育的开展提供了宝贵的历史经验。在土地革命战争时期，革命根据地的学校教育就已经将思想政治学科作为一门重要的课程来开设，以满足革命的需要。中华人民共和国成立后，思想政治（思想品德）课更是在各级别学校普遍开设，成为对学生实施德育的重要阵地。

2.思想政治课是学校德育工作的核心和主要途径

与其他学科强调专业知识的教学不同，思想政治课强调学生思想道德体系的构建，提倡教育工作者充分发挥主观能动性，运用各种方式帮助学生构建正确的世界观、人生观、价值观，完善学生的思想道德体系，使学生的身心能够和谐、健康发展，并能够运用马克思主义的科学理论指导自身的实践。

思想政治课是学校德育工作的核心和主要途径，是一门以解决"人"的问题为根本任务的课程。它关注人的全面发展，强调学生思想道德修养的提升和个性的健全发展。这门课程致力于培养社会主义建设者和接班人，不仅关乎学生的成长成才，而且关乎社会的和谐稳定和国家的长治久安。

作为一种教育方式，思想政治课强调学生思想道德体系的构建，以培育合格的社会主义事业建设者和接班人为重要目标，通过讲授马克思主义理论和社会主义基本理论、基本路线、基本方略，引导学生坚定理想信念，树立正确的世界观、人生观和价值观。它与其他学科的主要区别在于，思想政治课不仅传授知识，而且注重情感熏陶、价值引导，以及对学生心灵的启迪和塑造。

思想政治教育在高校德育工作中占有核心地位，主要体现在以下几个方面。首先，思想政治教育是社会主义核心价值观的重要传授途径。思想政治教育能够以严密的理论逻辑和深入的实践分析，使大学生深入理解和坚定践行社会主义核心价值观，帮助大学生形成坚定的理论信念和道德自觉。其次，思想政治教育是培养大学生社会责任感和国家使命感的重要途径。思想政治教育通过对国家的历史和现实的分析，对国家发展战略的讲述和对中华民族伟大复兴的展望，使大学生深刻理解个人命运与国家和民族命运的内在联系，积极承担起社会责任和历史使命。最后，思想政治教育是塑造大学生健康人格的重要途径。在教学过程中，教师通过深入浅出的讲解、生动的案例分析、富有启发的课堂讨论等方式，帮助学生提高思维能力，增强批判性思维，使其在主动思考中形成自主性的人格特质。

（二）美育的本质

大学生思想政治课是一门美育课程。要想深入分析大学生思想政治教育的美育本质，首先要对美育有一个全面的了解。

1.美育的内涵

美育的概念是由弗里德里希·席勒（Friedrich Schiller）于1793年在《美育书简》中首次提出的。席勒认为，教育的内容有许多种，有促进基础知识发展的教育，有促进身心健康的教育，有促进艺术水平提升的教育，有促进道德进步的教育，还有促进审美与鉴赏力提升的教育，其中促进审美与鉴赏力提升的教育就是美育，这种教育以提升人的审美水平、审美能力为目标，将美的知识、美的观念融入教学体系之中，使人在接触美、学习美的过程中增强自身的审美判断能力，提升自己的审美水平，陶冶自己的情操，提升自己的道德，最终使人的感性与精神力量达到尽可能整体的和谐。席勒对于美育的定义对美育的发展产生了深远的影响。

法国思想家让－雅克·卢梭（Jean-Jacques Rousseau）认为，一个人审美能力的高低取决于其自身的感受力，而这种感受力主要是后天培养形成的，人在社会发展过程中也能够从中汲取知识，在自然和社会中认识美、发现美、鉴赏美。

受卢梭审美思想的影响，瑞士教育家约翰·海因里希·裴斯泰洛齐（Johann Heinrich Pestalozzi）同样重视自然美在美育中的作用。裴斯泰洛齐将自然美与人类思想道德培育联系起来，认为美育就是与自然携手共进的艺术。

学界对于美育的概念有多种阐释，比较主流的观点主要有以下几种。

部分学者认为，美育是德育的一部分，美育的主要作用是提升人的审美素质，而审美素质直接关系到人的思想道德建设，因此，美育对于人的德育有重要的促进作用。

也有部分学者认为，美育属于艺术教育的范畴。美是对人感官的刺激，作用于人的感性认知。美育就是提升人对基本美学表现形式的认知水平的教育过程，表现为具体的美术、音乐、舞蹈以及其他艺术形式的技能的培养。

还有部分学者认为，美育是一种情感教育，美育对人的情感具有重要的影响。持这一观点的人有王国维、蔡元培等。

在充分参考不同学者关于美育的论述后，本书将美育的概念总结如下：美育是运用生活中的社会美与自然美，传授审美观点，增强人的审美能力，提升人的审美水平，构建人的审美意识，唤醒人创造美的意愿，培养人创造美的能力，促进个体人格完善与整体素质提升的过程。

2.美育的内容

美育的内容丰富多彩，既包括审美认知的教育，也包括审美情感的培养和提升，还包括审美能力的实践教育。美育的内容主要包括以下几个方面。

（1）审美认知教育。审美认知就是人的审美认知过程以及自身所具有的审美知识体系。审美认知教育就是对于人审美活动中的认知过程与审美知识体系的教育，是审美信息的传递与加工的过程。审美认知教育的内容主要包括以下几点。

第一，审美基础知识教育。审美基础知识主要包括自然美育、社会美育与艺术美育的基本认知。审美教育不是艺术类课程、思想道德培育课程等课程的简单相加，而是课程与美育的有机融合。教育工作者可以将审美认知教育融入具体的美育课程之中，在开展具体领域美育的同时，融合审美认知的相关内容，穿插教授审美认知的基础知识。

审美知识是学生在接受审美教育的过程中逐渐形成的能力与知识结构，其形成过程是潜移默化的，但审美知识的获得是学生审美能力培养和提升的重要组成部分。倘若没有系统的审美基础知识教育，学生会难以把握审美认知的形成过程。开展审美基础知识教育，要注意教育过程的系统性与层次性，教学过程循序渐进，教学内容层次分明，保证所教授审美知识结构的系统性与完整性。

第二，审美对象的对比与辨别。随着世界文化交流的增加，各种新的审美形式不断产生、发展、融合，这既是文化发展的体现，也对审美认知教育提出了挑战——要提升学生对于具体审美形式的辨别能力。审美认知是多元化的，因此，要在审美认知教育的过程中重视对于不同类型审美对象的对比与辨别，让学生在对比中获取审美知识，提升审美素质，这一点，在艺术美育中体现得最为突出。

第三，民族传统文化的审美引导。文化是一个国家软实力的重要组成部分，是一个民族区别于其他民族的显著特征，是国家不断发展的重要根基与动力源泉。要坚定文化自信，弘扬中华优秀传统文化。具体到美育领域，要培养和提升学生的文化自信，首先要帮助学生更加深入地了解中华优秀传统文化，提升学生对于文化的审美鉴赏能力，才能真正提升学生的文化自信。

中华优秀传统文化源远流长，博大精深，蕴含着五千年的智慧与历史，有着深厚的底蕴和强大的生命力，具有丰富的美育价值。中华优秀传统文化是中华民族屹立于世界民族之林的基础，是中华民族巨大的精神财富。因此，美育必须重视对于中华优秀传统文化的继承与发展。

（2）审美情感教育。审美情感指的是审美主体对于美的各种意识形式（如文学、艺术等）的情感表现和内在心理表现。审美情感教育包括审美关爱教育、审美理想教育和审美修养教育等。审美情感是审美活动的基础，如果没有审美情感，就不可能进行真正的审美欣赏和审美创造活动。审美情感教育主要包括以下几方面的内容。

第一，审美关爱教育。审美关爱注重个体之间情感的交流。这种情感发源于内心，是人格与审美情感相结合的产物，对于个体人格的完善、个体价值观的完善以及个体间情感交流具有重要的意义。目前，部分学生对于关爱、怜悯等审美情感并不重视，造成了审美情感的缺失。针对这种情况，学校应该重视美育的发展和建设，重视对于学生审美关爱的教育。

第二，审美理想教育。理想是人们实现自身发展的重要内生驱动力。审美理想是在审美经验的基础上形成的高层次审美范畴，普遍存在于人们的成长与发展过程之中，集中体现在艺术活动领域。审美理想对于人的认知活动与实践活动具有重要的推动作用。树立积极向上的审美理想，对于学生的成长与发展十分重要。因此，学校在开展美育的过程中，应该重视学生审美理想的培养，例如，教师可以在美育的过程中渗透审美理想的知识，或者专门开辟审美理想教育专题。

第三，审美修养教育。审美修养教育指的是在审美教育中有意识地促进受教育者审美心理结构的自我完善和发展，也就是实现从审美他育到审美自育的转变。修养作为一种美德的体现，本身就与审美具有密切的联系。培养和提升学生的审美修养，需要教师在审美情感教育的过程中，引导学生深入理解审美修养的含义，形成良好的审美修养。审美修养包括外在的形象修养、内在的气质修养以及思想道德修养。审美修养的培养和提升是一个时间跨度较长的过程，学生在不同阶段学习到的不同知识、形成的不同认知，都会对其审美修养产生影响。

（3）审美实践教育。实践是理论的基础，是理论的来源。美是伴随着人们认识自然和改造自然的活动而产生的，美学也是人们在实践中总结形成的理论精华，即美育理论的来源同样是实践。在美育教学中，教师应该重视将美育理论与美育实践充分结合，明确实践活动的美育性质，在实践活动的过程中穿插美育理论知识，使学生通过实践活动深化对于美育知识的理解。

美育涵盖领域广，涉及知识多，因此，审美实践形式应该是多种多样的，应涉及文化、艺术、道德等各个领域。学校可以根据美育内容组织相关实践活动，或者采用模块化教学方式，将具体的美育知识与美育实践相结合，构建理论与实践相对应的美育教学模块，使理论与实践实现有机结合。

3.思想政治课的美育性质

思想政治课本身是德育的重要途径，具有显著的德育性质，因此，其美育本质可以从美育与德育之间的关系层面来分析。

美育的核心是美，德育的核心是善，美与善之间有着密切的联系。在中国的传统思想中，美与善之间是密不可分的。例如，春秋战国时期，儒家思想主张"君子成人之美，不成人之恶。"[1]这里的"美"，就是指的"善"。直到今天，人们仍常以"美"来形容"善"。例如，人们经常形容一个人"心灵美"，这里的

---

[1]　孔子.论语 [M].杨伯峻，杨逢彬，注译.杨柳岸，导读.长沙：岳麓书社，2018：145-156.

"美"指的就是善良、高尚。儒家思想认为"仁"是美德的核心，且这种以"仁"为道德标准的理念在儒学中始终占据着核心地位，同时也成了中华民族传统美德的重要文化符号。

在西方，古希腊的哲学家苏格拉底（Socrates）最早对美与善之间的关系进行了阐述。苏格拉底从社会学的角度去观察美学，认为美的事物一定是有用的，而有害的事物则是丑陋的。苏格拉底将美与效用、美与善紧密结合在一起，认为凡是符合美的标准的行为，都是美德。①

古希腊哲学家柏拉图（Plato）在《理想国》中表达了自己对于美的看法。柏拉图认为，不同职业、不同等级的人各守本分，人就会拥有美德，社会就会和谐有序。

古希腊哲学家亚里士多德（Aristotle）对于美与善之间的关系进行了更为明确的阐释。他将美定义为一种善，认为美之所以能引起人们的快感，正是因为它是"善"的。②

我们还可以从教育手段的视角来考察美育与思想政治教育之间的关系。从字面上看，美育与思想政治教育的共同之处在于一个"育"字，即美育与思想政治教育都是以育人为目的的，两者都属于教育的范畴。思想政治教育不能通过简单说教的方式进行，对于大学生来说，其思维活跃，往往会对空洞的说教产生厌烦心理，因此一味地进行理论的灌输会严重影响思想政治教育的开展。这就需要借助美育对大学生进行道德教育，由于美育的过程普遍兼具趣味性与教育功能，因此，教育的审美化有利于促进思想政治教育更好开展。

美育不等于思想政治教育，但"美"以"善"为最终目的，德育是美育的中心和灵魂，而思想政治教育又是德育的途径，因此，美育具有思想政治教育的价值。美育的目的是提升人们的审美素养，而审美活动也是人们实践活动的一部分，如果审美活动不基于人们的道德规范，那么其本身也就难以存续。

倘若美育不以德育为中心和灵魂，则会造成两种较为严重的后果：其一，如果美育只追求形式之美，那么就会导致学生的审美价值观产生偏差，一味地追求穿着华丽、生活舒适，而忽视道德之美与心灵之美，容易导致互相攀比、价值观

① 柏拉图.柏拉图文艺对话集[M].朱光潜，译.南京：译林出版社，2020：164-194.
② 亚里士多德.政治学[M].北京：商务印书馆，2017：380-405.

扭曲、误入歧途。其二，假如美育不以德育为中心，则可能会在美育的过程中使美与丑、善与恶的边界变得模糊。

综上，我们可以看出，美育的内容涉及学生思想道德体系的完善构建以及身心的健康协调发展，这都是思想政治教育的重要内容与教学目标。且德育与美育之间存在着密切的联系，两者无论在价值追求上还是在内容上都具有非常强的内在一致性，因此，具有德育性质的思想政治课，其本身也具有非常强的美育性质。当然，美育不仅重视情感的熏陶，而且重视知识的积累与思维的锻炼。大学生思想政治课程包括政治理论课、政治素质课、中国共产党历史课、中国社会主义思想史课、中国近现代史课、马克思主义基本原理课等丰富的内容，其中涉及大量的知识教学，因此从知识积累与思维锻炼方面来看，大学生思想政治教育同样具有美育性质。由此我们可以看出，大学生思想政治教育具有显著的美育性质，同样也是美育开展的重要途径。

（三）智育的本质

大学生思想政治教育具有智育的性质，这是因为它不仅关注大学生的思想道德教育，还关注大学生的知识体系建设、认知能力提升以及对专业技能的理解和掌握。在高校教育中，将思想政治教育与专业技能培训相结合，有利于培养具备专业技能和思想政治素养的人才。大学生思想政治教育的智育功能主要体现在以下三个方面。

1. 知识体系建设

大学生思想政治教育强调培养学生全面、系统的知识体系，使其具备较高的政治觉悟和专业素养。在教学过程中，教师通过讲授系统的思想政治课程，帮助学生掌握社会主义核心价值观、国家政策法规以及职业道德等方面的知识。同时，教师还会引导学生了解行业发展趋势、市场需求以及职业技能要求。这样一来，学生在接受思想政治教育过程中会形成理论素养、职业素养相统一的知识结构。

2. 认知能力提升

大学生思想政治教育不仅要求学生掌握系统的知识体系，还要求提升其认知能力。在教学过程中，教师通过课堂讨论、案例分析、实践活动等多种教学手段，引导学生运用思想政治理论分析实际问题，培养其独立思考、判断和解决问题的能力。此外，教师还会关注学生的创新能力、团队协作能力和沟通能力等方面的培养，以使其在未来职业生涯中具备较强的竞争力。

3. 职业素质培养

在高校教育中，思想政治教育需要与职业技能培养相结合，旨在培养具备职业技能和思想政治素养的人才。大学生思想政治教育关注学生的职业素质培养，包括职业道德、职业心态、职业责任感等方面的内容，这是受高等教育的性质所决定的。教师通过课程设置、社会实践等途径，引导学生树立正确的职业观念，培养其职业道德、责任感和职业心态。此外，教师还会关注学生职业技能的培养，使其掌握所学专业的基本技能和操作方法，为其未来职业生涯打下坚实基础。

总之，大学生思想政治教育具有智育性质，其智育功能主要体现在知识体系建设、认知能力提升和职业素质培养三方面。发挥大学生思想政治教育的智育功能，能够培养学生具备全面、系统的知识体系，提高其认知能力，培养其职业素质，使其在未来职业生涯中具备较强的竞争力。因此，在高校教育中，教育工作者应重视思想政治教育的智育功能，将思想政治教育与专业教育有机结合，为培养高素质人才贡献力量。

三、大学生思想政治教育的特征

大学生思想政治教育是我国高等教育的重要组成部分，它既是马克思主义理论及其中国化成果宣传的主渠道，也是德育、美育、智育开展的重要途径。作为高等教育的一门学科，大学生思想政治教育具有特殊的地位，是高校各专业大学生所必需进修的课程。新时代大学生思想政治教育有着自身鲜明的特征，主要包括以下几点，如图 1-1 所示。

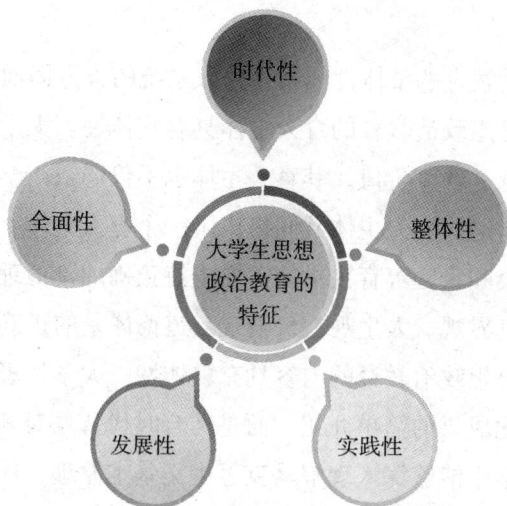

图 1-1　大学生思想政治教育的特征

（一）时代性

大学生思想政治教育具有鲜明的时代性，这与马克思主义理论的特性是分不开的。马克思主义理论不是一成不变的教条，而是一个发展、开放的理论，与时俱进是马克思主义理论的品质，因为一个科学的理论必须立足实践，随着时代的发展而不断丰富、发展，这样才能始终保持强大的生命力。马克思主义中国化成果就是马克思主义与中国实践不断结合的产物，是马克思主义理论发展性的典型体现。马克思主义理论的发展性也决定了以其为教学核心内容的大学生思想政治教育需要具有丰富的时代内涵，体现时代特色。

大学生思想政治教育的时代性在其教学内容上能够体现出来。新时代大学生思想政治教育的内容不仅包括马克思主义基本原理，还包括马克思主义中国化的一系列成果，以及国内政策、国际关系等内容，这些教学内容均具有鲜明的时代特征。

作为大学生思想政治教育重要的教学内容，毛泽东思想、中国特色社会主义理论体系和习近平新时代中国特色社会主义思想是马克思主义中国化的重要理论成果，是中国共产党人在领导中国人民进行革命、建设和改革过程中把马克思主义基本原理与中国具体实践相结合的理论成果，是符合中国在不同时代发展需求的科学指导理论。对这些课程的教学，能让学生明白马克思主义理论是如何指导中国人民开展实践的，以及学习如何从实践出发，正确地运用马克思主义理论解决实际问题。

（二）整体性

大学生思想政治教育的整体性体现在育人系统的方方面面。

首先，大学生思想政治教育的育人主体具有整体性。大学生思想政治教育具有丰富的德育、美育、智育价值，其育人主体也不仅局限于学校，还包括社会以及家庭等多个主体，这些育人主体共同组成了一个育人整体。若想取得理想的育人成果，学校、社会和家庭等育人主体需要秉持正确的价值理念，相向而行，协同配合，保证学生世界观、人生观、价值观与道德体系的正确构建。

其次，大学生思想政治教育的内容具有整体性。大学生思想政治课不是对马克思主义及其中国化成果的简单介绍，而是结合时代背景对其进行全面阐述与系统分析，目的是让学生能够深入理解马克思主义基本原理，能够深入理解国家的大政方针。

最后，大学生思想政治教育的整体性还体现在评价体系上。教育评价作为一种对于教学活动的价值判断过程，对于教学实践具有重要的导向作用，可以说，评价方式的不同对于大学生思想政治教育育人目标的确定、课程的组织形式、教学内容的选取、教学方法的运用等都具有重要的影响。大学生思想政治教育应当注重评价主体的多元化，改变以往以教师为主体的评价方式。同时，在评价内容上应注重对于学生的含知识结构、道德体系、价值观与身心发展在内的整体素质的评价，而不是片面地评价学生对于具体理论知识的掌握。

（三）实践性

马克思主义重视实践的作用，实践的观点也是马克思主义认识论首要的基本的观点。马克思主义认为实践对于认识有决定作用，是认识的来源与发展的动力，是检验认识真理性的唯一标准，同时也是认识的最终目的与归宿。马克思主义理论本身就是实践的成果，是以马克思、恩格斯为代表的马克思主义者在深入研究人类历史发展规律与社会实践发展特征的基础上创立，并在实践中不断丰富、发展和完善的无产阶级思想的科学体系。

中国共产党在不同的历史时期立足实践，坚持以马克思主义为指导，创造性地将马克思主义基本原理同中国的革命、建设与改革实践相结合，形成了一系列马克思主义中国化理论成果。这些马克思主义中国化的理论成果科学地回答了不同历史时期中国革命、建设与改革所面临的具体问题，明确了党和人民的主要任务，使马克思主义真理性在中国革命、建设与改革的实践中得以不断彰显，这也体现了马克思主义的实践性与与时俱进的特征。

马克思主义理论及其中国化成果是大学生思想政治教育的核心内容，因此，实践性自然也成了大学生思想政治教育的重要特性之一。大学生思想政治教育不仅在理论教学中强调实践的重要性，而且要使学生能够有效地将所学习的知识与具体实际情况紧密结合在一起，也就是说，要使学生将马克思主义理论及其中国化成果运用到各项实践活动中去，只有这样，思想政治课的教学目标才能得以实现。实践是检验真理的唯一标准，只有将思想政治课的教学内容运用到实践之中，才能有效地培养和提升学生的思想道德素质。

（四）发展性

大学生思想政治教育的发展性集中体现在教学内容、人才素质、教学方式等方面。

首先，从内容来看，大学生思想政治教育的核心教学内容是马克思主义理论及其中国化成果，这些理论是建立在实践基础之上的。马克思主义理论具有鲜明的发展性，与时俱进是其重要的品质，因此，马克思主义理论会随着实践的发展不断丰富与发展。时代的发展不断形成新的实践条件，马克思主义理论也在随着实践不断丰富和发展，因此，思想政治课的教学内容同样也是处于不断发展之中的。

其次，从社会对于人才的需求来看，当前我国高校的育人目的是培养全面发展的新时代的社会主义建设者和接班人，时代的发展对于人才的素质结构提出了新的要求，这也给大学生思想政治教育提出了新的课题。大学生思想政治教育作为德育、美育、智育的重要途径，肩负着健全和完善新时代高素质人才道德认知体系的重大任务。大学生思想政治教育要突出时代性与发展性，注重时代对人才素质的要求，坚持以马克思主义理论及其中国化成果为指导，以社会主义核心价值观为引领开展思想政治教育实践。

最后，随着时代的变化，教育理念与教学资源是不断发展的，与之相随的是，新的教学模式不断出现。大学生思想政治教育本身是一门高等教育课程，其同样也需要根据教育理念与教学资源的发展不断调整、优化教学模式。因此，无论从教学内容上看还是从教学过程上看，思想政治课都具有鲜明的发展性。

（五）全面性

大学生思想政治教育的全面性是与其德育、美育与智育的重要功能密切相连的。大学生思想政治教育与其他大学专业课的最大区别在于，它尤其重视学生综合素质的全面发展，不仅注重学生智力因素的提升，而且着力于学生非智力因素的培养和提高。不同类别的大学生思想政治教育课程的育人目标十分明确，有的针对的是学生的思想道德素质的培养与提升，有的则着眼于学生法治观念的培养与健全，还有的强调深化学生对于当前国内政策的理解与国际形势的认识。这些课程的设置，从当代大学生的思想状况与认知规律出发，旨在全面提升学生的综合素养，培育学生正确的成长与发展价值观。

大学生思想政治教育的全面性还体现在课程开设的范围上。由于其教育内容的重要性，大学生思想政治课程是在所有高校面对全体学生开设的。学生需要自觉进行思想政治知识的学习，以树立良好的价值观。

第二节　大学生思想政治教育的内容

大学生思想政治教育有广义与狭义之分。广义的大学生思想政治教育是推进马克思主义理论教学、健全和完善大学生思想道德体系以及帮助大学生正确构建世界观、人生观和价值观的重要途径。狭义的大学生思想政治教育指的则是在大学阶段中思想政治开展的最直接途径——思想政治课。本书分别从广义与狭义两个层面来讨论分析。

一、大学生思想政治教育内容的总体构成

从广义的概念出发，大学生思想政治教育内容的总体构成主要包括以下几个方面。

（一）坚定理想信念

理想是人奋斗的内驱力，是人的精神支柱，对人的发展具有重要的导向作用。信念在心理学上则是指人对自己的观念及其意识和行为的倾向与强烈的确信。理想和信念对于人具有重要的鼓舞作用。在个体成长与发展过程中，理想与信念密不可分。一个人的理想，体现着一个人的信念和追求。信念可以使人在追

求理想的过程中获得一种强有力的精神力量，这种精神力量鼓舞人为了理想而坚持不懈地奋斗下去。一个人只有建立了坚定的理想和信念，才会积极投身于自己所热爱的事业，勇于面对奋斗过程中遇到的艰难坎坷，披荆斩棘，努力奋斗。

对于大学生来说，崇高的理想和科学的信念有利于塑造积极、健康的个性倾向。一个人若是没有崇高的理想和科学的信念，就会导致没有正确的奋斗方向，缺乏努力的动力。

理想信念教育是大学生思想政治教育的核心，是引领大学生健康发展的不竭动力。在新时代大学生思想政治教育实践中，应进一步强化大学生的理想信念教育，使大学生坚定马克思主义信仰，树立正确的世界观、人生观和价值观。只有让大学生把崇高的理想信念进一步内化到自己的人格之中，才能真正实现大学生思想政治教育的育人目标。

（二）弘扬爱国主义

爱国主义是民族精神的核心，是国家凝聚力的主要源泉，同时也是国家和民族不断前进和发展的重要驱动力。爱国主义是个体对于国家依存关系的集中反映，体现为深厚的爱国之情、自觉的报国之行和坚定的强国之志的有机统一。

爱国主义教育是新时代大学生思想政治教育的重点，爱国主义精神则是衡量大学生思想道德素质的重要标志。以大学生为代表的青年人群是国家与民族未来的希望，应当坚定爱国主义信念，践行爱国主义思想，自觉地将人生价值、个人理想与国家和民族的前途、命运紧密相连，继承和发扬中华民族的优良传统，报效祖国，服务人民，实现自己的人生价值和社会价值。

对中国特色社会主义新时代的中国青年来说，爱国是立身之本、成才之基。爱国是人世间最基本、最深沉、最持久的情感，同时也是中华民族最重要的传统之一。爱国主义是中华民族精神的核心，是中华民族团结奋斗、自强不息的精神纽带，也是社会主义核心价值观重要的组成部分。新时代推进大学生思想政治教育，必须坚持以爱国主义教育为重点，通过中华民族历史文化教学、中国共产党百年征程讲述、马克思主义中国化成果分析以及新时代新起点的阐释，激发学生的爱国主义情怀，提升学生的中国特色社会主义道路自信、理论自信、制度自信、文化自信，帮助学生确立矢志报国的理想信念。[1]

---

[1]　王英姿，周达疆．新媒体时代下高校思想政治教育研究[M]．北京：九州出版社，2020：20-21．

（三）提升道德规范

德育重道德规范，它偏重于对善的行为的逻辑判断，注重发展受教育者的意志约束力，使其自觉地用社会的普遍行为准则来规范自己的言谈举止，带有一定的强制性。道德规范是社会稳定发展的重要保障，同时也是个人融入社会的重要前提；道德规范教育则是大学生思想政治教育的基础。人具有社会性，人的成长与发展离不开社会，因此，大学生的成长，不仅仅是身心的成长，同时是社会性的成长。道德作为重要的社会学概念，规范着人们的生活与行为。社会发展需要法治与德治相结合，法律是对于道德底线的约束，道德则作用于人们的心理，对人们的日常行为具有普遍的约束作用，对社会的发展具有重要的规范作用，同时，道德对于个人的发展也具有重要的促进作用。

习近平总书记指出："国无德不兴，人无德不立。必须加强全社会的思想道德建设，激发人们形成善良的道德意愿、道德情感，培育正确的道德判断和道德责任，提高道德实践能力尤其是自觉践行能力，引导人们向往和追求讲道德、尊道德、守道德的生活，形成向上的力量、向善的力量。"①

道德规范代表了一种理性的社会导向。高等教育作为学生个人道德认知体系与三观建构的重要环节，应引导学生的道德主体性朝正确的方向发展，其中最重要的途径就是大学生思想政治教育。大学生思想政治教育在教学过程中要以社会主义核心价值观为引领，不断健全与完善学生的道德认知体系，并帮助学生自觉将道德思想外化为道德行为，使学生成为具有高尚品德的人。

（四）促进全面发展

全面发展指的是全面提升学生的综合素质，概括起来主要包括思想道德素质、人文素质、创新素质、科学文化素质、身体健康素质、心理素质、个性素质和审美素质等方面。实现人的全面发展既是马克思主义的根本要求，也是高校育人的根本目标。大学生思想政治教育要以马克思的人的全面发展理论为基础，服务于大学生的全面发展。通过大学生思想政治教育推进学生的全面发展，需要做到以下几点。

首先，坚持以习近平新时代中国特色社会主义思想为指导，以社会主义核心

---

① 陆雯.妥善化解社会道德风险 [N/OL]. 光明日报，2017-06-05（11）[2013-08-22]. http://epaper.gmw.cn/gmrb/html/2017-06/05/nw.D110000gmrb_20170605_3-11.htm.

价值观为引领,重视马克思主义理论及其中国化成果的教学。习近平新时代中国特色社会主义思想是对马克思列宁主义、毛泽东思想与中国特色社会主义理论体系的继承和发展,是马克思主义中国化的最新成果。它立足新时代中国发展的实际,体现了新时代最广大人民的根本利益与诉求,彰显了新时代中国精神与中国气魄,勾绘出新时代中国特色社会主义发展的新方向。新时代的大学生要深入学习习近平新时代中国特色社会主义思想,并以其为指导开展实践活动。

其次,重视大学生身心健康发展。身心健康指的是个体生理与心理同时处于健康状态的一种情况,即身心的协调统一与健康状态。身心健康是学生正常开展学习与生活实践的重要前提,同时是学生自由、全面发展的重要基础。大学生思想政治教育以促进学生的全面发展为目标,就要在尊重学生个性发展的前提下,用正确的价值观引导学生,帮助学生实现身心协调发展,为学生素质的全面提升打下良好的基础。

最后,重视美育内容的渗透。美育与大学生思想政治教育在育人理念上十分契合,在育人目标上高度一致,在教学内容上互相补充,在教学过程中互相渗透。美育是一种情感教育,具有形象直观、自由愉悦、潜移默化的特点。在大学生思想政治教育中渗透美育的内容,能够有效地激发学生学习的积极性,提升教学效果。

二、大学生思想政治课的内容

从狭义的概念出发,大学生思想政治教育的内容即相关课程的内容。

(一)以马克思主义基本原理为主题的课程

这类课程的教学内容涵盖了马克思主义的哲学、政治经济学、科学社会主义等领域,包括"马克思主义基本原理"和"马克思主义经典著作选读"等。在马克思主义哲学方面,课程介绍了唯物辩证法和历史唯物主义,以及它们在认识世界、改造世界和解决实际问题中的运用。在政治经济学方面,课程对马克思主义政治经济学的基本原理、剩余价值理论以及资本主义生产方式的发展等进行了全面阐述。在科学社会主义方面,课程深入研究了社会主义制度的本质、特点和优越性,以及社会主义建设的基本规律和实践经验。

以马克思主义基本原理为主题的课程,其授课重点在于通过对马克思主义基本原理的详细教学，对大学生进行科学的世界观、方法论教育，培养学生的理论思维能力，使学生通过对这些课程的学习，系统地掌握马克思主义基本原理，提高运用马克思主义的立场、观点和方法综合分析问题和解决问题的能力。

（二）以马克思主义中国化理论成果为主题的课程

这类课程的教学内容主要是马克思主义与中国具体实际相结合形成的理论成果，主要包括毛泽东思想、中国特色社会主义理论体系与习近平新时代中国特色社会主义思想。

这类课程的授课重点在于帮助大学生正确认识马克思主义中国化理论成果与马克思主义一脉相承的关系，增强大学生对马克思主义中国化重要意义的认识，从而使他们能够更好地掌握马克思主义、毛泽东思想、中国特色社会主义理论体系与习近平新时代中国特色社会主义思想等强大的思想武器。学生通过学习这些课程，可以深入理解马克思主义是一个不断发展的理论体系，它在中国的发展过程中取得了新的突破和发展。毛泽东思想是马克思主义普遍原理与中国革命和建设的具体实践相结合的产物，是对马克思主义的继承与发展。中国特色社会主义理论体系是在毛泽东思想基础上，对中国特色社会主义事业发展的总结与提炼。习近平新时代中国特色社会主义思想则是在新的历史条件下，对马克思主义中国化的进一步发展和创新，是指引新时代中国特色社会主义建设的伟大旗帜。

以马克思主义中国化理论成果为主题的课程具有丰富的内容和深刻的意义。这些课程既为学生提供了理论知识，也有助于培养他们的思想道德品质和爱国情怀。在新时代背景下，加强这类课程的教学，将有助于为中国特色社会主义事业培养出具备坚定理论信仰、高度思想觉悟和良好道德品质的人才。

（三）以中国的革命与建设历程为主题的课程

这类课程开设的目的是让大学生更好地了解中国的历史、了解中国的国情，深刻领会中国历史和中国人民是为什么选择了马克思主义，马克思主义是怎样指导中国的革命与建设实践的。这类课程能够充分激发学生的爱国情感，增强学生的历史使命感与时代责任感，激励学生为新时代中国特色社会主义建设贡献力量。

具体来看，通过深入学习中国革命与建设历程，学生可以了解到中国人民在中国共产党的领导下，经历各种困难和挑战，坚持独立自主，发愤图强，最终走向富强的历史。这种历史记忆的传承，会使学生明白中国今天的成就来之不易，从而加深对祖国的热爱。以中国的革命与建设历程为主题的课程在教学内容上涉及从中国的革命到改革再到奋进新时代的伟大征程。对这一过程的学习和理解，可以激发学生的国家自豪感和爱国主义精神。在中国的革命与建设历程中，涌现出了一批批为了国家和人民付出巨大牺牲的英雄群体和个人。他们的事迹和精神，是弘扬爱国主义精神的重要载体。在课程教学中，教师可以重点讲述这些英雄人物和他们的事迹，引导学生向他们学习，激发学生的爱国情怀。知行合一是中华优秀传统文化的重要内容。在弘扬爱国主义精神的过程中，教师不仅要引导学生理解中国的革命与建设历程，而且要引导他们将这种理解转化为实际行动，积极投身于祖国的建设。

（四）以德育为主题的课程

以德育为主题的课程，旨在通过思想道德教育，帮助学生树立正确的世界观、人生观与价值观，提升学生的思想道德素质，增强学生的法治观念与法治修养。立德树人是当今时代教育的核心目标之一，而作为高等教育中德育主渠道的思想政治课，其重要授课内容之一就是将德育与学生的成长和发展充分结合，通过马克思主义及其中国化成果的教学，特别是社会主义核心价值观的教育与深入研究，帮助学生用正确的思想约束自身的行为，在马克思主义的指导下，围绕社会主义核心价值观构建自身的思想道德体系。在大学生思想政治教育中，以德育为主题的课程的主要教育目标包括以下几点。

（1）塑造正确价值观。在大学生思想政治教育中，以德育为主题的课程对于塑造学生的价值观有着重要的影响和作用。这是因为价值观是一个人对社会和生活的基本看法，决定了一个人的行为和态度。以德育为主题的课程在价值观形成过程中扮演了关键的角色，它通过引导和教育帮助学生塑造正确的价值观。

首先，以德育为主题的课程能够帮助学生理解社会的道德规范。道德规范是社会行为的基础，它指导着人们在社会生活中应当如何行事。通过学习以德育为主题的课程，学生能够了解到社会对个人行为的基本要求和期望，这对于他们形成正确的道德观念和行为准则至关重要。

其次，以德育为主题的课程通过教授公认的价值观，帮助学生明确自己的生活目标和人生理想。价值观是个体对世界的看法和对世界的态度，它决定了个体的选择和行动。以德育为主题的课程为学生提供了一种价值判断的依据和标准，可以帮助他们理解和判断什么是对的、什么是错的、什么是重要的、什么是不重要的。这对于他们确定自己的人生目标，制订个人发展计划，以及在面对人生选择时做出正确的判断具有重要意义。

（2）提升道德素质。以德育为主题的课程在高校思想政治教育中具有重要地位，旨在提高学生的道德素质，塑造他们健康、全面发展的人格，使其能够在面对复杂的社会道德问题时做出正确的判断和决策。通过深入的以德育为主题的课程，学生将接受系统的道德教育，培养道德意识、道德情感、道德判断能力和道德行为能力，进而增强道德责任感和价值判断力。在以德育为主题的课程中，学生将学习道德规范和道德准则，了解社会道德的内涵和重要性。通过讨论和案例分析等方式，学生将深入思考和探索道德价值观的形成和作用，认识到道德是社会共同生活的基础和纽带。以德育为主题的课程还将引导学生关注公平、公正、诚信等价值观念，培养他们具备社会责任感和正义意识，以及尊重和保护他人权益的意识。以德育为主题的课程还会通过案例分析、讨论、角色扮演等方式，培养学生独立思考和判断的能力，使他们能够独立分析问题、明辨是非，从而做出符合道德规范和道德准则的决策。学生将通过实践和反思，逐渐形成正确的道德判断和行为准则，为自己的人生道路提供指引。

（3）培养社会责任感。社会责任是个体或团体对于社会的义务和责任。大学生正处于世界观、人生观和价值观形成的关键阶段，以德育为主题的课程能够通过教授公认的价值观，帮助他们清晰地认识到自身的社会责任。它教导学生要尊重他人的权利，尊重社会的公共秩序，积极履行公民的义务。学生通过学习和实践，会明确地认识到，每个个体或团体都是社会的一部分，都有履行社会责任的义务。他们会意识到，只有每个个体和团体都承担起自己的责任，社会才能健康、和谐地发展。同时，以德育为主题的课程能够通过实例分析和实践活动深化学生对社会责任的理解，让学生明白履行社会责任并非空洞的口号，而是具体的行动，例如尊重他人、保护环境、诚实守信、助人为乐等。此外，以德育为主题的课程还通过研究和探讨社会热点问题，让学生理解社会责任感的重要性。在解读社会热点问题的过程中，学生会意识到社会责任感对于个人和社会的重要性。他们会明白，每个个体和团体的行为都会对社会产生影响，而这些影响可能是积极的，也可能是消极的。因此，要想建设和谐社会，每个个体和团体都需要有社会责任感。

（4）弘扬社会主义核心价值观。以德育为主题的课程在弘扬社会主义核心价值观方面发挥着至关重要的作用。课程通过教育的手段引导学生理解和接纳社会主义核心价值观，使其成为他们行为的准则。课程通过系统的教学，帮助学生深入理解社会主义核心价值观的内涵和意义，成为具有社会责任感和道德责任感的公民。

以德育为主题的课程以社会主义核心价值观为纲领，通过丰富多样的教学手段，如讲座、实践活动、案例分析等，引导学生深入理解和认同社会主义核心价值观。同时，以德育为主题的课程鼓励学生在日常生活中贯彻社会主义核心价值观，将其作为判断是非、做出取舍的标准，从而使社会主义核心价值观真正内化为学生的行为准则。

社会主义核心价值观强调的不仅仅是个人的权利，更重要的是个人的责任。它鼓励人们以一种积极的态度去关爱他人、服务社会。通过学习和实践社会主义核心价值观，学生可以不断提升自我，完善自己的道德品质，成为具有社会责任感和道德责任感的公民。

（5）发展道德情感。在大学生思想政治教育中，以德育为主题的课程通过各种形式的道德实践活动，培养学生的道德情感。道德情感是道德行为的内在驱动力。在道德行为中感受到快乐和满足，是提高道德动力的关键。

以德育为主题的课程通过组织各种形式的道德实践活动，让学生体验到道德行为的乐趣。例如，组织学生参与社区服务活动，让他们在服务他人的过程中感受到内心的满足和快乐；安排学生参与环保活动，让他们在保护环境的过程中体验到自己对社会的贡献。这些实践活动能够让学生在实际行动中感受到道德的力量，激发自身的道德情感。

以德育为主题的课程通过分析道德行为的社会价值，帮助学生理解道德行为的意义，从而激发他们的道德情感。以德育为主题的课程不仅要教给学生道德规则，还要使他们了解这些规则背后的价值，要让学生明白，道德行为既是个人的责任，也是个人对社会的贡献。这种理解能够使学生在道德行为中感受到价值和尊严。

以德育为主题的课程通过培养学生的同情心和同理心，发展他们的道德情感。同情心和同理心是道德情感的重要组成部分，它们使人能够理解他人的感受，关心他人的需要。以德育为主题的课程通过让学生深入了解社会问题，培养他们对弱势群体的关心和关爱。在这个过程中，学生的同情心和同理心得到了发展，其道德情感也得到了提高。

以德育为主题的课程还能通过引导学生进行自我反思，发展他们的道德情感。自我反思是道德成长的重要环节，它可以使人意识到自己的不足，激发自身改正错误的动力。以德育为主题的课程通过组织自我反思活动，让学生在反思中发现自己的道德缺失，从而提高他们的道德情感。

（五）以运用马克思主义认识当今世界形势为主题的课程

这类课程的主要内容是帮助学生以马克思主义的立场、观点和方法正确地认识当今国际、国内形势。这类课程包括"当代世界经济与政治"和"形势与政策"等。这类课程能够有效开阔学生的视野，帮助学生更全面地了解世界、了解中国。马克思主义作为一种科学的世界观和方法论，其学习的重要性和必要性在于，它能够帮助学生理性分析和解读当今复杂多变的世界形势。运用马克思主义去认识当今世界形势，有助于人们理解事物的发展和变化，在瞬息万变的现实世界中把握住规律，正确应对和解决问题。

运用马克思主义认识当今世界形势为主题的课程注重培养学生的国际视野和战略思维。课程通过深入剖析当今世界经济、政治、文化等多领域的热点问题和挑战，帮助学生站在国际、国内大形势下，把握世界发展的大趋势，增强国家发展的全局观念。运用马克思主义认识当今世界形势为主题的课程还会讲解跨文化交流和国际合作，从而培养学生的跨文化沟通能力。对世界各国的文化特点、价值观念、发展道路的学习和比较，可以培养学生尊重文化多样性、开展国际合作的意识，为他们在国际舞台上展现中国特色、中国智慧做好准备。这对于培养具备全球胜任力的高素质人才具有重要意义。

马克思主义是关于社会发展规律的科学理论。它解释了社会发展的内在动力和规律，以及社会主义社会的未来发展趋势。在经济全球化的今天，各种社会矛盾和问题不断出现。只有通过马克思主义的科学分析，学生才能尝试看到这些问题背后的本质，看到社会发展的内在规律，从而对世界形势有一个清晰的认识和理解。例如，马克思主义强调阶级斗争和社会变革。在当今世界，尤其是在经济全球化的影响下，社会的矛盾和冲突更加尖锐，如贫富差距的加大、环境问题的恶化等。通过马克思主义，学生能够尝试分析问题发生的根源。马克思主义还强调实践的重要性。在当今世界，人们面临各种复杂的社会问题和挑战，需要有实践的能力和勇气去解决问题，去创造新的社会现实。理论的学习和实践的锻炼，可以提高学生的实践能力和解决问题的能力。此外，马克思主义的人本主义精神对提高大学生的人文素养具有重要作用。马克思主义强调人的全面发展，主张实现人的自由和全面发展。在经济全球化的今天，人们面临的不仅是经济和社会的问题，还有人的问题，即如何保障和提高人的生活质量、实现人的全面发展。马克思主义的人本主义精神，对于引导大学生树立正确的价值观、实现人的全面发展，具有重要的指导作用。

第三节　大学生思想政治教育的基本模式

一、课堂教育模式

课堂教育模式是大学生思想政治教育最传统、最基本的模式之一。这种模式通过开设思想政治课程，以教师为主导，利用教学、讲座、研讨等形式，传授思想政治理论知识，引导学生树立正确的世界观、人生观和价值观。

（一）课堂教育模式的优点

1.系统性

课堂教育在大学生思想政治教育中占据着非常重要的地位，其中一大优势就是其系统性。通过科学地编排教学内容和教学进程，课堂教育可以全面、有序地传授思想政治理论知识，这样一来，学生就可以逐步地建立起完整、系统的知识体系。

从宏观上看，系统性表现在对思想政治课程内容的系统编排上。课程内容涵盖了从马克思主义基本原理到中国特色社会主义理论，再到当代中国社会热点问题等一系列关键主题。在这样一个系统的框架下，学生可以全面地接触到思想政治理论的各个方面，形成比较全面的理解和把握。

系统性还体现在课堂教育的连续性和延续性上。在课堂教育模式下，每一堂课都在前一堂课的基础上进行，每一个教学环节都与前一个环节紧密相连，形成了连贯的教学过程。这样既可以帮助学生回顾和巩固前面的知识，也可以为后面的学习打下基础。当然，课堂教育的系统性并不意味着要故步自封，只讲授教科书上的知识。在实际教学过程中，教师需要与时俱进，结合当前的社会现象和热点问题，及时更新和调整教学内容，使之能够反映时代的变迁和社会的发展，更好地回应学生的学习需求。

2.标准性

在大学生思想政治教育的诸多模式中，课堂教育具有明显的标准性，这体现在教师可以用标准的教学内容引导学生树立正确的世界观、人生观和价值观。这种标准性在很大程度上确保了思想政治教育的质量和效果，有利于实现教育的目标。

首先，教师的专业知识和教育水平是确保教学内容标准的重要因素。教师通过对思想政治理论的深入学习和理解，将复杂的理论知识用通俗易懂的语言传达给学生，使学生能够准确理解并接受这些知识。而这些知识又是构建正确世界观、人生观和价值观的基础。其次，教材是标准教学内容的主要来源。思想政治教材是经过严格审查和筛选的，内容既有理论深度又有实践关联，能够引导学生从理论和实践两个角度去理解和认识世界。通过学习教材，学生可以获得社会主义核心价值观、马克思主义基本原理等知识，这对于他们建立正确的世界观、人生观和价值观具有重要作用。再次，教师的引导是实现标准教学的关键。教师通过对教材内容的讲解和深化，可以帮助学生更好地理解和掌握这些知识。同时，教师还可以通过设置讨论问题、组织小组活动等方式，激发学生的思考，帮助他们将理论知识与实际问题相结合，从而更深入地理解世界。最后，考核评价是实现标准教学的重要环节。通过考核评价，教师可以了解学生的学习情况，及时调整教学方法和策略，以更好地帮助学生掌握知识。同时，考核评价也可以激励学生更加努力地学习，从而达到更好的思想政治教育效果。

（二）课堂教育模式的不足

1.效率问题

在大学生思想政治教育的传统课堂教育模式中，存在一定的效率问题。在很多课堂上，由于学生的学习能力、学习兴趣、学习态度等因素各不相同，教学方式、教学内容无法满足所有学生的需求，从而导致教学效率不高。其本质原因是学生的学习素养差异、个性差异与大班集体教学之间的矛盾。

学生的学习能力差异是影响课堂教育效率的一个重要因素。学生之间的学习能力有所不同，有的学生对知识理解得快，有的学生则需要更多的时间和努力。如果教师在教学过程中无法做到因材施教，那么就可能出现部分学生跟不上教学进度，或者部分学生感到课程内容过于简单的问题，从而影响教学效率。学生的学习兴趣差异也可能导致课堂教育效率不高。如果学生对课程内容感兴趣，那么他们就会更愿意投入学习，学习效率也就会相应提高。相反，如果学生对课程内容不感兴趣，那么他们就可能对学习产生抵触情绪，学习效率也就会降低。学生的学习态度差异也会影响课堂教育效率。如果学生能够对学习持有积极、认真的态度，那么他们就会更容易掌握知识。相反，如果学生对学习持有消极、敷衍的态度，那么他们就很难有效地学习到知识。

2. 参与度问题

传统的课堂教学模式往往以教师讲授为主，学生参与度不高。这种方式会限制学生的主动学习和深入思考，使学生在思想政治课程的学习过程中不能充分发挥主体作用。在传统的课堂教学中，教师主导的教学方式会导致学生在课堂上处于较为被动的地位。长期如此，他们会习惯于接受知识，而缺少对知识的主动探索和对课堂讨论的积极参与。这样的学习环境并不利于培养学生的独立思考能力和批判性思维，同时也难以提高他们的学习动力。另外，传统的教学方式会限制学生思维的广度和深度。教师讲授通常以教材为主，很难涵盖所有的知识点和视角，因此，学生可能会陷入对知识的片面理解和应试学习的困境，而无法真正理解和领会到知识的深层含义。

3. 理论与实践结合问题

在大学生思想政治教育中，传统的课堂教学往往偏重理论知识的传授，而忽视了理论知识与实践的联系，这在大学生思想政治教育中可能会引发一系列问题。理论知识如果脱离了实践，就会变成"空中楼阁"，无法真正服务于社会实践，甚至可能会让学生产生学习的困惑和抵触情绪。当课堂教学与社会实践脱节时，学生可能会对思想政治理论产生抵触情绪。思想政治教育的目标是培养学生的社会责任感，引导他们树立正确的价值观。然而，如果课堂教学过于理论化，缺乏足够的实践环节，学生可能会觉得这些理论与他们的日常生活无关，从而对思想政治教育产生怀疑。

4. 难以关注个体差异

在大学生思想政治教育的课堂教育模式中，一方面，教师难以关注到每个学生的具体情况，因为课堂教学通常以班级为单位进行，教师往往难以实现对每个学生的个别化关注和针对性的指导。另一方面，学生的学习水平、学习兴趣和学习需求存在着显著的个体差异。每个学生的认知能力、知识基础、思维方式、学习风格以及学习动机都有所不同。在传统的课堂教学模式下，教师往往以整个班级为教学对象，对所有学生进行统一的教学，很难充分考虑到每个学生的特殊情况，难以进行个别化教学。同时，学生的思想认识和价值取向也存在个体差异。在思想政治课堂上，学生对于同一问题可能会有不同的理解和看法。他们的道德观念、世界观和人生观也会因为他们的生活经历、成长背景以及个人性格等因素的不同而存在差异。然而，由于课堂教学的时间和资源有限，教师往往难以面面俱到，难以满足每个学生的思想引导需求。此外，大规模的课堂教学也会让学生失去更多的参与机会。在大班教学中，由于人数众多，教师往往难以关注到每个学生的学习状态，学生的发言机会也相对较少。这样的教学环境往往会使一部分学生在课堂上变得沉默和被动，不能够积极主动地参与到教学活动中去。

二、实践教育模式

大学生思想政治教育的内容与大学生的生活密切相关，具有显著的实践性，因此，实践教育模式在大学生思想政治教育中的应用是至关重要的。这种模式强调的是"学以致用"，鼓励学生参与各种社会实践活动，如志愿服务、社会调查、实习实训等。它让学生有机会在实践中感受社会、认识社会，通过体验将理论知识转化为内在经验，从而提高自身的实践能力和社会责任感。对于思想政治教育而言，实践教育模式有着无可替代的优势。

首先，实践教育模式通过直接参与实践活动，让学生体验和理解社会生活。它使学生直观地感知社会现象，观察社会问题，解决实际问题，锻炼思考问题和解决问题的能力。学生在参与社会实践的过程中，可以直接观察和感受社会的复杂性，理解社会的多元性和差异性，锻炼实践能力和创新能力。

其次，实践教育模式有助于学生将理论知识转化为实际行动。思想政治教育的核心任务是使学生掌握马克思主义理论，并运用马克思主义理论解析实际问题，指导实践活动。通过实践活动，学生可以将马克思主义理论知识运用到实际生活中，从而提高理论运用能力，使理论知识和实践经验相互融合、相互促进。

再次，学生可以通过参与社会实践，提高自身的社会责任感。通过参与各种实践活动，学生可以亲身体验到社会责任的重要性，理解社会责任的深远意义，提高社会责任感。学生能够通过在实践活动中发现问题、解决问题，体验到实现自我价值的快乐和成就感。

最后，实践教育模式有助于学生团队合作精神的培养和人际交往能力的提升。在实践活动中，学生需要与他人合作，共同解决问题，这对于培养他们的团队协作精神、提高他们的沟通协调能力，具有非常重要的作用。同时，学生还会在实践活动中遇到不同的人和事，在应对人与事的过程中提升自身的综合素质，深化对于思想政治理论知识的理解。

三、网络教育模式

（一）网络教育模式的特点

随着信息技术的飞速发展，通过网络开展教育已经逐步成为大学生思想政治教育的重要方式。网络教育主要通过在线课程、网络讨论、网络咨询等方式来开展。在分析网络教育对于思想政治教育的影响时，需要基于其自身的特点。

首先，网络教育打破了传统教育中时间和地点的限制，具有很高的便捷性和灵活性。无论何时何地，只要有网络连接，学生就可以进行学习，这对于忙碌的大学生来说，无疑提供了极大的方便。网络教育解决了传统课堂教学方式的局限性，让学习时间、地点变得灵活，满足了现代大学生多元化、个性化的学习需求。其次，网络教育丰富了学习资源和学习方式。通过网络，学生可以广泛地获取优质教育资源，增强学习的深度和广度。同时，网络教育也引入了新的教学模式，如翻转课堂、在线讨论等，让教育方式更加多元化，极大地提高了学生学习的兴趣和效率。再次，网络教育增强了教育的互动性和参与性。在线学习平台通常设有交流区，学生可以在这里与教师、同学进行深入的交流和讨论，从而提升了学习的活跃度，促进了深层次的学习和理解。最后，网络教育具有个性化的特点。每个学生可以根据自己的学习进度和能力，选择适合自己的学习资源和学习方式，这无疑会增强学习的效率和效果。

（二）网络教育模式的局限性

在大学生思想政治教育中，网络教育也存在一些局限性，如技术要求和网络问题、学生自我管理能力的问题等。网络教育模式的局限性主要包括以下几个方面。

1.技术要求和网络问题

网络教育需要稳定的网络环境和一定的技术设备。对于那些网络环境不稳定或者缺乏必要设备的学生来说，完整接受教师安排的网络教育是一个挑战。

此外，一些技术问题，如平台的稳定性、数据安全性等也可能影响网络教育的效果。

2. 学生自我管理能力的问题

网络教育需要学生有较强的自我管理能力和自主学习能力。在网络环境下，没有了直接的教师监督和面对面的同伴互动，一些学生可能会对学习产生消极态度，或者无法专心学习。

3. 师生交流和互动的局限

尽管网络教育有助于增强教学的互动性，但在线环境下的交流和互动仍然无法替代面对面的交流。在线交流难以传递非语言的信息，例如肢体语言、面部表情等，这可能在一定程度上限制了师生间和同学间的深度交流。

4. 网络课程的质量参差不齐

网络上的课程资源众多，但质量参差不齐。对于学生来说，除教师指定的内容外，如何从网络课程资源中筛选出高质量的学习内容是一项挑战。同时，如何不断提升网络课程的质量，也是教师需要关注的问题。

5. 现实社会经验的缺失

网络教育虽然可以提供丰富的学习资源，但它难以提供现实社会的实践经验。尤其在思想政治教育中，社会实践是非常重要的一部分，学生需要在真实的社会环境中体验和学习。

四、辅导员工作模式

辅导员工作模式是大学生思想政治教育中不可或缺的一种形式。高校辅导员作为大学生的指导者，他们的工作会直接影响大学生的成长和发展。下面从辅导员扮演的角色切入，来介绍这种思想政治教育模式是怎么运行的。

首先，辅导员是学生的朋友和伙伴。他们与学生接触频繁，了解学生的需要和困扰，提供必要的帮助和支持。辅导员与学生的关系不仅仅是教师与学生的关系，更是朋友和伙伴的关系。他们通过耐心倾听和理解，建立起与学生的信任和友谊。其次，辅导员是学生的导师和引导者。他们利用自身的专业知识和丰富经验，为学生提供指导和建议，帮助学生解决学习和生活中的问题。在思想政治教育方面，辅导员用自身的言行影响和感染学生，引导他们树立正确的世界观、人生观和价值观。再次，辅导员是学生的教育者和引领者。他们通过各种形式的教育活动，帮助学生形成正确的道德观念和行为习惯。这些活动既包括正式的课堂教学，也包括丰富多样的校园活动。辅导员常常以身作则，用自己的行动影响和鼓舞学生，为他们树立好的榜样。最后，辅导员是学生的服务者和维护者。他们维护学生的合法权益，帮助学生处理与学校、社会的关系。当学生遇到困难时，辅导员会及时站在学生的立场上，为他们提供必要的帮助和支持。

辅导员与学生的关系相较于普通的教师更加亲近和熟悉。他们不仅仅了解学生的学习表现，还深入了解学生的个性特点、兴趣爱好、生活习惯等。这种亲密的关系使辅导员能够更深入地理解学生，从而提供更为个性化和贴近实际的思想政治教育。辅导员作为思想政治教育的直接施教者，其个人的思想观念和行为方式会对学生产生直接影响。他们可以利用这种影响力，引导学生树立正确的世界观、人生观和价值观，从而推动思想政治教育的深入进行。辅导员会组织各种形式的教育活动，如主题班会、专题讲座、社区服务等，通过这些活动使学生感受和实践社会主义核心价值观，推动思想政治教育的有效运行。辅导员还会通过组织各类社会实践活动，如志愿服务、实习实践等，帮助学生将所学的理论知识应用到实践中，培养他们的社会责任感和实践能力，进一步推动思想政治教育的有效运行。

五、群体教育模式

在大学生思想政治教育中，群体教育模式起到了至关重要的作用，特别是在塑造学生的社会责任感和集体观念方面，以及在培养他们的团队合作精神和领导能力方面。

群体教育模式，主要是通过各种组织教育和团体活动教育，使学生在互动和协作中提高他们的社会认识，改善他们的行为态度，提升他们的社会能力，从而实现思想政治教育的目标。这种模式相较于传统的课堂教育模式，更加注重学生的主体性和实践性，强调通过学生自我教育和相互教育，进行群体性的思想政治教育。

群体教育模式的主要优点在于，它通过创建一个良好的社会化环境，使学生在实践中学习和成长。它可以通过学生社团、班级、团支部等组织的形式，使学生在日常学习和生活中不断接触、体验和实践社会主义核心价值观，从而对这些价值观有更深入、直观的理解。同时，群体教育模式可以使学生在与他人的交往和合作中，学习和掌握社会交往规则，提高自我调整和社会适应的能力。具体来看，群体教育模式的主要做法有以下几点。

首先，群体教育模式能够创建积极的社会化环境。在群体教育模式下，学生通过参与各种组织和团体活动，与其他学生一起学习、合作和成长。这种社会化的学习环境能够促使学生相互交流、分享经验、相互启发，形成积极向上的学习氛围和行为准则。学生在集体中相互观摩、相互激励，更容易形成正确的思想和行为导向。其次，群体教育模式强调学生的主体性和实践性。在传统的课堂教育中，学生往往是被动接受知识的对象。而在群体教育模式下，学生可以积极参与活动的组织与实施，发挥自己的主体性。实践、互动和合作，可以帮助学生将所学的知识与实际问题相结合，更好地对知识加以理解和应用。这种实践性的学习方式能够培养学生的创新思维、问题解决能力和团队协作能力。再次，群体教育模式能够培养学生的社会责任感和集体观念。在群体中，学生会感受到集体利益的重要性，并学会关注和关心他人。通过集体活动，学生会逐渐培养出为集体做贡献的意识和行动，培养出乐于奉献、乐于合作的精神。这对于他们未来的社会参与和领导能力的发展具有重要意义。最后，群体教育模式能够促进学生的全面发展。学生在群体中不仅能够学习专业知识，还能够提升综合素质。他们可以通过参与各种组织和团体活动，担任职务和角色，提高领导能力、组织能力和沟通能力。此外，群体教育模式也能够促进学生的人际交往和人格成长，培养他们的情商和社交能力。

在具体实施中，群体教育模式需要教育者善于发现和利用各种教育资源，如学生社团组织的活动、班级的主题教育等，将其转化为有效的教育机会。同时，教育者还需要注重激发和培养学生的群体意识和团队精神，如通过开展集体任务、团队竞赛等活动，使学生在集体的合作和竞争中，体验团队的力量，学会为集体利益而奋斗，提升集体意识和团队合作能力。

第四节　大学生思想政治教育的发展历程

一、初步创立时期（1949—1955 年）

中华人民共和国成立后，党和政府开始着手整顿高等教育，增设马列主义课程，并逐步改造其他课程。

1950 年，中央人民政府政务院第 43 次政务会议通过了《关于实施高等学校课程改革的决定》，其中明确指出："废除政治上的反动课程，开设新民主主义的革命的政治课程，借以肃清封建的、买办的、法西斯主义的思想，发展为人民服务的思想。"这明确了高校思想政治理论课程的性质和任务，为当时的高校思想政治理论课（为保证与相关文件名称的一致性，本节将"思想政治理论课"表述为"思想政治课"）的发展指明了方向。

中华人民共和国成立初期，高校思想政治理论课程设置的主体是马克思主义基本理论和毛泽东思想，最初开设的课程是"辩证唯物论与历史唯物论""新民主主义论"和"政治经济学"。但是，当时各学校的执行情况不一。1952 年，教育部发布《关于全国高等学校马克思列宁主义、毛泽东思想课程的指示》，具体而系统地规定了高校思想政治理论课的课程设置，包括课程门数、学时及其讲授的次序等。这标志着我国高校思想政治理论课程体系基本确立。

1953 年，高校思想政治理论课的课程设置进行了调整，各类学校一律加开"马列主义基础"，同时"新民主主义论"改为"中国革命史"。同年 11 月，马列主义理论被纳入研究生教学计划，这样，高校的思想政治理论课实现了从本科生到研究生的全覆盖。

二、曲折探索时期（1956—1976 年）

1956 年，我国基本上完成了对农业、手工业和资本主义工商业的社会主义改造，社会主义基本制度在我国正式确立。此时，我国需要加紧培养社会主义建设所需要的各类人才。

1956 年 9 月，教育部发布《关于高等学校政治理论课程的规定（试行方案）》，旨在适应新形势，对青年学生进行思想政治教育，为社会主义建设培养各类人才。方案明确指出，"马列主义基础"和"中国革命史"为所有专业必修课，"政治经济学"和"辩证唯物主义与历史唯物主义"两门课为除某些特定专业外的必修课。

1957 年 2 月，毛泽东在《关于正确处理人民内部矛盾的问题》的讲话中提出了教育方针，并强调加强思想政治工作的重要性。同年 12 月，《关于在全国高等学校开设社会主义教育课程的指示》出台，规定各高校开设"社会主义教育"课程，原应开的四门思想政治课停开。

1958 年，受"左"倾错误思想干扰，高校思想政治教育出现了追求轰轰烈烈、缺乏具体分析的简单化现象。1959 年，中共中央努力纠正"左"倾错误思想，高校教学秩序得到整顿。

1961 年，教育部发布《改进高等学校共同政治理论教学的意见》，决定文科专业统一学习"中共党史""马克思列宁主义基础""政治经济学""哲学"等课程，理工科专业学习"中共党史""马克思列宁主义概论"课程，开设"形势与任务"课程作为共同必修课，主要讲解国内外形势以及党和国家的任务、方针、政策。这一课程方案被称为"61 方案"。

1964 年，《关于改进高等学校、中等学校政治理论课的意见》提出改进课程和教材，强调了政治功能与阶级斗争的联系。

1966 年，"文化大革命"爆发，在之后的一段时期内，高校思想政治教育受到冲击。

总之，这一时期我国高校思想政治教育在课程设置、教材改革和教学方法上进行了曲折的探索和调整。

三、恢复发展时期（1977—2011 年）

（一）高校思想政治教育的恢复与发展

1977 年，我国恢复了高考制度，政治理论课程设置回归了"61 方案"。

1978 年 4 月，教育部发布《关于加强高等学校马列主义理论教育的意见》，强调在全国高校普遍开设四门思想政治理论课程，包括"辩证唯物主义与历史唯物主义""政治经济学""中国共产党党史"和"国际共产主义运动史"。这一课程方案被称为"78 方案"。

1980 年 7 月，教育部发布《改进和加强高等学校马列主义课的试行办法》，提出必须明确马克思主义理论教育课在各类专业中都是必修课的地位，确定在全国高校本科开设"中共党史""政治经济学""哲学"三门课程，文科专业加开"国际共产主义运动史"或"科学社会主义"。此时来不及统一编写教材，允许各校根据教育部制定的教学大纲自编教材。

1982 年 10 月，教育部发布了《关于在高等学校逐步开设共产主义思想品德课程的通知》，对共产主义思想品德课的教学实施、教学大纲及教学参考材料编写等问题做了详细规定。

1984 年 9 月，教育部发布《关于高等学校开设共产主义思想品德课的若干规定》以及《共产主义思想品德教学大纲》（试用本），明确共产主义思想品德课的任务是帮助学生建立共产主义人生观和道德品质。同一时期，中共中央宣传部（以下简称中宣部）、教育部印发了《关于加强和改进高等院校马列主义理论教育的若干规定》，强调："马克思主义是我们党和国家的行动指南，是培养学生无产阶级世界观和共产主义道德的理论基础。把马列主义理论课作为必修课，是社会主义大学区别于资本主义大学的重要标志""为了增强马列主义理论教育的现实性，现在着手准备在全国高等院校增设'中国社会主义建设基本问题'课程"。该规定还针对思想政治理论课教育教学的各个环节，如教学方法、教师队伍建设、教学管理等问题做了专门规定。

1978 年中国实行改革开放后，我国各领域开始快速发展，高校思想政治理论课迈入了一个调整、改革和全面发展的新时期。在这一时期内，我国先后制定了两个重要的思想政治课程方案，即"85 方案"和"98 方案"。

1985 年 8 月，中共中央发布了《关于改革学校思想品德和政治理论课程教学的通知》，对于高校思想政治理论课的教学进行了全面指导。通知要求，在高校思想政治理论课的教学中，围绕中国革命史、马克思主义基本理论以及中国社会主义建设和改革的理论、政策、实际知识等方面，进行历史教育、时事教育等，并介绍当代世界政治经济状况、国际关系基本知识。这一方案被称为"85 方案"。

1986 年 7 月，中宣部和中华人民共和国国家教育委员会（以下简称国家教委）联合下发《关于对高等学校学生深入进行形势与政策教育的通知》，为将形势与政策教育纳入教学计划创造了条件。同年 9 月，国家教委发布《关于在高等学校开设"法律基础课"的通知》，从而在高校思想政治教育中新增了一门"法律基础"课程。

1987 年 3 月，国家教委进一步下发《关于在高等学校马克思主义理论课（公共课）教学中旗帜鲜明地坚持四项基本原则反对资产阶级自由化的通知》，正式把"形势与政策"作为一门单独课程纳入高校思想政治的教学计划和课程体系。最终，包括"形势与政策""法律基础""大学生思想修养"和"人生哲理"在内的思想品德课课程体系逐渐形成，与马列主义理论课共同构成了高校思想政治理论课的教学体系。

1995 年 10 月，国家教委印发《关于高等学校马克思主义理论课和思想品德课教学改革的若干意见》，该文件首次以"两课"称谓高校马克思主义理论课和思想品德课，把马克思主义理论课和思想品德课置于一体。同年11月，国家教委印发《中国普通高等院校德育大纲（试行）》，规定马克思主义理论课应包括"马克思主义基本原理""有中国特色社会主义建设""中国革命史论"，思想品德课应设置"思想道德修养""法律基础""形势与政策"，另外文科类专业应开设"世界政治经济与国际关系"。

1997年召开的党的十五大，把邓小平理论与马列主义、毛泽东思想一起确立为党的指导思想。为贯彻党的十五大精神，教育部对"两课"课程设置做出了新的调整，决定单独开设"邓小平理论概论"课程。

1998年6月，中宣部、教育部印发了《关于普通高等学校"两课"课程设置的规定及其实施工作的意见》，由此标志着高校思想政治理论课又一个新方案提出，史称"98方案"。该方案规定：专科要开设"思想道德修养""法律基础"两门思想品德课，三年制专科要开设"马克思主义哲学原理""毛泽东思想概论""邓小平理论概论"三门马克思主义理论课，二年制专科要开设"马克思主义哲学原理""邓小平理论概论"两门马克思主义理论课；本科在专科课程的基础上还要开设"马克思主义政治经济学原理"；硕士生开设"科学社会主义理论与实践""自然辩证法概论""马克思主义经典著作选读"；博士生开设"现代科学技术革命与马克思主义""马克思主义与当代社会思潮"。此外，各层次各科类学生还要开设"形势与政策"，文科类专业要开设"当代世界经济与政治"。

2002年11月，党的十六大将"三个代表"重要思想确立为党的指导思想。为了在高校"两课"教育教学中全面贯彻党的十六大精神，2003年2月，教育部发布了《普通高等学校"两课"教学基本要求》，对"两课"教学的目标、任务和内容进行了全新的修订，将"邓小平理论概论"调整为"邓小平理论和'三个代表'重要思想概论"。这为"两课"建设提供了新的基本规范和依据。

（二）高校思想政治教育的持续发展

自21世纪伊始，我国社会迅速发展，大学生的特点也发生了很大变化，这就要求高校教育工作者创新地开展大学生思想政治教育工作。为此，2004年10月，中共中央、国务院发布了《关于进一步加强和改进大学生思想政治教育的意见》。该意见不再使用"两课"的简称来表示"马克思主义理论课和思想品德课"，而是首次采用了"思想政治理论课"的名字，并提出了一系列原则性意见。

该意见从九个方面就进一步加强和改进大学生思想政治教育提出意见，着重强调了努力拓展新形势下大学生思想政治教育的有效途径：深入开展社会实践，大力建设校园文化，主动占领网络思想政治教育新阵地，开展深入细致的思想政治工作和心理健康教育，努力解决大学生的实际问题。

为了贯彻这一意见，中宣部、教育部于 2005 年 2 月 7 日联合发布了《关于进一步加强和改进高等学校思想政治理论课的意见》，要求建立马克思主义一级学科，大力推进高校思想政治理论课的学科建设，并提出了新的课程设置方案。在新方案中，本科生四门必修课包括"马克思主义基本原理""毛泽东思想、邓小平理论和'三个代表'重要思想概论""中国近现代史纲要"和"思想道德修养与法律基础"，此外还设置了"形势与政策"和"当代世界经济与政治"等选修课。专科生开设"毛泽东思想、邓小平理论和'三个代表'重要思想概论""思想道德修养与法律基础""形势与政策"。这一方案被称为"05 方案"。为了实施这一新方案，中宣部、教育部于 2005 年 3 月发布了《关于进一步加强和改进高等学校思想政治理论课的意见实施方案》。该方案对每门必修课的学分和基本内容做出了原则性规定，对课程设置实施工作提出了基本要求，并在时间安排上做出了原则性规定。同时，方案对教材编写、教学研究、教师培训和学科建设等问题都提出了创新性建设要求。这两份文件的发布意味着思想政治理论课建设进入了创新发展的新阶段。

2007 年 10 月，党的十七大提出了中国特色社会主义理论体系的重大命题。2008 年 8 月，原有的"毛泽东思想、邓小平理论和'三个代表'重要思想概论"课程调整为"毛泽东思想和中国特色社会主义理论体系概论"。调整后的新"05方案"更加突出马克思主义的整体性和与时俱进的理论品格，强调以马克思主义中国化的理论为核心的教育主题。

2010 年 8 月，《关于高等学校研究生思想政治理论课课程设置调整的意见》发布，旨在加强针对高层次人才的马克思主义教育，促进高校在培养专业化尖端人才的同时，注意提升学生的责任感和使命感，成为合格的社会主义建设者和接班人。

总结来说，自 21 世纪初以来，我国针对社会发展和大学生特点的变化，对思想政治教育工作进行了一系列的改革和创新，为提高大学生的思想政治素质和道德修养奠定了坚实基础。

四、深化繁荣时期（2012 年至今）

党的十八大之后，高校思想政治理论课建设进入了一个新的发展阶段。为了适应新的形势和思想政治教育任务，我国推出了一系列重大举措。

2015 年 7 月，中宣部和教育部发布了《普通高校思想政治理论课建设体系创新计划》。该计划明确指出，思想政治理论课在高校的意识形态领域中巩固了马克思主义的指导地位，坚持了社会主义办学方向，是全面贯彻党的教育方针的重要阵地，旨在培养中国特色社会主义事业的合格建设者和可靠接班人，落实立德树人的根本任务，是进行社会主义核心价值观教育，帮助大学生树立正确世界观、人生观和价值观的核心课程。

2015 年 9 月，教育部发布《高等学校思想政治理论课建设标准》，要求高校严格遵循"05 方案"，并规定了各门课程学分、课时与实践教学。

2018 年 4 月，教育部发布《新时代高校思想政治理论课教学工作基本要求》，再次强调，思想政治理论课承担着对大学生进行系统马克思主义理论教育的任务，巩固了马克思主义在高校意识形态领域的指导地位，坚持了社会主义办学方向，是全面贯彻党的教育方针、落实立德树人的根本任务的主干渠道和核心课程，是加强和改进高校思想政治工作、实现高等教育内涵式发展的灵魂课程。同时，文件明确了各阶段课程设置、学分、开课顺序等。

2019 年 8 月，《关于深化新时代学校思想政治理论课改革创新的若干意见》发布，强调思想政治课在立德树人中的关键作用，要求以习近平新时代中国特色社会主义思想为核心，构建形成必修课与选修课的课程体系。各重点马克思主义学院开设"习近平新时代中国特色社会主义思想概论""道德修养与法律基础""形势与政策"。专科阶段设置"毛泽东思想和中国特色社会主义理论体系概论""思想道德修养与法律基础""形势与政策"等必修课。各高校还应以习近平新时代中国特色社会主义思想为重点，围绕党史、国史、改革开放史、社会主义发展史、宪法法律、中华优秀传统文化等设定课程模块，开设系列选择性必修课程。

党的二十大对于教育领域的发展非常重视，提出育人的根本在于立德。高校应全面贯彻党的教育方针，落实立德树人根本任务，培养德智体美劳全面发展的社会主义建设者和接班人。作为德育的重要途径之一，高校思想政治教育应贯彻党的二十大精神，在新的历史条件下不断为培养新时代高素质人才贡献力量。

第二章 中华优秀传统文化概述

第一节 文化的内涵、特点与育人作用

一、文化的内涵

文化是一个涵盖内容非常广的概念。广义上的文化指的是人类在社会实践过程中所获得的物质、精神的生产能力和创造的物质、精神财富的总和。狭义上的文化指的是精神生产能力和创造的精神财富，有时又专指运用文字的能力及一般知识。本书所探讨的文化，涵盖了一个社会、民族或群体的价值观念、信仰体系、道德规范、知识体系、艺术表达、行为方式、生活习惯、社会组织形式等多个方面。

文化的内涵反映了一个社会或群体的思维方式、生活方式、社会关系和共同体验。具体来看，文化的内涵主要包括以下几个方面的内容。

（一）语言与文字

语言与文字是人类认知世界的重要途径。作为文化的基础，语言与文字在构建、维系和传承文化中起着至关重要的作用。语言与文字的重要文化价值主要体现在以下几个方面。

语言与文字是文化传播的媒介。语言与文字是人们传达和分享思想的主要方式。通过语言，人们可以表达情感和想法，分享经验和知识；通过文字，人们可以记录和传承这些思想，使它们超越时间和空间的限制，成为人类文化的一部分。例如，古代的碑文和经卷、现代的图书和网络文章，都是人们用文字记录和传承文化的方式。通过语言与文字，人们能够沟通交流、传递信息和思想。不同的语言与文字系统反映了不同文化的特点，它们在词汇、语法和表达方式上体现出独特的文化观念和思维方式。语言与文字不仅传递着文化的内容，还包含了文

化的规范、价值与情感，从而在交流中形成了共同的理解和认同。

语言与文字在文化传承中具有承上启下的作用。通过口头和书面的语言，人们能够传承和保护知识、历史、传统和智慧。语言的使用和文字书写的规范性能够确保文化的准确传递和保存，使文化得以世代相传。同时，语言与文字也为文化创新和发展提供了基础，通过创造新的词汇、表达方式和语言形式，人们能够适应时代变革和满足社会需求，从而使文化得以更新和发展。

此外，语言与文字还是文化认同和归属的重要标志。人们对语言与文字的使用一般能够反映他们所属的文化群体和身份认同。语言与文字是人们与文化之间的纽带，通过使用特定的语言与文字，人们表达了对自己文化的归属感和自豪感。语言与文字不仅代表了一个社会或群体的特征，还为他们提供了共同的文化认同。通过共享一种语言，人们可以更容易地交流和理解，构建共同的认同和价值观。而通过文字，人们可以记录和传承文化的历史和传统，使新一代人可以学习和理解他们的文化背景。

语言与文字还具有跨文化交流和理解的重要作用。随着经济全球化的加深，不同文化之间的交流与互动日益频繁。在这一过程中，语言与文字作为跨越文化差异的桥梁发挥着重要的作用。通过学习不同文化的语言与文字，人们能够更好地理解和尊重不同文化的差异，促进跨文化的交流和对话。同时，语言与文字的翻译和传播也为不同文化之间的相互影响和融合提供了机会，促进了文化的多样性和共存。

（二）知识体系

知识体系是构成文化内涵的重要组成部分，是一个社会群体在精神领域的积淀。其深度和广度直接反映了该社会群体文化的成熟度和底蕴。知识体系涵盖了历史、科学、哲学、宗教、艺术等多个领域的知识，为人们提供了理解世界和自己的方式，对人们的世界观、人生观和价值观的形成有着重要影响。

知识体系是构成文化内涵的重要元素之一，是文化传承的关键载体，而且深深地影响了人类社会的发展和进步。这种知识体系包括了一定社会群体的艺术、科学、法律、习俗等各个方面，从生存技能到科学技术，从基本规则到高级艺术，都是文化传承和发展的重要内容。

在古代社会中，知识通常以口口相传的方式进行教授，例如狩猎、农耕、编织等基本生存技能，以及医药、天文、算术等知识。这些知识在人类社会的早期发展中发挥了重要作用，使人类能够生存、繁衍，也逐渐形成了不同社会群体的特色文化。随着社会的进步和科技的发展，知识体系的范围不断扩大和深化。例如，科技的发展促进了各种新知识的产生，如计算机编程、生物工程、人工智能等，所形成的新知识体系改变了人们的生活方式，也进一步推动了社会的发展和进步。

首先，从整体上看，一个成熟的知识体系应具有包容性和开放性。在经济全球化的趋势下，各种知识不断地流动和交融，为文化的发展注入了新的活力。一种文化的知识体系只有包容和接纳其他文化的优秀成果，才能保持自身的活力和创新能力。同时，包容性的知识体系也有助于构建更加开放和多元的社会环境，增强社会的动态稳定性和包容性。

其次，知识体系体现了一个社会或民族对世界和生活的理解和诠释。各种理论知识，不论是科学的探索、哲学的思考、历史的记忆，还是艺术的创造，都构成了人们看待世界和理解生活的视角和路径。这些知识的积累和更新，有助于人们更深入地理解世界和自己。

最后，知识体系体现了一个社会或民族对于真善美的追求和理解。无论是科学真理、道德修养，还是美好艺术，都是人们对于生活理想的追求和表达。知识体系的丰富性和多样性，为人们提供了理解和创造美好生活的可能性，也成为人们在与自然和社会的互动中，寻找平衡与和谐的重要参考。

知识体系的传承和发展是文化交流和文化创新的重要方式。在经济全球化的过程中，不同文化的知识体系可以相互学习和借鉴，从而产生新的知识体系，推动文化的发展和繁荣。理解和研究文化的知识体系，对于人们理解和应对社会变化，保护和发展传统文化，具有重要的意义。

（三）价值观和道德规范

价值观和道德规范是文化的核心，它们构建了社会群体成员行为模式的准则，塑造了他们的生活方式，更进一步地定义了他们对好坏、对错、美丑的评价标准。价值观和道德规范不仅可以描绘一个社会群体的形象，而且可以昭示一个社会群体的人性定位和精神追求。

首先，价值观是指社会群体或个人认同并追求的价值取向和价值目标，是人们行为的动力和导向。每个社会群体或个人的价值观都有其独特性，反映出其对生活、社会、世界的认知和期待。价值观的重要性体现在其能够在宏观和微观层面上指导人们的行为，也就是它在社会生活中起到的规范作用。

其次，道德规范是一个社会中，对其成员的行为进行约束的一套系统，它制约了人们的行为模式，影响了人们的生活方式。在一定程度上，道德规范是对社会公平、公正的追求，反映了社会对个体的期望和要求。在不同的文化中，道德规范的具体内容和形式可能会有所不同，但其基本功能是相同的，那就是维护社会秩序，促进社会和谐。

若将价值观和道德规范放在一起看，就可以发现，它们共同构建了一个社会的精神结构和行为模式。价值观为道德规范提供了理论基础和价值目标，道德规范则是价值观在实践中的具体表现和实现方式。在这个过程中，人们不断地解读和实践价值观，不断地调整和改进道德规范，以更好地适应社会的发展和变化。

更进一步地说，价值观和道德规范不仅影响着每个个体的行为和生活，而且影响着整个社会的发展和变迁。从这个意义上来说，文化不仅是一个社会的反映，而且是一个社会的推动力。通过传播和实践价值观，执行和遵守道德规范，人们可以塑造更加和谐、公正的社会环境，推动社会的发展和进步。

（四）社会制度和习俗

社会制度和习俗是文化内涵的重要组成部分，包括政治制度、经济制度、家庭结构、婚恋习俗、饮食习惯、节日庆典等。这些社会制度和习俗是文化在社会生活中的具体体现，也是文化得以持续传承的方式。通过这些形式，文化得以在社会实践中生动体现，并在生活的各个领域中产生深远影响。

政治制度和经济制度是社会制度的重要组成部分，它们在很大程度上决定了社会的基本运行方式和发展方向。政治制度主要包括政府形式、政权性质、选举制度、立法机构等，它们设定了社会治理的基本框架和公民的基本权利。经济制度包括产权制度、市场机制、分配方式等，它们决定了社会经济活动的规则和约束。在不同的文化中，政治制度和经济制度有着不同的形式和特点，它们既是文化的体现，也是文化的塑造者。

家庭结构、婚恋习俗、饮食习惯、节日庆典等社会习俗是文化在日常生活中的具体表现，它们渗透着文化的精神和价值。家庭结构揭示了一种文化对于亲属关系和性别角色的理解；婚恋习俗反映了一种文化对于爱情和婚姻的认识；饮食习惯展示了一种文化对于食物和生活的态度；节日庆典则传达了一种文化对于时间和生命的认知。这些习俗在不断的生活实践中传承和演变，形成了文化的独特风貌。

若深入分析社会制度和习俗，就会发现，它们不仅仅是文化的外在表现，更是文化的活动载体。社会制度和习俗使文化得以具象化，使文化得以在社会生活中具体实现和传承。它们也是文化对个体和社会的塑造力量，通过社会制度和习俗，文化影响了人们的思想、行为和生活。

（五）物质文化成果

物质文化成果是文化的重要表现形式，是人类创造的具体物质产品，包括建筑、艺术品、工艺品、衣着、饮食、音乐、舞蹈等。这些物质文化成果不仅体现了人类的审美追求和创造力，而且承载着文化的内涵和精神意义。

首先，物质文化成果是文化传承和延续的载体。通过物质文化成果，人们可以窥探过去的历史和文化，了解一个社会或民族的发展和变迁。古代建筑、艺术品等具有代表性的物质文化成果，都是历史的见证，展现了当时社会的艺术水平和文化风貌。通过对这些物质文化成果的研究和保护，人们能够传承和弘扬优秀文化，从而使优秀文化能够在时间长河中得以延续。

其次，物质文化成果是文化认同和归属感的象征。建筑、服饰、饮食等物质文化成果都承载着特定文化的符号和象征意义，是一个民族或社会的代表性内容。例如，中国古老的宫殿建筑、传统的汉服、独特的中餐文化等，都是中华民族传统文化的重要象征，能够让中华儿女产生归属感和文化认同。通过保护和传承这些物质文化成果，人们能够增强文化自信和文化认同。

再次，物质文化成果是文化创新和交流的媒介。通过创造和发展物质文化成果，人们能够展现自己的创造力和创新精神，推动文化的发展和进步。艺术品、音乐等具体的物质形态，能够通过展览、演出等方式与观众进行互动和交流。同时，物质文化成果也成为不同文化之间交流和对话的桥梁，促进了文化多样性的共享和融合。通过欣赏和学习他国的物质文化成果，人们能够开阔视野，拓展思维，加深对其他文化的理解。

最后，物质文化成果还承载着文化的智慧和精神。建筑、艺术品等不仅具有审美意义，还蕴含着深刻的哲学思想和人文精神。通过研究和欣赏这些物质文化成果，人们能够深入理解优秀文化的智慧和精神，从而拓宽思维，提升个人的文化修养。

（六）精神文化成果

精神文化成果是文化的核心要素，包括人生信仰、思想观念、道德风尚、审美观念、文学艺术、科学技术等，体现了人们的精神追求。精神文化成果能够渗入人们的日常生活中，影响人们的行为模式和价值选择。精神文化成果是人们在解答生命的意义、探求真理、塑造道德、追求美等方面的智慧结晶，体现了文化的深度和广度。

精神文化成果的形成和发展是一个漫长而复杂的过程，是人们的历史经验、社会实践和智慧思考的结合。精神文化成果不仅体现在深奥的哲学理论、高尚的道德准则、精致的艺术作品中，还体现在人们日常的言行、习惯、情感中。它是一种无形的力量，悄无声息地影响着个体和社会，塑造着人们的世界观、人生观、价值观。

精神文化成果的传播方式和影响力是独特的。通过教育、传媒、艺术、宗教等方式，精神文化成果得以广泛传播，影响着人们的思想和行为。在这个过程中，精神文化成果不断被赋予新的含义，也不断与现实生活产生互动。这使文化呈现动态性和创新性，可以适应并影响社会变迁。

精神文化成果的价值和意义在于它提供了理解世界、理解自我、理解他人的视角和工具。它帮助人们构建对世界的认识，形成对生活的态度，塑造对他人的关系。精神文化成果使人们能够超越个体的局限，连接历史和未来，连接自我和他人，连接现实和理想。

同时，精神文化成果也是人们理解和评价文化的重要依据，是文化研究的重要内容。

二、文化的特点

（一）社会性

文化的社会性是文化的核心特点之一，体现了文化与社会之间的紧密联系。文化不是孤立存在的，而是在特定的社会环境中形成、发展和变化的。文化包括社会成员共享的信仰、价值观、道德规范和符号系统等元素，这些元素是社会的黏合剂，使社会成员能共同遵守、彼此理解。每一个个体都是通过社会交互来学习和传承文化的，同时，个人和群体也可以通过创新和改变来影响文化。

首先，文化是社会的产物，反映了特定社会环境和历史背景。它不仅包含了一系列物质成果，如建筑、艺术品等，也包含了一系列非物质成果，如习俗、信仰、语言、价值观等。这些成果是社会成员在特定环境下，通过集体智慧和创新力量创造出来的。

其次，文化是社会成员共享的。在社会中，人们通过相同的信仰、价值观和道德规范，建立了认同感和归属感。这种共享性使社会成员能够互相理解和协作，也使社会能够维持稳定和和谐。

最后，文化是个体通过社会互动学习和传承的。每个个体都不是天生就有文化的，而是通过观察、模仿和学习来获得的。在这个过程中，家庭、学校、媒体等都扮演了重要的角色。

文化的社会性表明，文化是社会的镜像和工具，反映了社会的特征和需要，也塑造了社会的形态和发展。对文化的理解和研究，需要深入理解其社会性，同时也需要关注个体在其中的角色和作用。

（二）传承性

文化的传承性是文化得以延续、发展并保持连续性的重要特征。探讨文化的传承性，实际上是在探讨对历史、知识、技艺、价值观和生活方式的延续。这种延续在时间中穿越，从一代人传递到下一代人，形成了人们今天所看到的社会现象。可以说，文化传承不仅是一个历史过程，而且是一个社会过程。

首先，传承性使文化具有历史性。每一种文化都是历史的产物，它们的起源、发展和演变都与特定的历史条件和历史经验紧密相关。通过学习和理解这些历史，人们可以理解文化的来龙去脉，理解文化中的各种观念是如何形成的。例如，中国的儒家思想、道家思想等，都是在特定的历史条件下形成的，通过研究这些历史，人们可以理解它们的意义和价值，从而对中华传统文化有更深的理解。

其次，传承性是通过各种方式实现的。文化传承一般是通过家庭教育、学校教育和社会教育实现的。人们从小就被教导要遵循哪些规则，信奉哪些价值观，如何看待世界，以及如何在社会中行事。此外，文化也通过音乐、舞蹈、戏剧、文学等形式传承，这些形式以富有感染力和吸引力的方式，传递情感和价值观。

例如，中国的京剧、书法、国画等，都是中国传统文化的重要载体，它们以美的形式传递文化的深层含义，使人们对文化有更直观、深刻的理解。

最后，传承性使文化具有生命力。每一代人都是文化的继承者，也是文化的创造者。在接受文化传统的同时，每一代人都会或主动或被动地根据自己的经验和需要，对文化进行创新和改造，于是文化不断被注入新鲜的生命力。

（三）多样性

文化的多样性不仅体现了人类的创造性和适应性，而且反映了地理、历史、社会等多种因素的影响。多样性是人类社会的重要特点，呈现了人类文化的丰富性。

首先，不同的地理环境塑造了不同的生活方式和习俗。例如，海洋环境催生了以捕鱼为主的生活方式，而内陆环境促成了以农耕或畜牧为主的生活方式。这些不同的生活方式进一步影响了人们的价值观、思维方式、社会结构等，形成了不同的文化。其次，重大的事件，如战争、大量人口迁移、自然灾害等，会对文化产生深远影响。再次，不同的社会结构和政治制度也会形成不同的文化。例如，等级制度森严的国家很可能形成强调尊卑和顺从的文化，而民主制度的国家很可能形成强调平等和自由的文化。从次，经济和科技的发展也会影响文化。例如，互联网和移动设备的普及使文化产品的传播方式变得更加多样化和便捷化，这也对文化产品的生产提出了更高的要求。最后，文化交流也是文化多样性的一个重要因素。通过交流，不同文化可以相互借鉴和融合，形成新的文化形式。

（四）符号性

符号性是文化的重要特征，体现了文化的象征性和隐喻性。

符号作为一种视觉、听觉或感知上的表示，是文化的构成要素之一。它们可以是语言中的词汇、语法规则和表达方式，艺术中的图像、音乐和舞蹈动作，仪式中的礼仪和仪式动作，还可以是服饰中的颜色、款式和装饰，等等。这些符号在文化中被赋予了特定的意义，并通过使用和解读来传递文化信息。

符号具有象征性。它们能够用具体的形式表示某种抽象的概念、价值观或意义。例如，红色的心形图案在世界各地被广泛使用，不仅用于表达爱情，还用于表达亲情、友情等情感。

符号还具有隐喻性。它们能够通过暗示、比喻或隐含的方式传达深层次的意义。例如，中国传统山水画常常被视为中国人对自然的理解和追求，通过山水的表现来寄托画作者对自然、人生和宇宙的思考。

符号是文化传递和沟通的媒介，能够传达文化蕴含的观念。通过符号，人们可以理解和共享文化的意义，建立共同的认知和情感，形成共同的文化认同。文化符号差异会促使人们对文化进行解读和反思，帮助人们理解自己的文化身份和与他人的差异，从而促进文化交流、对话和理解。

（五）动态性

文化的动态性强调了文化不是静止不变的，而是持续发展和变化的。它既是社会变迁、科技进步、外来文化影响等因素形成的结果，也是个人和群体进行创新、抵抗等行动的产物。这种动态性使文化具有生命力和创新力，同时也带来了文化的复杂性和多样性。

文化的动态性是社会变迁的反映。随着经济的发展、政治的变动、社会的演进，文化也会发生相应的变化。例如，工业革命引发了欧洲的文化变革，现代主义和后现代主义思潮的兴起影响了人们的艺术观。

文化的动态性也是科技进步的产物。科技的发展改变了人们获取和处理信息的方式，增强了人们改造自然和社会的能力，拓宽了人们认知和表达世界的途径。例如，印刷术的发明推动了文化的大众化，互联网的出现促进了文化的广泛传播。

文化的动态性还是文化融合的结果。经济全球化程度的不断加深，使全球范围内的不同文化之间的交流与融合更加频繁与容易，人们通过移民、旅游、贸易及网络等途径接触到不同的文化，从而加深了对多元文化的认识和理解，并促进了文化的交流与融合，这也进一步加强了文化的动态性。

三、文化的育人作用

（一）知识与技能的传授

文化在知识与技能的传授方面起着至关重要的作用。文化涵盖了社会、科学、历史、艺术等多方面的知识体系。从古至今，无论是教育体系的形成，还是社会中的知识与技能的传递，都离不开文化的推动与引领。作为一种集体智慧的结晶，文化中的知识体系对于个体和社会的发展具有深远影响。

知识的传授是文化育人作用的重要方面。人类社会的进步，很大程度上取决于知识的传递与创新。例如，科学知识通过教育体系的传播，使人们能够理解自然现象，掌握自然规律，从而推动社会的发展；历史知识的传授，使人们可以借鉴过去的经验和教训，对现实问题做出正确判断，并增强对历史的认同感。

知识是技能的基础，技能的传授也是文化育人的重要部分。在人类早期社会，技能的传授往往依赖于口口相传和身教身学的方式，例如狩猎、种植、烹饪、制作工具等生存技能的传授。到了现代社会，虽然技能传授的方式和内容有所变化，但其核心依然是文化知识的传递。艺术技能如绘画、音乐、舞蹈等的传授，不仅能够丰富个体的精神生活，而且能够培养个体的审美能力和创新精神。

知识和技能在被传授之前经历了文化选择和过滤的过程。这是因为，不同的文化有其独特的价值观念，这决定了它强调和重视什么样的知识和技能，忽视或排斥什么样的知识和技能。因此，在知识和技能被传授的过程中，也塑造了接受个体的认知模式和行为方式。

（二）价值观的塑造

文化在塑造个体价值观方面发挥着无可替代的作用。从宏观上看，文化是社会道德观念和伦理标准的主要传递方式；从微观上看，文化深深影响着每个人的行为、情感和思考方式。

文化作为一种社会现象，是社会价值观念的载体。它把社会的基本信念、道德准则和行为规范融入日常生活中，使其成为社会成员的共同认知。这种共同认知在社会成员之间形成了一种默契，使他们可以按照一定的方式行事，从而保持社会的稳定和和谐。例如，对中国儒家文化中孝道的提倡，在社会中塑造了一种尊重长辈、照顾家人的行为规范。

文化对个体的价值观有深远影响。人们从小到大接受过的教育、学习到的习俗、欣赏过的艺术等，都是文化的组成部分，这些文化元素会在人们的心中留下烙印，在人们价值观的形成过程中发挥作用。例如，通过教育，人们会学会分辨对错，形成基本的道德观念。

值得注意的是，虽然文化在塑造价值观方面起着重要作用，但也不能忽视个体的主动性。个体会有自己的经验和判断，也有权利批判和选择文化所传递的价值。因此，文化不是一种单向的强制，而是一种多元的互动。在这个过程中，个体可以接受文化的引导，也可以挑战和创新文化的规定，从而形成自己独特的价值观。

（三）社会规范的传递

文化具有显著的社会规范传递的作用。文化携带着一种无声的力量，影响着人们的行为和行为模式，塑造着人们如何理解和回应社会环境。在不断的文化引导和塑造中，人们形成了自己的社会行为规范。这种规范不仅仅涉及人们在公共环境中应该如何行事，更涉及人们在私人生活中如何做出合适的决定、如何与他人建立和维护关系等内容。

文化作为社会规范的载体，提供了一种有力的引导。它不仅为人们提供了一种理解世界的视角，还引导人们应该如何对待自己的生活。例如，某些文化强调尊重长辈，这就为人们提供了一种行为准则：在与长辈交往的时候，应该表现出尊敬和谦逊。这种行为规范不仅会在具体的行为层面起到引导作用，而且会在心理层面影响人们的态度。

通过文化的传承，人们会学习和理解社会的行为规范。这是一个持续的过程。随着个体的成长和经验的积累，其对社会规范的理解也会逐渐深化。例如，某人从小被教导要诚实，于是他就将诚实作为一种社会规范来遵循，当他长大后逐渐理解到诚实背后的深层含义（例如诚实可以建立信任、可以保持人际关系的和谐）时，他就更加坚定地遵守这个规范。

文化虽然是社会规范的主要载体，但不是唯一的载体。其他的社会力量，例如法律、政策、公众舆论等，也在社会规范的塑造和传递中发挥着重要作用。此外，个人的经验和理解也会影响其对社会规范的理解和应用。

（四）精神需求的满足

文化育人的另一重要途径就是满足人们的精神需求。从信仰需求到审美需求，文化是人类精神生活的重要支柱。不论是宗教的庄严神秘，还是艺术的精神启迪，抑或是哲学的智慧指引，都是文化在满足人们精神需求上的不同表现。

从信仰需求来看，人们在面对生活的挑战和困惑时，有时会寻求一种超越物质的精神寄托。这种寄托有时候以宗教的形式出现。正统的宗教文化为人们提供了理解生命、理解世界的视角（需防范邪教）。

从审美需求来看，人类有对美的追求和享受美的需求，而文化则提供了丰富的审美资源。例如，音乐、绘画、雕塑、电影等艺术形式，展现了人类对于美的理解和追求。这些艺术作品既可以让人们欣赏和感受美，也可以引导人们思考和理解美，从而满足人们的审美需求。

从更宽泛的角度看，文化也可以满足人们对知识的需求、对自我认知的需求，甚至对社会归属感的需求。历史文化使人们了解过去，科学文化让人们探索世界，哲学文化引导人们思考生命的意义。这些文化都在不同程度上满足了人们的精神需求。

第二节　中华优秀传统文化的内涵与特点

一、传统文化的概念

传统文化是对应于当代文化和外来文化的一种统称。世界各国、各民族都有自己的传统文化。传统文化是文明演化而汇集成的一种反映民族特质和风貌的文化，是各民族历史上各种思想文化、观念形态的总体表现。其内容为历代存在过的种种物质的、制度的和精神的文化实体和文化意识。传统文化通常以口头、文字、仪式、习俗等形式传递，其中包括哲学、历史、文学、艺术、科学、教育、法律、风俗习惯、节日庆典、宗教等诸多方面。

二、中华优秀传统文化的内涵

中华优秀传统文化源远流长，历久弥新，蕴含着丰富的思想政治教育资源。中华优秀传统文化的内涵如图 2-1 所示。

```
                                           ┌─────────────┐
                          ┌─────────┐  ┌──│  哲学思想   │
                          │ 思想观念 │──┤   └─────────────┘
                          └─────────┘  └──│  人文关怀   │
                                           └─────────────┘

                                           ┌─────────────┐
                                       ┌──│  文学创作   │
                          ┌─────────┐  │   ├─────────────┤
                          │ 文学艺术 │──┼──│  艺术美学   │
                          └─────────┘  │   ├─────────────┤
                                       ├──│  审美情趣   │
                                       │   ├─────────────┤
                                       └──│  审美价值观 │
                                           └─────────────┘

                                           ┌─────────────┐
                          ┌─────────┐  ┌──│  礼仪文化   │
                          │ 伦理道德 │──┤   ├─────────────┤
                          └─────────┘  └──│  道德规范   │
                                           └─────────────┘
        ┌──────────────┐
        │ 中华优秀传统 │                   ┌─────────────┐
        │ 文化的内涵   │              ┌──│  政治制度   │
        └──────────────┘              │   ├─────────────┤
                          ┌─────────┐  ├──│  社会风貌   │
                          │ 历史文化 │──┼──│  宗教信仰   │
                          └─────────┘  │   ├─────────────┤
                                       └──│  科技发展   │
                                           └─────────────┘

                                           ┌─────────────┐
                          ┌─────────┐  ┌──│  发明创造   │
                          │ 科学智慧 │──┼──│  思想智慧   │
                          └─────────┘  └──│  学问精神   │
                                           └─────────────┘

                                           ┌─────────────┐
                          ┌─────────┐  ┌──│  自然观     │
                          │ 生态观念 │──┼──│  生态意识   │
                          └─────────┘  └──│ 情感联系与共鸣 │
                                           └─────────────┘
```

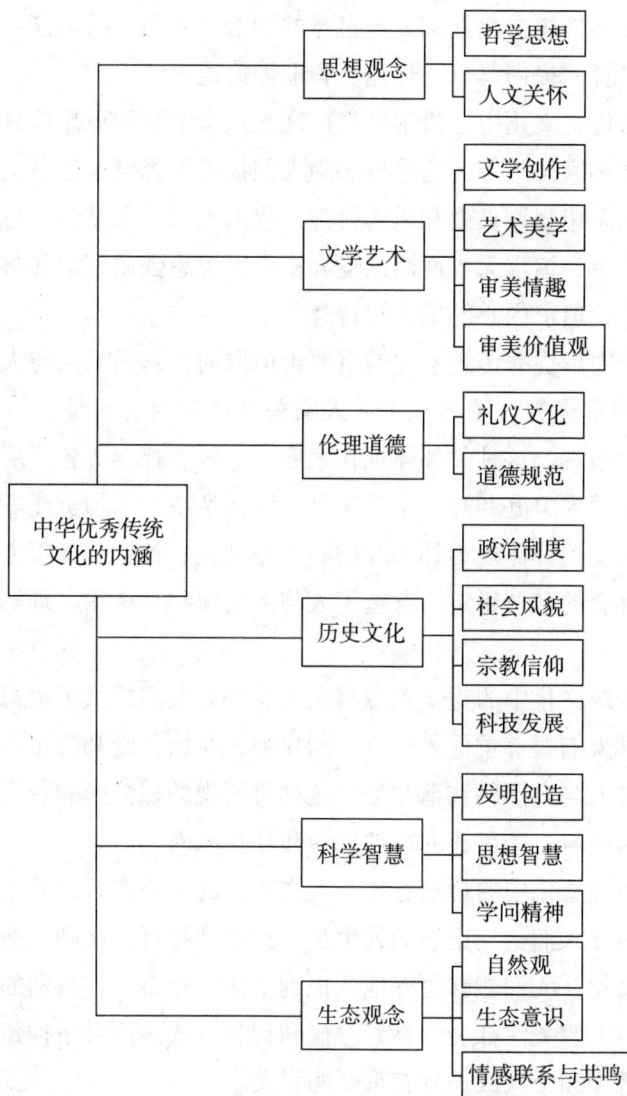

图 2-1　中华优秀传统文化的内涵

（一）思想观念

中华优秀传统文化反映了中国古代哲学思想的理念，如仁爱、诚信、正义等。中华优秀传统文化中的思想观念集中体现为哲学思想与人文关怀两个方面。哲学思想与人文关怀是中华优秀传统文化的重要内涵，它们深刻影响着人们的思想、价值观和行为准则。中华优秀传统文化以哲学思想为基础，探讨人生、道德、伦理等重大问题，旨在引导人们寻求真理、追求幸福、实现美好的生活。与此同时，中华优秀传统文化强调人与自然的和谐、人与人的和谐，注重人文关怀和道德伦理的培育，提倡尊重、仁爱、和谐等价值观。

在中华优秀传统文化中，哲学思想体现在众多学派和思想体系中，如儒家思想、道家思想、佛家思想等，这些思想为人们提供了思考人生意义和追求道德行为的指引。儒家思想强调仁爱和道德行为，提倡孝悌、忠诚、正直等美德；道家思想注重自然和谐，追求无为而治的境界；佛家思想强调慈悲和解脱，鼓励人们超越痛苦和欲望，追求内心的平静与智慧。

人文关怀是中华优秀传统文化的重要价值取向，它强调人与人之间的关系和情感连结。在中华优秀传统文化中，人文关怀体现为尊重他人、关怀弱者、追求和谐共处等价值观。这种关怀体现在家庭、社区、社会等各个层面。在家庭层面，人文关怀体现为家庭和睦、孝顺父母、注重亲情、承担责任等方面。在社区和社会层面，人文关怀体现为邻里互助、合作共赢、社会公德等方面。这种关怀的理念促进了社会的和谐稳定，营造了人与人之间相互尊重、理解、帮助的良好氛围。

中华优秀传统文化中的哲学思想与人文关怀为人们提供了道德伦理的准则和行为规范，教导人们要尊重他人的尊严和权利，弘扬仁爱和公正，注重家庭和社会的和谐，促进人与自然的和谐共生。这种价值观的积淀影响着人们的日常生活和社会交往，塑造着一个民族的精神风貌和社会风尚。

中华优秀传统文化中的哲学思想与人文关怀的核心在于培养人们的道德情操和人文素养，引导人们树立正确的人生观、价值观和行为准则。通过学习和传承中华优秀传统文化，人们能够更好地认识到个体与社会、与自然的关系，形成尊重他人、关爱他人、关注社会的良好习惯和行为方式。这对于构建和谐的社会关系、促进社会进步和个人成长具有重要的意义。

在当代中国，虽然社会文化发展面临新的挑战，但中华优秀传统文化中的哲学思想与人文关怀仍然具有重要的启示作用。通过中华优秀传统文化与现代价值观的对接和对话，人们可以发现中华优秀传统文化中的智慧和价值，借鉴其对于人类生活和社会发展的深刻思考和宝贵经验。在传承与创新的过程中，人们可以更好地发挥中华优秀传统文化的作用，构建更加和谐、包容、进步的社会。

（二）文学艺术

中华优秀传统文化有着丰富多彩的文学和艺术展现形式，包括诗歌、小说、曲艺、戏曲、绘画、音乐、舞蹈等。这些艺术形式以各自独特的表现力和审美价值，传承了中华民族的审美情趣和情感表达方式。这些艺术形式通过表达情感、传递思想和展示美感，培养人们的审美情趣和艺术鉴赏能力。

在中华优秀传统文化的艺术美学中，美是一种宇宙的秩序和和谐的表现。艺术作品以其独特的形式、色彩、音响、节奏等元素，展现情感、思想和意境。通过欣赏和鉴赏这些艺术作品，人们可以感受到美的力量，从而提升自身的审美情趣和艺术鉴赏能力。在艺术美学中，人们通过感知、理解和欣赏艺术作品，获得审美享受和心灵的满足，这对于培养人们的情感和品味具有重要意义。

中华优秀传统文化中的艺术形式展示了丰富多样的审美情趣和审美价值观。例如，文学作品以其独特的语言和情节，通过描绘人物的内心世界和生活境遇，引发读者的共鸣和思考。音乐作品通过声音的表达和组织，传递丰富的情感和情绪，使人们沉浸其中，感受到音乐的美妙与魅力。绘画作品通过色彩、线条和构图的组织，表现画家对于自然、人物和社会的独特见解，引发人们对美的追求和思考。舞蹈作品通过身体的动作和舞姿的表达，展示优美的形态和流畅的动作，传递舞者的情感和作品的意境。戏曲作品以其独特的表演形式和艺术语言，通过剧情的展开和角色的演绎，表达丰富的情感和思想。

艺术美学思想与审美情趣的培养对于个人和社会具有重要意义。首先，它们能够丰富人们的精神生活，为人们提供艺术的享受和心灵的满足。艺术作品的欣赏和鉴赏可以激发人们的情感共鸣，引发人们的思考，提升人们的审美情趣和品位。其次，它们有助于培养人们的创造力和想象力。通过欣赏和鉴赏艺术作品，人们可以拓展思维，激发创新的灵感，提高自身的艺术创作能力。最后，它们有助于促进社会文明的发展和进步。艺术作品的创作和传播可以促进文化交流和文化融合，增进不同民族和国家之间的相互理解和友好合作。

（三）道德伦理

中华优秀传统文化强调道德伦理观念，包括仁、义、礼、智、信等。这些道德伦理观念在社会生活中起着重要的指导作用，帮助人们塑造正确的价值观和行为准则。道德伦理具体表现为礼仪文化与道德规范两大类。礼仪文化与道德规范是中华优秀传统文化的重要组成部分，它们体现了人与人之间的行为规范和对于社会秩序的维护。

在中华优秀传统文化中，礼仪文化扮演着重要的角色，是人们行为规范的体现。礼仪文化注重人际关系的和谐、家庭关系的尊重，强调了人们在日常生活中的交往所应遵守的行为规范。

在中华优秀传统文化中，礼仪文化与道德规范密切相关。道德规范是人们在社会生活中所应遵循的道德准则和行为规范，体现了人们对于善恶、美丑、对错等价值的判断和选择。对于道德规范的传承和遵守是传承中华优秀传统文化的重要内容之一。通过学习和传承中华优秀传统文化中的道德规范，人们能够培养出公德、私德和社会责任感，进而形成积极向上的价值观和行为准则。

礼仪文化与道德规范的培养对于个人和社会具有重要意义。首先，它们有助于维护社会秩序和促进社会和谐。通过学习、遵守礼仪和道德规范，人们能够形成良好的行为习惯和道德意识，提升自己的社会责任感和公民意识，从而促进社会的稳定与发展。其次，礼仪文化与道德规范的培养对于个人的成长和发展具有重要意义。遵守礼仪和道德规范可以培养个人的自律能力、责任感和良好的人际关系，为个人的成长和成功奠定坚实的基础。

此外，礼仪文化与道德规范的传承和弘扬也是保持社会稳定和促进社会发展的重要因素。在当代社会，尊重他人、遵守道德规范、维护社会秩序等价值观和行为准则对于建设和谐社会具有重要意义。因此，应当重视中华优秀传统文化中的礼仪文化和道德规范，通过教育和实践的方式，传承礼仪文化与道德规范，为社会的和谐与进步做出贡献。

（四）历史文化

中华优秀传统文化承载着丰富的历史文化内涵，包括古代王朝的政治制度、社会风貌、宗教信仰、科技发展等方面。通过研究和传承这些历史文化，人们可以更好地理解中国的历史演进和文化传承。

中华优秀传统文化承载了丰富的政治制度。中国历史上的各个王朝形成了不同的政治制度和统治方式。这些政治制度的演变不仅影响了国家的政治运行，而且反映了古人的政治观念和价值取向。通过研究这些政治制度，人们可以更好地了解中国历史上的政治思想、统治机制以及民众参与政治的方式。

社会风貌是中华优秀传统文化的重要组成部分。不同历史时期和地域的社会风貌展现了当时的社会结构、人们的生活方式以及社会交往的规范。中国的传统社会风貌注重家族、师徒、乡里等社会关系的重要性，强调人与人之间的互助、礼仪和孝道等价值观。通过研究这些社会风貌，人们可以深入了解中国社会的组织结构、人际关系以及社会道德的基础。

宗教信仰也是中华优秀传统文化的重要方面。中国人的宗教信仰多样，包括儒教、道教、佛教等。这些宗教信仰对社会道德和文化传统起到重要影响。通过研究正统的宗教，人们可以汲取有益的精神营养，增加对自我、人类与世界的了解。

科技发展也是中华优秀传统文化的重要组成部分。中国古代在农耕、制陶、纺织、冶铸、药物等领域有着丰富的科技成就。这些科技发展不仅为中国的经济、社会和文化发展提供了支撑，而且对世界科技史产生了重要影响。通过研究这些科技发展，人们可以更好地了解中国古代智慧、创新精神和科学思维，为现代科技的发展提供启示和借鉴。

（五）科学智慧

中华优秀传统文化中蕴含着丰富的科学智慧，如中医药学、农耕技术、天文历法等。这些科学智慧在当时的社会中发挥了重要作用，并对世界科学的发展产生了深远影响。经典著作、发明创造和思想体系等文化遗产既是前人智慧的结晶，也是人类文明发展的重要组成部分。这些经典著作、发明创造和思想体系凝聚着智者对人生、世界、道德和价值等问题的思考和探索，是人类智慧的精华。

中国古代的"四大发明"举世闻名。其实，除"四大发明"外，古代中国还有许多伟大的发明。2016 年，中国科学院历经 3 年的考证与研究，公布了 88 项中国古代重大科技发明成果。这些成果既包括科学发明创造，也包括一些技术发明，还有一些影响深远的工程成就。这些成果无一不体现出中华优秀传统文化所蕴含的智慧。

中华优秀传统文化中的思想智慧能够激发人们的思辨能力。通过学习和研究中华优秀传统文化中的经典著作、发明创造和思想体系，人们可以获得丰富的思想资源，培养自己的思辨能力和批判思维。这些思想智慧不仅能够帮助人们更好地理解世界和人生的意义，而且能够引领人们在面对问题和困惑时进行深入思考和探索。

中华优秀传统文化注重学问的传承和发展。经典著作、发明创造和思想体系作为文化的重要组成部分，承载着丰富的知识和智慧。通过学习和传承这些经典著作、发明创造和思想体系，人们可以了解前人的研究成果，从而在现代社会中不断创新和发展。这种学问精神激励着人们进行深入的研究和探索，从而促进了学术的繁荣和进步。同时，这种学问精神强调对知识的持续追求和不断更新。人们通过不断开展学术研究和创新活动，推动了社会的进步和发展。

（六）生态观念

这里的生态观念，指的是中华优秀传统文化中人们对于自然的态度以及对于人与自然关系的认知。中华优秀传统文化中的自然观、生态意识、情感联系与共鸣体现了人类与自然的和谐关系和生态共生的理念。在中华优秀传统文化中，人们对自然的观察、理解和尊重贯穿始终，通过对自然的深入观察和感悟，人们逐渐认识到自然的伟大和神奇之处，并从中汲取智慧。

中华优秀传统文化强调人与自然的和谐共生。在中华优秀传统文化中，人们视自然为生命的源泉和命运的依托，尊重自然的力量和规律，崇尚与自然和谐相处，注重与自然的平衡，倡导与自然相互依存、相互关照的生态共生观。这种自然观的核心理念是"天人合一"，即人与自然是一个有机整体，人类应当尊重自然，与自然和谐相处，维护生态平衡和生命的持续发展。

中华优秀传统文化强调尊重自然规律和保护生态环境。在中华优秀传统文化中，人们通过对自然的观察和研究，总结出了丰富的自然规律和生态智慧。人们认识到生态系统是一个复杂而微妙的整体，任何生物和环境的改变都会对整个生态系统产生影响。因此，人们应当尊重自然规律，遵循自然的节奏和律动，保护生态环境。中华优秀传统文化强调人类对自然的敬畏、尊重和保护，倡导珍视自然资源、顺应自然变化。

中华优秀传统文化还强调人类与自然的情感联系与共鸣。人们通过观察自然的美丽景色，感受自然的力量和神秘，从中汲取美的享受和灵感，进而用艺术的方式表达对自然的赞美和敬畏之情。这种情感联系与共鸣使人们更加热爱自然，激发了人们对自然的深入思考和创造力的释放。

三、中华优秀传统文化的特点

（一）历史悠久，源远流长

中华传统文化积淀深厚，历史悠久，源远流长，几千年的文明史赋予了其特殊的韵味和魅力。从古至今，中华传统文化遗产一直在中国人的生活中扮演着重要的角色，并且对世界文化产生了深远影响。

中华传统文化，起源于黄河流域的古代农业文明。商朝的甲骨文，西周的青铜器文化，春秋战国时期的诸子百家，都是早期中华文化的重要表现。特别是诸子百家，包括儒家、道家、法家、墨家等思想流派，他们的思想观念和道德理念，不仅在当时产生了很大影响，而且影响了后世数千年的中国社会。

中国的古代神话传说，如精卫填海、大禹治水、神农尝百草、愚公移山等，在教化人心、传播道德价值方面起到了积极的作用。春秋战国时期，诸子百家争鸣，儒家主张"仁爱""礼治"，道家主张"道法自然"，法家主张"法治"，墨家主张"兼爱"……文化在多元碰撞中发展。从秦汉以后的中国历史可以看到更加多元化的文化现象。例如，汉代的儒家正统地位的确立、佛教的传入，唐代的盛世文化，宋代的理学，元代的曲艺，明清的科举制度等，这些都是中华优秀传统文化的重要组成部分。它们在历史的长河中，塑造了中国人的思维方式，形成了中国人的行为规范，也为世界文化的发展做出了重大贡献。

中华优秀传统文化的历史底蕴也体现在其深入人心的影响力上。中华优秀传统文化以其博大精深的思想和智慧，深深渗透于中华民族的血脉中，成为凝聚民族认同和集体记忆的重要元素。从文化经典如《论语》《大学》《中庸》等，到古代诗词、戏曲、绘画等艺术形式，中华优秀传统文化的精髓与魅力给予了中华民族前进的力量，传承至今。尽管现代社会发生了巨大的变革，但中华优秀传统文化仍然扮演着重要的角色。它蕴含的智慧和价值观念在现代社会仍然具有指导意义，为人们解决现实问题和应对挑战提供了借鉴和启示。无论是家庭伦理、社会道德还是文化传承，中华优秀传统文化都在不断地为现代社会的发展和进步贡献力量。

（二）内涵丰富，多样性强

中华优秀传统文化，无论在内容上还是在形式上，都呈现出极为丰富和多样的特征。这种多样性和丰富性，主要体现在伦理道德、哲学思想、文学艺术、科学技术等多个领域。丰富多样的特征，不仅深深地体现了中华文化的博大精深，而且成了中国与世界开展文化交流和学习的一大优势。

在伦理道德方面，中华优秀传统文化中的伦理道德观念深深地根植在人们的日常生活中。例如，儒家思想中的仁爱之道，倡导人与人之间的友爱和互助，强调尊老爱幼、和谐相处的价值观；道家的自然之道，提倡人与自然和谐相处，倡导顺应自然、无为而治的生活态度；法家的治国之道，强调以法治国，规范社会秩序，注重公正、公平。这些伦理道德观念，构成了中国社会的道德基础，对于构建和谐社会具有深远影响。

在哲学思想方面，中华优秀传统文化中的哲学思想体系多元而丰富，包括儒家的仁爱之道，道家的自然之道，法家的以法治国，墨家的兼爱、非攻，等等。这些思想体系各有特色、各有侧重，它们互相影响、互相渗透，共同形成了中国传统的哲学思想体系。

在文学艺术方面，中国的诗词、书法、绘画、音乐、戏剧、雕塑等，都是中华优秀传统文化的重要组成部分。这些文学艺术形式，具有鲜明的民族特色和深厚的文化底蕴，是中华文化的重要载体。通过它们，人们可以领略到中华文化的独特魅力和丰富内涵。

在科学技术方面，中国的传统科学技术也是世界科学技术的重要组成部分。中国古代的四大发明（造纸术、火药、指南针、印刷术），以及农业、医药、天文、地理、建筑、艺术等领域的众多发明创新，都充分体现了中华传统文化的博大精深和无穷创新。

中华优秀传统文化内涵丰富、多样性强，既有深厚的历史文化底蕴，又有鲜明的时代特色。这种丰富多样的文化特色，对于人们认识自我、丰富生活、推动社会进步，都具有重要的价值和意义。

（三）和谐统一，包容性强

中华优秀传统文化强调和谐统一和包容性，这是中华文化深深烙印的独特精神。古语中的"和为贵"，是中华优秀传统文化对社会关系的一种理想描述。同时，包容性也是中华优秀传统文化的鲜明特质，如同"海纳百川"所言。

和谐，是中华优秀传统文化的基本精神，包括天人和谐、人与人之间的和谐、个人内心的和谐、家庭和谐、社会和谐，以及国际关系的和谐等。这种和谐观，深深地体现了中华优秀传统文化的哲学智慧和道德规范。中华优秀传统文化倡导人与自然和谐共生、人与社会和谐共处、个人内心的和谐，这就需要人们在生活中努力做到尊重自然、尊重他人、尊重社会、尊重自我。

包容性，是中华优秀传统文化的另一大特质。包容性体现在中华优秀传统文化的尊重差异、容纳多元、包容并蓄、取其精华、去其糟粕等方面。在历史长河中，中华优秀传统文化以包容的心态接纳不同的文化。无论是国内不同民族间的文化交流，还是不同国家间的文化交流，中华优秀传统文化都表现出极高的包容性。这种包容性使中华文化具有极强的吸纳力和生命力，使中华文化能够在历史的长河中不断发展、不断创新。

中国的古代哲学，如儒家的仁者爱人、道家的天人合一、法家的以法治国，都是这种和谐观和包容性的具体表现。此外，中国的诗词、音乐、绘画、雕塑、建筑等艺术形式，都充满了对和谐美和包容美的追求。

此外，这种和谐观和包容性也体现在中国传统的社会关系中。例如，中国古代的亲属称谓和宾客礼仪等，都是以和谐为基础、以包容为原则的。

中华优秀传统文化的和谐统一和包容性，是中华传统文化的精髓所在，是新时代推动社会和谐、文化多元的重要借鉴。在当今世界，人类面临着生态危机、文化冲突等问题，需要寻找一条能够实现人与自然、人与社会和谐共生的路径。而中华优秀传统文化的和谐观和包容性，正为人们提供了这样的路径。在这条路径上，人们不仅能够找到解决现实问题的方法，而且能够找到推动社会进步、实现人类文明繁荣的力量。

第三节　中华优秀传统文化的现代价值

一、伦理道德价值

中华优秀传统文化是中国几千年文明历史的积淀，以深厚的伦理道德价值为核心。其中的孝道、忠诚、仁爱、正直、谦逊等伦理道德观念，不仅塑造了中华民族的精神风貌，而且在维护社会和谐、促进社会公平正义等方面起到了重要作用。下面以一些典型的中华民族传统美德为例进行说明。

孝道是中华优秀传统文化的重要组成部分。它以孝敬父母、尊老爱幼为主旨，弘扬了孝老爱亲的重要价值，成为中国家庭和社会的精神支柱。在今天的社会中，人们仍然可以从孝道中获得重要的启示，如关爱老人、尊重长者、照顾家人等行为，依然是构建和谐社会、促进社会公平正义的重要基础。

忠诚是对国家、社会、集体和他人的忠实，是一种高尚的道德情操。在当今社会，忠诚的理念依然十分重要，不仅体现为政治上的忠诚，而且体现为对工作、对人生目标的忠诚。人们在追求个人利益的同时，也应始终坚守对国家、社会、集体和他人的忠诚，这对于维护社会的稳定和谐、促进个人和集体的全面发展具有不可忽视的重要性。

仁爱是中华优秀传统文化的基本精神，弘扬了人与人之间的互助、宽容和爱心。在当今社会，人们更应该倡导仁爱精神，用心去理解他人，用爱去接纳和帮助他人，这对于构建人与人之间的和谐关系、形成和谐社会具有重要的意义。

正直是一个人应有的道德品质，它强调的是人应对社会、对他人有公正无私的态度和行为。在当今社会，正直更应该成为每一个公民的基本品质。当人们都做到正直时，不仅会提升个人的品德，而且会在社会中形成良好的风气。

谦逊是中华优秀传统文化中的一种重要品质，表现为对他人尊重和对自我要求严格的态度。谦逊是一种谦和、谦虚的心态，它使人保持清醒的头脑和客观的态度，不骄不躁，乐于接受他人的意见和建议。在当今社会，谦逊的品质对于促进和谐相处、推动个人成长和社会进步非常重要。

中华优秀传统文化中的伦理道德观念是中国几千年文明历史的积淀，对人们的社会生活影响深远。这些观念在当代社会仍然具有重要的指导意义。它们激励着中华儿女传承和发扬优秀传统文化，促进社会和谐、公平正义的实现。同时，它们也提醒着中华儿女在现代社会中秉持这些伦理道德观念，坚守正义、互助共享、追求真善美，建设一个更加和谐、进步的社会。

二、人文精神价值

中华优秀传统文化包含了丰富的哲学理念和人文精神，其中，天人合一的哲学思想，以及尊重多元、包容差异的人文精神，对于当今时代的人们处理个体与社会、传统与现代的关系，具有重要的指导意义。

首先，天人合一的哲学思想，是中华优秀传统文化中一种重要的人文精神。这种思想强调人与自然的和谐共生，认为人类应当尊重自然、顺应自然，而不是对自然进行盲目开发。在当今社会，随着环保理念日益深入人心，越来越多的人们认识到，与自然和谐共生是实现可持续发展的必由之路。这就需要把天人合一的思想引入环保实践中去，把对自然的尊重和保护落实到每一个具体的行动中去，从而实现人与自然的和谐共生。

其次，中华优秀传统文化中尊重多元、包容差异的人文精神，对于人们处理好个体与社会、传统与现代的关系具有深远的影响。在当今社会，各种矛盾和冲突的产生，往往源自对差异的不包容、对多元的不尊重。如果每个人都能尊重个体差异，尊重不同的文化和观念，承认多元的存在，并在差异和多元中寻找共生的可能，那么人们就能在繁荣多样性的同时，构建出和谐的社会环境。同时，这种尊重多元、包容差异的人文精神，也对处理好传统与现代的关系提供了有力的指导。在当今社会，科技日新月异，人们的思想观念在不断变化，新的矛盾和冲突也在不断出现。人们应该尊重和传承中华优秀传统文化，同时积极吸收现代的科学文化，使之与中华优秀传统文化相融合，从而推动社会的全面进步。

三、知识智慧价值

中华优秀传统文化是人类智慧的宝库，无论是哲学思想、科学技术，还是艺术文学，都充满了丰富的知识和深邃的智慧。在新时代的发展中，人们可以从中华优秀传统文化中获取独特的视角和思考方式。

中华优秀传统文化中的哲学思想，包括儒家的仁爱之道、道家的自然之道等，提供了对于人性、社会、自然的深刻理解和独特观察。这些哲学思想，不仅为人们理解人类社会提供了独特的视角，而且为人们提供了在处理复杂的社会问题时非常有价值的思考方式。例如，儒家的仁爱之道强调人与人之间的互相关爱和尊重，这对于建立和谐的人际关系、构建和谐的社会环境有着重要的指导意义；道家的自然之道，强调人与自然的和谐共生，这为解决当今社会面临的环境问题提供了独特而深刻的解决思路。

中华优秀传统文化中的科学技术，如天文学、医学、农艺等，是人类智慧的结晶。在历史的长河中，这些科学技术的发展，不仅推动了中国社会的进步，而且为全人类的发展做出了重要贡献。在新时代，人们可以借鉴和学习中国传统科学精神，如注重实践、坚持真理、敢于质疑等，以此来推动科技的发展，解决当今社会面临的各种问题。

中华优秀传统文化中的艺术文学，如诗词歌赋、戏剧、绘画等，充满了艺术的魅力，更蕴含了深邃的哲学智慧。这些艺术文学作品，既表达了人们对生活的理解和情感，也反映了社会的风貌和历史的变迁。在新时代，人们可以通过研究和欣赏这些艺术文学作品，获取独特的人文视角和人生智慧，激发创新思维和审美情感，提升艺术修养和审美素质。

在中国特色社会主义新时代，人们可以从中华优秀传统文化中汲取营养，获取独特的视角和思考方式，用以解决当代问题、推动社会进步。通过学习和继承中华优秀传统文化，人们能够拓宽思维边界，提升综合素质，以更加全面、深入的方式去理解和面对当今社会的挑战和机遇。同时，人们应当将中华优秀传统文化与现代价值观相结合，创造出与时代发展相适应的新文化形态，为社会进步和人类福祉做出积极贡献。

四、心理健康价值

中华优秀传统文化中的许多思想理念，如道家的顺应自然和佛教的禅定，在当今社会中依然具有重要的心理健康价值。在现代社会生活节奏日益加快、人们生活压力持续增大的情况下，这些传统文化中的思想理念为人们提供了一种积极的心理调适方式，有助于人们保持内心的平衡和安宁，提升人们的心理健康水平。

道家的顺应自然哲学思想是一种以自然为导向的人生观和价值观，主张人们顺应自然，尊重规律，以达到内心的平静和安宁。在现代社会中，人们常常会因为生活的压力、竞争的激烈而感到焦虑和困扰。这种焦虑和困扰往往源自对事物的过度渴求和对生活的过度期待。顺应自然的哲学思想就像一把锐利的剑，助人们切断心中的痴念和执着，让人们学会放下，达到心态的平和和生活的坦然。这对于提升人们的心理素质、增强心理承受能力、保持心理健康有着重要的作用。

佛教的禅定思想主张通过冥想或静坐等方式，使人们的心灵得到净化，达到内心的平静和安宁。禅定实际上是一种心理调节的技巧，通过这种方式，人们可以更好地认识自我、理解生活，使心灵得到放松和净化，从而在面对生活中的困扰和压力时，保持一颗平和、明了的心。在当今社会，禅定的思想和方法可以帮助人们有效地调适心态、缓解生活压力、增强自我认知和自我调适能力。

当然，中华优秀传统文化对于心理健康的价值远不止于此。例如，儒家的中庸之道，讲求事物的平衡和节制，强调"欲速则不达"，这种思想无疑对于人们在面对现代社会的快节奏生活时保持良好的心态和健康的心理，有着指导意义。同时，儒家强调家庭和社会关系的和谐，这对于人们处理人际关系、减少人际冲突、提升心理健康也有着积极的影响。

如上所述，中华优秀传统文化为人们在快速发展的社会中保持心理的平衡和健康提供了有力的思想支撑和实践方法。在新时代，人们应当充分挖掘和利用这些宝贵的文化资源，运用到日常生活和心理健康的实践中，让生活更加和谐、心灵更加健康。

五、国家认同价值

中华优秀传统文化，在很大程度上构成了国民的精神支柱和行为导向，对于构建国家认同、增强民族凝聚力具有不可忽视的作用。在中华优秀传统文化的影响下，国民会形成一种国家认同的精神力量，即对自己国家和民族的独特价值和地位的认同，这种认同感对于维系国家的统一和稳定、增强民族的团结和自豪感具有重要作用。

中华优秀传统文化的丰富内涵和深厚积淀，为中华儿女提供了理解世界和自我、探索生命和宇宙的视角和框架。中华儿女可以从中汲取智慧，获得力量，拓宽视野。同时，中华优秀传统文化也赋予了中华儿女一种文化身份和归属感，让中华儿女更深切地感受到自己是中华民族的一员，是中华文明的传承者和创造者。

从这个角度看，中华优秀传统文化不仅是中华儿女的文化根脉，而且是中华儿女的精神家园。在面对外来文化的冲击和挑战时，中华儿女可以从这个精神家园中汲取力量，坚守自己的文化立场和价值观念。在追求现代化进程时，中华儿女可以从这个精神家园中获取智慧，让其在现代社会中发挥出新的生命力和活力。

此外，中华优秀传统文化对于提高国民的文化自信心也有着重要的作用。只有自信，中华儿女才能从这个精神家园中获取智慧，在经济全球化的大背景下坚守自己的文化立场和价值观。只有自信，中华儿女才能从容面对外来文化的挑战，积极吸收外来文化的有益成分，推动中华文化创新和发展。只有自信，中华儿女才能以开放的心态去接纳和欣赏其他文化，增进与他国的文化交流和理解。

中华优秀传统文化具有丰富的内涵和深远的影响力，是中华儿女的精神家园、文化根脉和文化自信的源泉。在新时代背景下，中华儿女要珍惜、传承、创新中华优秀传统文化，让其在现代社会中发挥更大的作用，为国家认同、民族凝聚力增强以及个体成长提供强大的支持和引领。同时，中华儿女也要以开放的心态去接纳和融合其他文化，推动文化的多元发展，为构建人类命运共同体做出积极贡献。

六、国际交流价值

在经济全球化的大背景下，文化交流愈加频繁，中华优秀传统文化作为中华民族的"软实力"，可以推动中外文化交流，提升中国在国际舞台上的影响力和话语权。

优秀传统文化是一个国家、一个民族的灵魂。中华优秀传统文化历史悠久，内涵丰富，为全世界的人们提供了一个深度理解中国和中国人民的窗口。它代表了中国的悠久历史和古老智慧，反映了中国人民的思想和情感，展现了中国的精神面貌和价值追求。向世界推广中华优秀传统文化，不仅可以提升中国在世界上的影响力和话语权，而且可以推动中外文化的交流和互动，促进世界的和平与发展。

中华优秀传统文化具有深远的国际影响力。中国的文字、音乐、戏剧、绘画、建筑、哲学、科技、医学、饮食等都是人类文明的重要组成部分，对世界文化发展产生了深远的影响。在经济全球化的大背景下，这种影响力以全新的形态和方式在世界范围内发挥着作用。例如，孔子学院的建立，中国文化"走出去"的各种项目，都是中华优秀传统文化在国际上传播的重要载体。这些项目和活动不仅增强了中华文化的国际影响力，而且加深了世界人民对中国的了解和接纳。

中华优秀传统文化还可以为解决当今世界面临的各种挑战提供智慧和灵感。例如，中国传统的和谐思想可以为应对经济全球化带来的冲击和挑战提供理念上的支持；中国传统的顺应自然、天人合一思想可以为解决环境问题提供思路。

综上所述，中华优秀传统文化在推动国际文化交流、提升中国的国际影响力、提供解决问题的智慧和灵感等方面都具有重要的价值。中华儿女应该积极弘扬中华优秀传统文化，让中国的声音在国际舞台上更加响亮，让世界更好地理解和欣赏中华文化的独特魅力，同时促进不同文化之间的相互尊重、包容和合作，以构建一个和谐、多元、包容的世界。

第四节　传承和发展中华优秀传统文化的重要意义

一、强化国家认同

强化国家认同的过程不仅仅是一种政治过程，更是一种文化过程，其中，优秀的传统文化发挥着不可替代的作用。一个民族的传统文化，是它的历史、经验和智慧的积累，是与其他民族区别开来的标识，呈现了对世界的独特理解。这种理解，既表现在人们的日常生活中，又表现在人们的思维方式和行为模式中，从而构成了一个民族的精神面貌。

中华优秀传统文化，如诚信、仁爱、和合、大同等，深深地影响了中华民族的思想方式和行为模式。这些文化传统，通过代代相传，构成了中华民族的精神基因，塑造了中华民族的独特性格。因此，这些文化传统不仅体现了中国人对过去的记忆，还包括对未来的期许，以及对世界的理解。在此基础上，国家认同就不再是一种抽象的概念，而是深深地植根在人们的心中，成为一种生活的方式、一种行为的模式。

同时，中华优秀传统文化也是国民产生民族自豪感的重要源泉。当国人回望历史，看到中华民族在艰难困苦中自强不息，在逆境中不断创新突破，在世界舞台上所展现出的高度智慧和卓越才能时，人们就会对自己的民族和国家产生深深的自豪感。这种自豪感，既源自对过去的肯定，也源自对未来的信心。这种自豪感，是中华民族自立于世界民族之林的精神支柱，也是中华民族面对未来挑战的精神动力。

更为重要的是，中华优秀传统文化是社会凝聚力和向心力的重要来源。一个民族的文化传统，是它的精神纽带，是连接每一个国民的共享记忆。这种共享记忆，让人们在瞬息万变的现代社会中，仍能保持内心的安定和平静，仍能保持对生活的热爱和对未来的希望。中华优秀传统文化通过共同的价值观念、习俗和仪式，将人们联系在一起，培养了社会的凝聚力和向心力。当一个国家的人民都能对自己的优秀传统文化有所认同和尊重时，他们就会更加团结一致，形成一个有共同目标和价值追求的社会群体。这种社会凝聚力和向心力有助于推动国家的发展和稳定，促进社会的和谐与进步。

此外，中华优秀传统文化还具有跨越时空的力量。随着社会的发展和文化的传承，中华优秀传统文化通过创新和转化，与现代社会相融合，产生新的活力和影响力。当人们将中华优秀传统文化与现代价值观、科技、艺术等结合起来，创造出新的文化形式和内容时，就可以使中华优秀传统文化在现代社会中焕发出新的生命力。这种跨越时空的力量，让人们在传承中华优秀传统文化的同时，也能为现代社会提供更多的思维方式和解决问题的智慧。

综上所述，中华优秀传统文化在强化国家认同、提升民族自豪感、促进社会凝聚力和向心力等方面具有不可替代的作用。传承和发扬中华优秀传统文化，有助于让国家认同深植人心，让民族自豪感得到彰显，让社会凝聚力和向心力不断增强。同时，中华优秀传统文化也能与现代社会相结合，为国家和社会的发展提供新的动力和智慧。因此，保护和传承中华优秀传统文化，是中华儿女共同的责任和使命。

二、提升文化自信

文化自信是一个民族、一个国家对自身文化价值的充分肯定和积极践行，并对其文化的生命力持有坚定信心。中国人民的文化自信，是对包括中华优秀传统文化、革命文化、社会主义先进文化在内的这一有机整体的自信。中华优秀传统文化、革命文化、社会主义先进文化一脉相承，贯通中华民族的过去、当下与未来，共同垒铸了国人精神上的万里长城，支撑起国人文化自信的雄伟大厦。中华优秀传统文化对于提升国人的文化自信有着重要的意义。

文化自信，是一个民族、一个国家对自身文化价值的坚定认同和自信，是一个民族自立于世界的重要标志，同时也是文化发展和创新的内在动力。对于一个有着几千年文明历史的国家而言，中华优秀传统文化是中华民族的历史记忆，是中华民族的文化基因，是中华民族的精神支柱。它不仅塑造了国人的民族性格，也赋予了国人独特的世界观、人生观和价值观。通过对中华优秀传统文化的传承和发展，中国人民可以更好地理解自己、认识自己，增强对自身文化的自信，从而在经济全球化的大背景下，更好地维护国家的文化主权和文化安全。

首先，中华优秀传统文化能够帮助国人理解自己。在中华优秀传统文化中，无论是哲学思想（如儒家的仁爱之道、道家的自然之道、法家的以法治国），还是文学艺术，如诗词歌赋、书画、篆刻，都体现了中华民族独特的智慧和人文精神。这些文化遗产，既是民族的历史记忆，也是民族的精神底蕴。通过学习和理解中华优秀传统文化，国人可以更深刻地理解自己、了解自己、认识自己，从而增强对自身文化的自信。

其次，中华优秀传统文化能够帮助国人理解世界。在中华优秀传统文化中，无论是宇宙观（如天人合一），还是伦理观（如仁义礼智信），都为人们提供了独特的观念。这些观念，不仅深深地影响了国人的思维方式和行为模式，而且深深地塑造了国人的价值取向。在经济全球化的大背景下，国人需要这些文化基因来指导自身的行动，找到自己的道路，维护国家的文化主权和文化安全。

再次，中华优秀传统文化是国人创新发展的源泉和动力。一个民族的文化，无论历史多么悠久，文化多么丰富，都不能故步自封，都需要不断创新和发展。在中华优秀传统文化中，无论是科学技术（如算术、医药、农艺、工艺），还是思想文化（如诗词歌赋、书法、绘画），都包含着丰富的智慧和创造力。通过对中华优秀传统文化的深入挖掘和创新，国人可以发现新的文化资源，激发新的创造力，推动文化的蓬勃发展。同时，中华优秀传统文化也为国人提供了独特的思维方式和价值观念，使人们在创新的过程中保持文化认同和文化自信，不失去自己的独特性和价值观念。

最后，中华优秀传统文化是国家认同和民族凝聚力的重要来源。一个国家和民族，除有共同的领土和政治体制外，还需要有共同的文化认同和价值观念。中华优秀传统文化作为中华民族的精神支柱和行为导向，对于增强国家认同和民族凝聚力具有重要作用。通过传承和发展中华优秀传统文化，国人能够共享文化记忆，强化文化认同，增进团结和凝聚。这种团结和凝聚，不仅是在国内构建和谐社会、实现国家发展的重要力量，而且是在国际舞台上展示自身文化魅力和影响力的重要基础。

中华儿女应当坚定自信地传承和弘扬中华优秀传统文化，将其作为增强文化自信的重要途径，推动文化的创新与发展，为实现民族复兴做出应有的贡献。

三、丰富文化多样性

在经济全球化的大背景下，文化多样性无疑是人类文明发展的财富。每一个民族、每一个国家都有自己的独特文化，这些文化共同构成了世界文化，体现了文化的多样性。中华优秀传统文化是世界文化宝库的重要组成部分，传承和发展中华优秀传统文化，可以为全球文化多样性的保护和发展做出贡献。

传承和发展中华优秀传统文化是保护文化多样性的重要方式。在经济全球化的进程中，优秀传统文化面临冲击。然而，优秀传统文化是人类历史的独特产物，是人类智慧的结晶，有自己的价值，值得被保护和发展。中华优秀传统文化，无论是哲学、科学、艺术还是技艺，都有自己的独特之处，是全球文化的重要组成部分。通过对中华优秀传统文化的传承和发展，人们可以保护这部分独特的文化遗产，从而为保护全球文化多样性做出贡献。

发展中华优秀传统文化可以增强文化的活力和创新性。文化是活的，是发展的，是创新的。只有不断发展和创新，文化才能保持其生命力。中华优秀传统文化蕴含着丰富的智慧和资源，可以指引人们面对现代社会问题，寻找解决办法。例如，儒家的和谐思想、道家的自然思想等，可以为人们在处理人与人、人与自然的关系上提供独特的视角和解决办法。这种基于中华优秀传统文化的思考和探索，不仅可以丰富文化的内涵，增强文化的活力，还可以为人们的文化创新提供源源不断的动力。

通过传承和发展中华优秀传统文化，国人还可以更好地参与全球文化交流，促进全球文化的相互理解和尊重。在经济全球化的大背景下，文化交流成为越来越重要的议题。然而，真正的文化交流不应该是一种单向的、被动的接受，而应该是一种双向的、积极的互动过程。通过传承和发展中华优秀传统文化，国人能够向世界展示中国独特的文化魅力，增进他国对中国文化的了解和认知。同时，国人也能够借鉴其他文化的优秀成果，与其他文化进行对话和交流，促进不同文化之间的相互理解和尊重。这样的文化交流不仅有助于弘扬中华优秀传统文化，而且有助于丰富全球文化的多样性，促进文化的共同繁荣与进步。

在经济全球化的大背景下，中华儿女应该坚定文化自信，积极参与文化交流，推动中华优秀传统文化的传承与发展，为实现文化的共同繁荣与进步贡献自身的力量。

四、促进国际交流

优秀传统文化不仅是一个国家和民族的精神财富，而且是重要的对外交流的工具。中华优秀传统文化有着丰富的内容，包括哲学思想、文学艺术、民间风俗等，这些优秀传统文化为开展世界文化交流提供了丰富的资源。传承和发展中华优秀传统文化，可以在国际舞台上提升中国的影响力，推动国际文化的交流和理解。

首先，优秀传统文化是展示一个国家和民族特色的重要手段。在经济全球化的大背景下，国际交流越来越频繁，而在这个过程中，优秀传统文化成了每个国家和民族展示自己的一面旗帜。中华优秀传统文化，无论是哲学思想，例如儒家的仁爱之道、道家的自然之道、法家的以法治国，还是文学艺术，例如诗词歌赋、书画、篆刻，都是在国际舞台上展示中国特色的重要资源。

其次，优秀传统文化可以帮助人们建立有效的对外交流和对话。对外交流和对话的目标不只是传达信息，更重要的是建立理解和尊重，而这需要双方在共同的基础上进行。中华优秀传统文化，作为中华民族的集体记忆和共享经验，为人们提供了这样一个共同的基础。对中华优秀传统文化的传承和发展，有利于使中国的对外交流和对话更加深入和有效。

再次，优秀传统文化可以帮助提升中国在国际舞台上的影响力。在经济全球化的大背景下，文化软实力成了一个国家和民族影响力的重要组成部分。中国的优秀传统文化，无论是儒家的人文精神，还是中医的自然哲学，都是文化软实力的重要组成部分。对中华优秀传统文化的传承和发展，可以增强国家的文化软实力，提升中国在国际舞台上的影响力。

最后，优秀传统文化可以推动国际文化的交流和理解。在经济全球化的进程中，文化交流是不可或缺的部分，而真正的文化交流不是单方面的传播，而是多元的互动。中华优秀传统文化，是参与这种多元互动的重要资源。

五、提供解决问题的智慧

中华优秀传统文化是一座智慧的宝库。它蕴含了先人对世界的理解、对生活的经验、对道德的观照、对艺术的探索、对自然的敬畏。这些智慧是人们的宝贵财富，是人们解决现实问题的重要资源。在面对当今社会的经济、环境等问题时，人们可以从中华优秀传统文化中汲取智慧，获取思路和策略。

中华优秀传统文化为人们提供了对社会问题的深刻理解。例如，中国的儒家文化强调和谐与中庸，倡导人与人、人与社会、人与自然的和谐共处。在今天，人们面临着种族冲突、社会分裂、环境破坏等诸多社会问题，这些问题的解决需要人们互相理解和尊重差异，寻求和谐共处。在这方面，儒家的和谐思想可以为人们提供重要的思想资源。

中华优秀传统文化为人们提供了对经济问题的独特视角。例如，中国的道家文化倡导自然与简朴，强调内在的平衡与和谐，这为人们在面对经济发展与环境保护、物质追求与精神追求等矛盾时，提供了重要的思考角度。在经济全球化的大背景下，人们需要找到一种可持续的经济发展模式，这就需要人们从优秀传统文化中寻找智慧、借鉴经验。

面对日益紧迫的环境问题，中华优秀传统文化为人们提供了解决环境问题的策略。例如，中国的传统农业文化强调人与自然的和谐共生，倡导天人合一的思想。在今天，环境问题成了全球关注的焦点，人们需要寻找一种可持续的生活方式，这就需要人们从优秀传统文化中学习，借鉴其对环境保护的智慧和策略。

具体到个人的成长与发展方面，中华优秀传统文化还为人们提供了处理个人与社会关系的道德指导。例如，中国的儒家文化倡导仁爱与义务，强调个人的社会责任。在今天，个人与社会的关系变得越来越复杂，人们需要找到一种平衡个人利益与社会责任的方式，这就需要人们从优秀传统文化中汲取智慧、寻找道德指导。

第三章　大学生思想政治教育与传统文化融合的基础

第一节　正确理解和恰当运用传统文化

正确理解和恰当运用传统文化是大学生思想政治教育与传统文化融合育人的重要前提。传统文化是一个国家、一个民族长期历史发展的积淀，是一部民族的发展史册，包含着丰富的内容。传统文化是人们今天的行为和思想的基础，是民族精神的源泉。人们需要尊重和学习传统文化，然而，这并不意味着全盘接受，而是要批判地继承和发扬。传统文化虽然包含了丰富的知识和智慧，但是，受限于其产生的历史条件和时代背景，其中也存在着一些已经不适应现代社会发展的观念和元素。因此，人们需要提炼传统文化的精华，剔除其糟粕，使其能够更好地服务于现代社会。

首先，人们需要深入研究传统文化产生的历史背景和产生条件，理解其内在的哲学观念和道德规范，尊重其独特的艺术表现。每一种文化都是在特定的历史条件下产生的，反映了当时社会的经济基础和上层建筑，体现了当时人们的生活方式和思维方式，因此，不应割裂历史条件而简单地将文化抽离出来。

其次，人们需要批判地看待传统文化，既看到其积极的一面，也看到其消极的一面。传统文化中有许多值得人们学习和借鉴的知识和智慧，例如和为贵、顺其自然等思想，它们为人们提供了处理人际关系、健康生活的重要启示。同时，传统文化中也存在着一些已经不适应现代社会的观念和元素，例如过于封闭的思想、过于严格的等级制度等，这些都是需要剔除的。

最后，人们需要根据现代社会的需要，对传统文化进行适当的创新和发展。人们应根据现代社会的实际情况，选择对传统文化进行原样呈现或合理创新和发展。这就要求人们充分理解传统文化的内涵，并在尊重传统文化的基础上，结合现代社会的需求，将其与现代知识和价值观进行结合，创造出适应时代发展的新文化形态。

从某种角度来说，大学生思想政治教育与传统文化融合育人，指的是大学生思想政治教育与中华优秀传统文化融合育人。若想切实提升融合育人的时效性，就需要教育工作者尊重并学习传统文化，深入研究其历史背景和内在精神，批判地继承和发扬其中的积极价值，剔除其中的消极因素，并根据现代社会的需求进行适当的创新和发展。通过这样的理解和处理，大学生思想政治教育工作就能够更好地传承和弘扬中华优秀传统文化的精髓，为大学生提供有力的支持和引导。

第二节　大学生思想政治教育与中华优秀传统文化融合的必要性

一、增强文化自信的要求

在今天经济全球化浪潮的推动下，文化交流愈发普遍。在这样的环境下，作为处于成长、学习阶段的大学生，更需要具备一种文化自信，以便在各种文化的碰撞和交融中保持自我，独立思考，坚守自身的文化价值和优良传统。

首先，这种文化自信是建立在对中华优秀传统文化的深入理解和热爱的基础之上的。传统文化是民族精神和民族性格的载体，它犹如一面镜子，反映出一个民族的历史，展示出一个民族的特性。对自身传统文化的认知和理解，能让大学生更好地理解自己，理解自己的民族，理解民族的历史和未来，从而建立起对自身文化的认同和自信。同时，对自身文化的热爱，也是一种深入骨髓的情感投入，这种情感投入能让大学生在面对世界复杂多元的文化现象时，保持一定的定力。

其次，文化自信是对中华优秀传统文化的文化价值和优良传统的坚守和传承。在经济全球化的大背景下，各种文化、思想观念交流、碰撞，大学生应有能力去辨别，选择适合自己的文化和思想观念，而不是盲目追随或排斥。这需要大学生对中华文化有深厚的了解，有批判性的思考，同时也要有对文化价值和优良传统的坚守。大学生要有豁达胸襟，也要有主体自觉，能在深入理解其他文化的同时，保持对自身优秀传统文化的坚持和热爱。

再次，文化自信也是对全球文化多元化的尊重和包容。全球文化多元化丰富了人类文明，也为人类进步提供了无尽的动力。在这个过程中，文化自信不仅仅是对自身文化的认同，也是对世界其他文化的尊重和包容。大学生需要具备开放的思维和开阔的视野，深入学习自身优秀传统文化的同时，了解其他文化，尊重并包容不同文化之间的差异。这样的文化自信可以帮助大学生在跨文化交流中保持平衡和自信，摒弃偏见和歧视，促进文化多样性的发展。

最后，文化自信是大学生培养全球竞争力的关键。在全球化的竞争环境中，具备文化自信的大学生更能发挥创新创造能力和领导力。他们能够在不同文化背景下进行有效的沟通和合作，更好地适应多元化的环境。同时，文化自信也能够激发大学生的自主学习和自我发展的动力，让他们具备持久的热情和动力，追求卓越。

将中华优秀传统文化融入思想政治教育，可以帮助大学生建立起文化自信，保持独立思考，坚守中华优秀传统文化价值，同时也能够促进跨文化交流和全球视野的发展，培养具备全球竞争力的人才。这种融合不仅有助于大学生的成长和发展，而且能够为国家和社会的繁荣做出积极的贡献。

二、丰富教育内容的需要

在面对现代化浪潮的冲击时，大学生对于教育内容的需求变得更为丰富和复杂。他们不再满足于单一、枯燥的理论教育，而是追求生动、丰富、具有吸引力和实效性的教育内容。而中华优秀传统文化，作为一种包含了丰富知识和智慧的教育资源，恰好能够满足这种需求。

首先，中华优秀传统文化是中华民族精神的重要载体，其中蕴含的价值观念、历史故事、文化符号等，既能够丰富教育内容，也能够增强教育的吸引力。中华优秀传统文化中的众多故事、诗词、戏曲等内容能够在满足大学生求知欲的同时，引导他们思考人生价值、社会责任、民族精神等重要主题，从而使教育内容更加丰富、生动和有吸引力。

其次，将中华优秀传统文化融入思想政治教育，可以使教育内容更具实效性。中华优秀传统文化中的智慧、道德观念、人生态度等，都可以作为教育内容的重要组成部分。在学习了中华优秀传统文化之后，大学生能够更好地理解社会规范，明白生活的道德要求，塑造出积极健康的世界观；人生观和价值观。同时，大学生还能够从中学习到如何处理人际关系，如何解决生活中的问题，如何对待生活中的困难和挑战。

最后，中华优秀传统文化的引入还可以提高教育的针对性。在我国不同的地区、不同的民族中，优秀传统文化有着各自的特色和魅力，融合这些地方和民族特色的优秀传统文化，可以让教育内容更加贴近实际生活，使教育更具针对性和实效性。这种基于地方和民族特色的传统文化教育，不仅能够让大学生更好地理解和热爱中华文化，还能够培养他们对本土社会的关注和责任感，促进地方和民族优秀文化的传承和发展。

中华优秀传统文化作为一种丰富的教育资源，既能够满足大学生对于丰富、生动、有吸引力和实效性教育内容的需求，又能够提升教育的针对性和实效性。通过中华优秀传统文化的学习和理解，大学生能够获得丰富的知识和智慧，培养积极健康的世界观、人生观和价值观。

三、塑造良好价值观的需要

优秀传统文化是一个民族的历史积淀，是一个民族的精神寄托，蕴含着深厚的道德价值和人生智慧。这些价值观和智慧，既是一个民族的精神遗产，也是一种重要的教育资源。将这些价值观和智慧融入思想政治教育，无疑能够为大学生的价值观塑造提供重要的指引，帮助他们形成正确的世界观、人生观和价值观。

中华优秀传统文化中的道德价值对于塑造大学生的价值观具有重要的指导意义。中华优秀传统文化提倡尊重他人、诚实守信、助人为乐、和谐共处等道德观念。这些道德观念不仅构成了人们的社会道德观，而且成为人们行为的重要准则。将这些价值观融入思想政治教育，可以帮助大学生明确行为准则，了解社会道德要求，塑造良好的道德品质。

中华优秀传统文化中的人生智慧对于指导大学生的人生观具有重要的启示作用。在中华优秀传统文化中，对于如何看待成功与失败、得与失，如何理解生活与工作、事业与家庭，如何对待困难与挑战等问题，都有着丰富的人生智慧。将这些智慧融入思想政治教育，可以帮助大学生建立正确的人生观，明确自己的人生目标，正确对待生活中的各种情况。

中华优秀传统文化中的世界观对于塑造大学生的世界观具有重要的影响。在中华优秀传统文化中，对于人与自然、人与社会、人与人之间的关系，有着独特的理解。这种世界观强调和谐共生，强调人的责任和义务，强调社会公正和公平。将这种世界观融入思想政治教育，可以帮助大学生理解世界的复杂性和多样性，明确自己的责任和义务，塑造积极的社会观。

综上所述，将中华优秀传统文化融入思想政治教育对大学生的发展具有重要的意义和必要性。中华优秀传统文化作为中华民族的历史积淀和精神寄托，蕴含着深厚的道德价值和人生智慧，可以为大学生的价值观塑造、人生观指引、世界观形成提供重要的指导和启示。将中华优秀传统文化融入思想政治教育，可以帮助大学生形成正确的世界观、人生观和价值观，提升他们的思想素质和综合能力。

第三节　大学生思想政治教育与中华优秀传统文化融合的可行性

一、内容的契合

中华优秀传统文化与大学生思想政治教育的内容具有很好的契合度，可以为大学生思想政治教育提供丰富的内容。

中华优秀传统文化注重人文关怀、情感体验和社会责任。大学生思想政治教育的目标之一是培养学生的社会责任感和公民意识。引入中华优秀传统文化中的相关内容，如重视亲情、友情、师生情等内容，可以培养学生的人文情怀和社会责任感，让他们认识到自己的社会角色和责任。中华优秀传统文化中的伦理道德观念和行为准则与思想政治教育中培养学生的道德素养和社会价值观相契合。引导学生研读经典著作，了解中华优秀传统文化中的道德观念和价值导向，可以启发学生对道德选择和行为规范的思考，引导他们树立正确的道德观念和价值取向。大学生思想政治教育的一个重要目标是培养学生的国家意识和民族认同。对中华优秀传统文化的学习和体验，可以帮助学生更加深入地了解和认同中华文化，增强对国家和民族的归属感和责任感。中华优秀传统文化中蕴含着丰富的智慧和创造力，引入中华优秀传统文化的思维方式和艺术表达方式，可以培养学生的人文素养和创新创造力。例如，研读古代文学作品、欣赏传统音乐和舞蹈等，可以激发学生的艺术创造力和审美情趣，提升他们的文化修养和审美能力。

大学生思想政治教育之所以能够与中华优秀传统文化相融合，是因为中华优秀传统文化具有深厚的文化属性。文化伴随人类历史的演进而发展。可以说，人类社会的每一项活动都积淀了文化的意蕴。教育则尤为具有与文化同质伴生的特点：文化对人思想、精神、心理的影响和塑造就是一种教育，而教育实践又是对文化的传递和再造。

作为一种指向人的内在世界的教育活动，思想政治教育是社会或社会群体用一定的思想观念、政治观点、道德规范对其成员施加有目的、有计划、有组织的影响，并促使其自主地接受这种影响，从而形成符合一定社会、一定阶级所需要的思想品德的社会实践活动。这深刻揭示出思想政治教育的文化本质与内涵：文化既是思想政治教育产生和发展的重要前提，也是思想政治教育的基础内容。可见，思想政治教育具有鲜明的文化属性。高校思想政治教育在传授理论知识的同时，蕴含着丰富的文化元素，包括价值观、伦理道德、历史传统等。在这个过程中，文化精神和文化价值得以流传和发扬。这些文化元素为学生建立自身的世界观、人生观和价值观提供了坚实的基石。从根本上说，高校思想政治教育本身就是文化的传递和再造，其文化内涵既是其生命力所在，也是其发展动力之源。

高校思想政治教育作为教育的重要组成部分，其核心任务就是传递和再造文化。在这个过程中，中华优秀传统文化起着至关重要的作用。中国五千年的文明历史孕育了丰富的文化遗产，其中包含了深邃的哲学思想、崇高的道德规范、丰富的历史故事、独特的艺术形式等，这些都是高校思想政治教育不能忽视的宝贵资源。高校思想政治教育不仅要传授知识，而且要传递价值观。价值观是文化的重要组成部分，也是人的行为的指南。通过对中华优秀传统文化的学习和研究，学生可以理解和认同这些文化中所蕴含的价值观，从而形成自己的价值观。这一过程实际上就是文化的传递和再造。

新时代的高校思想政治教育，肩负着传承中华优秀传统文化的重任。高校思想政治教育是中华优秀传统文化传承的重要平台。在这里，中华优秀传统文化可以得到全面、深入的传播和学习，学生可以通过对中华优秀传统文化的学习，理解和认同这些文化中所蕴含的价值观，形成自己的价值观，从而形成稳定的世界观和人生观。同时，高校思想政治教育也是中华优秀传统文化创新的重要场所。在这里，中华优秀传统文化可以得到创新和发展，使中华优秀传统文化在传承中不断发展，在创新中不断生长，在新时代背景下发挥出新的活力和作用。高校思想政治教育在传承中华优秀传统文化的过程中，也在不断推动社会文化的发展。在经济全球化和信息化的大背景下，国人需要更深入地理解和认同自己的文化，增强文化自信。高校思想政治教育通过对中华优秀传统文化的传承和创新，不仅可以培养出拥有深厚文化底蕴的高素质人才，还可以在这一育人实践中实现文化的创新，推动文化的发展。

在新时代背景下，一方面，高校思想政治教育需要对中华优秀传统文化进行深入的研究和理解，做好传承工作。中华优秀传统文化中的道德规范、人文精神、社会伦理等，能够提供给学生丰富的精神食粮，帮助他们在思想上有所引领，行为上有所规范。通过对中华优秀传统文化的学习，学生能够逐步形成符合社会主义核心价值观的思想品德，这就是文化塑造的实质。

另一方面，高校思想政治教育需要在传承中不断创新，使中华优秀传统文化与现代社会更好地结合，形成符合新时代要求的社会主导文化。高校思想政治教育是一个深度的思想熏陶过程，是一个系统的思想建设过程，需要注重对学生思想品德的塑造和培养。在这个过程中，不仅要将中华优秀传统文化的优秀元素传承下来，还要在传承的基础上进行改革和创新，使之更符合社会发展的实际需要。

二、目标的一致

中华优秀传统文化与大学生思想政治教育的目标有着高度的一致性。具体而言，大学生思想政治教育旨在培养具有正确世界观、人生观、价值观的公民，而中华优秀传统文化的精髓往往蕴含着这些重要价值观。

首先，通过中华优秀传统文化教育，大学生可以深入理解和接纳社会公认的道德规范和行为准则。这些道德规范和行为准则，既体现在文化导向上，也体现在文化传承的智慧中。借助中华优秀传统文化的教育，大学生能够深刻领悟什么是善、什么是恶、什么是正义、什么是非正义、什么是公平、什么是偏见。这种对道德价值的理解和接纳，有助于他们形成正义感和公平感，使他们成为社会公正和公平的维护者。

其次，中华优秀传统文化可以帮助大学生建立起社会责任感。中华优秀传统文化中的许多故事都揭示了个人应对社会和国家承担责任的重要性。通过了解这些故事，学生可以明白个人的责任和社会的责任是如何联系在一起的，如何以道德的行为和公正的态度来履行这些责任。这种责任感的形成，对于培养大学生的社会公民意识和社会责任感具有重要的作用。

最后，中华优秀传统文化还可以帮助大学生形成对社会的深层次理解和认知。中华优秀传统文化中的哲学思想、道德观念、历史故事、艺术创作等，都反映了对社会生活的深入理解和认知。这些理解和认知可以帮助大学生更好地理解社会现象、理解社会规则、理解人与人之间的关系。这种深层次的社会理解和认知，有助于他们形成正确的社会观和社会价值观。

以上这些因素，都使中华优秀传统文化与大学生思想政治教育的目标有着高度的一致性。在具体实施过程中，只需要巧妙地利用中华优秀传统文化作为教育资源，将中华优秀传统文化的内容和形式融入大学生思想政治教育中，就能够使大学生在学习过程中，深刻地理解并接纳社会公认的道德规范和行为准则，深刻地领悟个人的社会责任，深刻地理解社会的深层次规则和关系，从而成为具有正确世界观、人生观、价值观的优秀公民，即实现思想政治教育的目标。

三、特性的符合

大学生思想政治教育与中华优秀传统文化的融合，是教育现代化、国际化进程中的重要课题。其中，中华优秀传统文化的开放性与包容性，和大学生思想政治教育的特性相契合，从而使大学生思想政治教育拥有了深厚的文化土壤和无尽的思想资源。

中华优秀传统文化源远流长，博大精深，兼具开放性和包容性，有着广泛的吸纳和借鉴其他文化、丰富自身内涵的能力。从孔子的有教无类，到孟子的人性本善，再到《礼记》中的修身、齐家、治国、平天下的教诲，都体现了中华优秀传统文化在人性光辉、社会公义和国家治理等方面的深远影响。同时，中华优秀传统文化尊重差异、开放吸纳、推崇和谐、弘扬人文精神，对世界多元文化展示了高度的包容和理解。

新时代大学生思想政治教育，正面临着如何处理传统与现代、国内与国际、保持与改变等诸多关系的挑战，需要在坚持中创新，在创新中坚持，对文化元素进行整合，形成兼具开放性和包容性的新型思想政治教育。这就需要大学生思想政治教育积极借鉴和运用中华优秀传统文化的开放性和包容性，实现理论与实践、历史与现实、民族与世界的有机结合。

中华优秀传统文化的开放性和包容性为新时代大学生思想政治教育提供了一种方法论，即如何处理好传统与现代的关系、不同文化之间的关系，如何处理好文化自尊与文化自觉、文化继承与文化创新、文化精神与文化形式之间的关系。这就要求新时代大学生思想政治教育在传承中华优秀传统文化的同时，以开放的眼光看待世界，以包容的态度对待差异，引导学生以更为宽广的视野和更为开放的心态面对世界，发现和解决问题，推动自我与社会的和谐发展。

中华优秀传统文化在华夏土地上传承了几千年，是经过特定的自然、社会环境形成的特定文化积累，是中华民族精神的可靠载体。作为炎黄子孙，对本土的中华优秀传统文化是带有天生的好感和倾向性的。中华优秀传统文化所宣扬的很多道理，符合中国人的传统认知，容易被吸收、贯彻。特别是近年来，传统文化复兴的浪潮出现，许多年轻人对学习传统文化充满热情，在全国各高校中也纷纷成立了以传承和发扬传统文化为主题的学生社团。可见，将中华优秀传统文化引入大学生思想政治教育，是易于被接受的。

四、时代的需求

时代之所需即人才培养目标之所在。在经济全球化和信息化的背景下，人们正处于一个飞速发展的时代。对于大学生思想政治教育而言，这不仅带来了挑战，还带来了机遇。现代社会对人才的需求日益多元化，不仅需要他们具备专业知识和技能，还需要他们有宽广的国际视野、强烈的民族自信，以及深厚的文化素养。这就要求在教育中，尤其是在大学生思想政治教育中，既要有前瞻性的视角，看到未来的可能性和趋势，也要有深扎的根，坚守优秀文化传统。正因如此，大学生思想政治教育的任务正在经历深刻的变革。培养具有国际视野和民族自信的人才，不仅是时代的需求，而且是国人在新的历史条件下对高校教育的新期待。优秀传统文化，作为一个民族的灵魂和精神支柱，是国人理解世界的一个重要维度。将中华优秀传统文化融入大学生思想政治教育中，有助于培养学生的文化素养和国家认同感。

优秀传统文化是民族精神和文化自信的重要源泉。每一种优秀传统文化都是一个民族在特定历史条件下创造出来的，既反映了一个民族的生存状态和精神面貌，也包含了对世界和生命的独特理解和解读。中华优秀传统文化中的人文精神、道德伦理、历史传统等，是中华民族在历史长河中积累的智慧和精神财富。将其融入大学生思想政治教育，能够帮助学生更好地理解自我和社会，也有助于他们在经济全球化的大背景下保持文化自觉和文化自信。将中华优秀传统文化融入大学生思想政治教育，可以帮助学生建立正确的世界观、人生观和价值观。中华优秀传统文化蕴含着丰富的道德理念和价值观念，这些价值观念对于塑造学生的道德观念，引导他们在面对复杂的社会问题时做出正确的道德判断，具有重要的教育意义。同时，通过对中华优秀传统文化的学习，学生能够更好地理解社会规范和法律法规，培养良好的公民素质和社会责任感。

中华优秀传统文化对于培养学生的国家认同感也有着重要的作用。在经济全球化的背景下，学生需要有更加开阔的国际视野，但这并不意味着他们可以忽视自己的民族文化和国家认同。相反，了解和尊重自己的传统文化是培养学生身份认同和归属感的重要途径。通过深入了解和传承中华优秀传统文化，学生可以更好地认识中华民族，了解自己的历史和文化根源，形成对自己国家和民族的认同感和自豪感。这种国家认同感可以激发学生为国家的繁荣和进步贡献力量的意愿，并培养他们的社会责任感。

第四节　大学生思想政治教育与中华优秀传统文化融合的侧重点

一、注重融合的深度和广度

在大学生思想政治教育与中华优秀传统文化融合育人的过程中，注重大学生思想政治教育与中华优秀传统文化融合的深度和广度至关重要。大学生思想政治教育与中华优秀传统文化的融合，并不是简单的叠加或者植入，而是一个深度和广度的有机融合过程，其中涉及理论与实践、知识与行动、教育与生活等多个层面的交融和互动。

大学生思想政治教育与中华优秀传统文化融合的深度，主要体现在理论理解和实践运用上。对于中华优秀传统文化，教师不应只停留在表面的了解和认识上，而要深入挖掘文化背后的价值观念和道德理念，结合思想政治的理论知识，理解和掌握文化深层次的内涵。同时，教师要将中华优秀传统文化的精髓和大学生思想政治教育的内容有机结合，以此为基础进行实践活动，使学生在实践中真正感受和理解中华优秀传统文化和社会主义核心价值观，形成正确的世界观、人生观和价值观。

大学生思想政治教育与中华优秀传统文化融合的广度，主要体现在知识覆盖和生活渗透上。教师要广泛地引入中华优秀传统文化的内容和素材，尽力覆盖大学生思想政治教育的各个领域和方面，让学生在多角度地认识和理解中华优秀传统文化的同时，提升自身的思想素质和道德品质。同时，教师也要将大学生思想政治教育和中华优秀传统文化的融合落实到学生的日常生活中，帮助学生形成自然选择和习惯。

大学生思想政治教育与中华优秀传统文化融合的深度和广度，还体现在教师和学生的角色定位上。在这个过程中，教师既是知识的传授者，也是学生学习的引导者和启迪者。他们需要具备深厚的专业素养和教育智慧，能够恰当地引导学生理解和使用中华优秀传统文化，并将其与思想政治教育有机结合。而学生则既是知识的学习者，也是实践者和创新者。他们需要主动地参与和实践思想政治教育与中华优秀传统文化融合的活动，积极地运用所学知识和理念，融入自己的生活和行为中。

对于大学生思想政治教育与中华优秀传统文化融合育人来说，实现深度和广度的有机融合非常重要。这需要教师深入理解和应用中华优秀传统文化的价值观念，将其与思想政治教育的理论结合，通过实践活动让学生深刻感受和理解，形成正确的世界观、人生观和价值观。同时，在教学中应覆盖广泛的传统文化内容，让学生在多个层面和方面接触和运用中华优秀传统文化，使之成为学生行为和思考的自然选择和习惯。在这个过程中，教师扮演着引导者和启迪者的角色，学生则积极参与并运用所学知识和理念，形成自己的理解和认同。只有通过深度和广度的有机融合，才能实现大学生思想政治教育与中华优秀传统文化的有益互动和协同发展。

二、注重学生主动性的发挥

在大学生思想政治教育与中华优秀传统文化融合育人的过程中，培养学生的主动性是至关重要的。学生是思想政治教育的主体，他们不仅仅是知识的接受者，更是价值观的实践者。因此，在教学过程中，教师需要注重引导和激发学生的主动性，让他们在学习过程中主动思考、主动实践。

在大学生思想政治教育与中华优秀传统文化融合育人的过程中，教师应树立正确的教育观念，充分发挥学生的主动性，将学生真正放在教学活动的中心。传统的教育模式往往强调教师的主导作用，学生往往被动地接受知识。然而，这种模式不利于培养学生的主动性。教师应该把学生视为独立的学习主体，尊重他们的个性差异和学习需求，提供多样化的学习环境和条件，鼓励他们根据自己的兴趣和目标，选择和设计自己的学习路径。

若想保证学生主动性的发挥，教师应在学校支持下为学生提供开放和包容的学习环境，鼓励学生主动参与和实践。在大学生思想政治教育与中华优秀传统文化融合的过程中，教师可以设计丰富多样的学习任务和项目，例如让学生参与文化研究、社区服务、文化创新等活动，通过实践来深化学生对中华优秀传统文化和社会主义核心价值观的理解。同时，教师应该尊重和支持学生的创新尝试，鼓励他们开拓新的学习领域和方式。这些措施可以激发学生的学习兴趣和主动性，培养他们的实践能力和创新精神，使他们在思想政治教育与中华优秀传统文化的融合教育中成为积极主动的学习者和价值实践者。这将有助于学生更好地适应社会发展的需求，为社会的进步和发展做出积极的贡献。

教师还要注重培养学生的批判性思维和独立性思考。大学生思想政治教育与中华优秀传统文化融合不是简单的传播和接受，而是需要学生根据自己的理解和判断，批判地加以吸收和运用。因此，教师需要教导学生如何分析和评价不同的文化观念和价值取向，引导他们形成自己的立场和观点。在教学中，教师可以引导学生接触不同的观点和材料，包括不同的学术著作、历史文献、实践案例等。通过对多元观点的了解和比较，学生可以培养辩证思考的能力，从而形成自己的立场和观点。教师还可以引导学生分析和评价不同文化观念和价值取向的优劣，帮助他们理解其中的逻辑和价值取向，并从中发展出自己的批判性思维。学生可以学习辨析信息的能力，不仅仅是接受优秀传统文化观念和思想政治理论，而是能够深入思考其内涵、价值和适用性。同时，教师要鼓励学生表达自己的观点和看法，并引导他们进行深入的讨论和辩论。通过与他人的交流和辩论，学生可以从中获得新的观点和思路，进一步发展和完善自己的独立性思考能力。

长效的反馈和评价机制是保证教学质量与学生主动性发挥的重要保障。教师可以定期进行学习评估，让学生对自己的学习过程进行反思和评价，这可以包括学习日志、自我评价、小组讨论和反馈等形式。通过反思，学生可以发现自己的学习优势和不足，并制订相应的学习策略和改进计划。教师也可以设立各种激励措施，如优秀作品展示、创新成果竞赛、学术研究奖励等，鼓励学生积极参与和表现。这些措施可以激发学生的学习动力和主动性，使他们更加努力地追求学术和个人的成就。同时，教师要及时给予学生反馈和指导，可以通过课堂讨论、作业评阅、个别辅导等方式，帮助学生了解自己的学习表现，并提供具体的建议和支持。积极的反馈和指导可以激励学生改进学习方法和提升学习成果。

三、注重教师角色的转变

在大学生思想政治教育与中华优秀传统文化融合育人的过程中，教师的角色转变显得尤为重要。他们不再是传统意义上的知识传授者，而是需要成为学生学习的引导者和协助者。要实现这一角色的转变，教师需要深入研究和理解中华优秀传统文化，这样才能更好地引导学生进行有效的学习。

教师应该通过学习和研究，对中华优秀传统文化有深刻的理解和精炼的概括。这包括对中华优秀传统文化背后的历史、社会、哲学等多方面的了解，以及对中华优秀传统文化中包含的各种价值观、伦理道德的深入思考。只有这样，教师才能准确地把握中华优秀传统文化的精髓，才能引导学生对中华优秀传统文化有更为深入、全面的理解。

在大学生思想政治教育与中华优秀传统文化融合育人的过程中，教师应该扮演好引导者和协助者的角色。他们不仅要传授知识，而且要引导学生独立思考、主动学习。他们应该鼓励学生对中华优秀传统文化提出自己的理解和看法，同时也要帮助学生批判性地看待和吸取传统文化，形成自己的价值判断。这需要教师具备高度的教育敏感性和批判性思维。

教师需要具备一定的技术能力，来适应混合式学习的教学模式。他们需要熟悉网络技术和数字化工具，能够利用这些工具设计丰富多样的学习活动，以提高教学的效果和学生的学习体验。他们也需要不断学习和更新教学方法，以适应教育的变化和学生的需求。

教师还应该具备良好的人文素养和道德修养，因为他们不只是知识的传播者，更是价值的引导者。他们的言行举止会对学生产生深远的影响。他们需要通过自身的言行，向学生展示如何尊重和继承中华优秀传统文化，如何理性和批判性地看待社会现象，如何以公正和公平的态度对待他人。只有这样，教师才能真正帮助学生形成正确的价值观与思想道德体系。

第四章　大学生思想政治教育与中华优秀
传统文化融合的指导理论

第一节　以人为本教育理念

一、以人为本的科学内涵

探讨以人为本的科学内涵，要从马克思主义基本原理以及马克思主义中国化的理论成果中去寻找。

马克思将人看作"现实的人"，认为人在本质上来说是一切社会关系的总和。"现实的人"这一概念是马克思历史唯物主义研究的出发点和归宿点。马克思定义的"现实的人"，是以物质生产活动为基础的，处于一定历史条件下，在一定的社会关系中从事生产实践活动的，有思想、观念和意识的个人。

马克思将"现实的人"作为唯物史观的基本前提，并提出了"现实的人"这一概念的一系列规定性。作为马克思主义理论重要的组成部分，历史唯物主义揭示了人类社会发展的一般规律，强调了人民群众在人类历史发展进程中的主体地位。人民群众是社会历史的创造者，是所有物质财富与精神财富的创造者，是促进社会变革的主要力量。

人是实践的主体，人既是发展的根本目的，也是发展的根本动力。"以人为本"中的"人"，指的是广大的人民群众，既不是抽象的人，也不是某个人、某些人。发展需要依靠人民群众，发展同样也需要为了人民群众。因此，在开展实践时，要充分重视人民的重要性，要始终站在最广大人民的立场上，代表最广大人民的根本利益。具体到社会发展的各领域，"以人为本"中的"人"，指的则是发展的主体，例如在教育中贯彻以人为本的理念，就是以学生为本。

以人为本重视人的发展。马克思主义强调人的发展应该是自由、和谐、充分的发展，同时，人具有社会性，人的发展与社会的发展紧密相连，两者互为发展条件。人是社会实践的主体，人在已有实践条件的基础上充分发挥主观能动性，不断进行创造性实践，在实现自我发展的同时，推动着社会不断向前发展，而社会的发展又为人的发展创造了新的实践条件。

二、以人为本教育理念的理论基础

（一）因材施教理论

因材施教是以人为本教育理念在实践教学过程中的鲜明体现。它重视在教学过程的推进中，在教学方法的选择上充分贯彻以人为本的理念，因为学生在个性与天赋上存在很大的差异，教育活动若不能关注到这些差异，就很难保证教育的质量与教育的效率。

因材施教指的是教师在教学过程中，根据学生不同的认知水平、学习能力、性格特点以及生活环境，有针对性地选择适合不同学生的教学方法进行教学。因材施教的教学方法由来已久，在《论语·先进篇》中，就记载了孔子因材施教的典型案例——针对不同学生提出的同一个问题，孔子给予了不同的回答，体现了其高超的教育智慧。[①]

因材施教是以人为本教育理念在教学实践中的体现，是一种尊重学生个性化发展的教学理念。它不但重视学生知识的积累，而且重视对于学生自主学习能力的培养和提升，强调根据学生的特点因势利导，引导学生充分开发自己的潜能进行创造性实践。

（二）人本主义学习理论及其应用

1.人本主义理论的内涵

人本主义兴起于二十世纪五六十年代，由美国心理学家亚伯拉罕·马斯洛（Abraham Maslow）所创立，是心理学的重要流派，强调人的自我实现。

人本主义既反对只针对人类行为进行研究的行为主义，也不认同弗洛伊德（Freud）只研究人类精神和心理问题的行为，因此被称为心理学的第三种势力。人本主义将研究的落脚点放在人的成长与正向的心理发展上，同时又汲取了哲学当中存在主义的部分思想，强调自由的重要性与人生价值的意义。

---

① 孔子.论语[M].杨伯峻，杨逢彬，注译.杨柳岸，导读.长沙：岳麓书社，2018：132-145.

马斯洛认为，动机是人类个体成长的内在力量，而动机的形成受到诸多因素的影响，其中最为关键的就是发展的需要。人的需要多种多样，而不同需要之间则有高低层次之分。不同需要所形成的动机将决定人的行为，进而影响个体发展的境界。马斯洛将人类个体的需要划分为五个层次，后来又扩大为八个层次，分别为生理需要、安全需要、归属与爱的需要、尊重需要、认知需要、审美需要、自我实现需要以及自我超越需要。[①]

2.人本主义学习理论的内涵

人本主义学习理论强调人的发展、情感、态度等因素对于教学的影响。人本主义学习理论同样强调学习者在教学过程中的主体地位，同时强调学习过程与学习者的发展。

人本主义学习理论从学习者自我实现的角度来考察教学活动，认为知识的学习是服务于学习者的个人发展的，教育的目的是帮助学习者学会学习，帮助学习者树立正确的学习理念、探寻合适的学习方法、实现个人的全面发展。因此，在教学实践中，教师不能将学生简单地当作教学对象，而是应该将学生视为谋求发展的个体，视为教学活动的重要参与者。

人本主义学习理论的重要代表人物是美国心理学家卡尔·罗杰斯（Carl Rogers）。罗杰斯认为，人类的情感与认知是不可分割的，教学的目标是促进人躯体、情感、知识、精神的全面发展。他主张以学习者为中心组织开展教学活动，促进学习者自主学习能力的提升，激发其不断追求自我发展与自我实现。罗杰斯对于教学活动更为详细的阐述包括以下几点。

（1）教学活动的主要目标之一是激发学习者的潜能。教师在教学过程中应该为学习者提供良好的学习氛围，在传授知识的同时帮助学习者加深对于自我的理解。

（2）学习者拥有选择教材的自主权。好的教材应该贴近学习者的实际生活、符合学习者的发展意向、切合学习者的能力水平。

（3）教师在教学的过程中，应当注意观察学习者的内心感受与情感变化，帮助学习者建立有效的沟通渠道，及时发现学习者由于各种因素引起的心理问题并提供心理辅导与其他帮助。

---

① 张利民.高校图书馆管理创新发展与应用[M].成都：电子科技大学出版社，2019：90-91.

（4）教师在实践教学中应注意培养学习者的学习兴趣，注重学习者自主学习能力的提升。

（5）教师应鼓励学习者积极参与社会活动，培养自我求知能力。

人本主义学习理论强调学习者自主学习意识的培养与自主学习能力的提升。人本主义学习理论认为，在教学过程中，教师应该重视学习者的自主思想，鼓励学习者在学习和探索知识时充分发挥主观能动性，分析自身的学习特点与学习现状，根据自身的学习需求自主制订学习计划，选择适合自己的学习方法，对自己的学习进程进行跟踪监控，总结分析自己的学习成果，反思自身在学习中存在的问题。学习者是学习的主体，应当在教师的帮助下，通过建构知识内容，实现自我的发展与提升。[①]

人本主义学习理论重视学习者的内心世界对于教学的影响，认为学习是学习者的主观行为，在教学中应当将学习者的认知、情感、动机等主观因素放在十分重要的位置。人本主义学习理论反对行为主义将人当成动物进行简单的行为分析，也反对弗洛伊德将对于特殊群体的研究成果应用到普通人身上。人本主义学习理论强调促进人的正向发展，认为教育者应该更多地了解学习者的内心世界，根据学习者的兴趣、认知、情感、动机等因素调整教学方式，培养学习者的自主学习意识，增强学习者的自主学习能力。[②]

人本主义学习理论认为教育的理想目标是帮助学习者成为全面发展的人。人本主义学习理论不仅重视学习者知识的掌握与自主学习能力的发展，还重视学习者自我修养的形成。人本主义学习理论提倡，通过丰富多彩、形式多样的课堂设计，为学习者营造一个平等、自由、和谐、民主的学习氛围，帮助其更好地融入集体当中，并通过学习者之间的良性互动，实现集体的共同进步。学习者在学习过程中既需要探索和掌握具体的知识、培养和提升自主学习能力，也需要形成能适应社会环境变化、在变化中谋发展的个人品质。

三、以人为本教育理念在大学生思想政治教育与中华优秀传统文化融合育人中的应用

以人为本作为现代教育最重要的理念之一，适用于大学生思想政治教育。大

---

① 马欣川．现代心理学理论流派［M］．上海：华东师范大学出版社，2003：265-268.

② 张晓青．唤醒教育［M］．北京：中国商务出版社，2020：125-128.

学生思想政治教育的核心目标是立德树人，完善学生的政治素养与思想道德体系，帮助学生实现全面发展。在大学生思想政治教育与中华优秀传统文化融合的过程中，坚持以人为本教育理念，需要从以下几个方面着手。

（一）注重个体差异

在大学生思想政治教育与中华优秀传统文化融合的过程中，坚持以人为本教育理念的一个重要方面就是尊重并关注个体差异。每个学生都有自己独特的学习风格、兴趣爱好、生活经历以及对于特定主题的理解，这些因素在教育过程中都应得到充分的重视。为此，教育过程需要在教学方法、内容选择、交流方式等多个环节反映出对个体差异的尊重和关注，让每个学生在接受教育的过程中，能够感受到自我价值被认同与尊重，同时能够根据自身的特性和需求，得到有效的学习与成长。

在教育实践中，大学生思想政治教育应该重视学生个性的发展，不能抑制学生个性的发挥，使学生能够在掌握基本知识的基础上充分发挥主观能动性。同时，学生的个性对于学生自身的发展具有重要的推动作用，学生的兴趣、潜力等素质很多都是基于个性而产生的。可以说，个性是学生开展学习活动重要的内驱力，若能在教学活动中贯彻以人为本教育理念来实现学生个性与知识、技能学习的良好融合，就能激发学生的学习兴趣，提升学生学习的主动性与自觉性，使教育活动能够实现更好的效果，也能切实促进学生的发展。

首先，对于教学方法的选择，教师需要采用多样化、个性化的教学方式。这意味着在教学过程中，不能仅仅采取一种传统的、标准化的教学方式，而是需要根据每个学生的特点和需求，灵活地运用各种教学方法。例如，对于一些喜欢动手操作、学习能力强的学生，可以通过项目式学习、案例分析等方式进行教学；对于一些善于思考、喜欢独立工作的学生，则可以采取独立研究、探究学习等方式进行教学。多元化、个性化的教学方式，可以使每一个学生都能在适合自己的方式中获得有效的学习。

其次，对于教学内容的选择，教师需要根据每个学生的兴趣和需求，进行个性化的设计和选择。例如，对于一些对历史文化特别感兴趣的学生，可以在教学过程中，更多地引入一些历史文化的素材和案例，让他们在了解和研究这些历史文化的过程中，更深入地理解和接受思想政治教育的内容；对于一些喜爱艺术的学生，可以引入艺术作品，如书法、绘画、音乐等，作为教学的载体，让他们在欣赏和创作艺术的过程中，理解和感悟中华优秀传统文化中的美学和道德观念。这种从学生兴趣和需求出发的教学内容选择，不仅能够增加学生对于教学的兴趣和接受度，还能够有效地达到教育目标。

再次，在交流方式上，教师要充分尊重和关注学生的个体差异。大学生具有不同的沟通和表达方式，有些学生喜欢口头表达，而有些学生则更倾向于书面表达。为了满足不同学生的需求，教师可以通过组织小组讨论、辩论赛、写作任务等多种形式来促进学生之间的交流与合作。同时，教师可以提供个别辅导和指导，关注学生的学习进展和困惑，鼓励他们积极表达自己的意见和观点。这种个性化的交流方式，可以激发学生表达和参与的积极性，提高他们的思辨能力和表达能力。

最后，建立积极、支持性的教育环境是尊重个体差异的重要举措。教师应该鼓励学生展示自己的特长和才能，给予他们充分的赞赏和肯定。同时，教师应努力提供多样化的学习机会和资源，让学生能够根据自身的需求和兴趣进行选择和发展。此外，教师还应该注重学生的情感需求，关注他们的心理健康和个人成长，提供必要的支持和帮助。可通过创建积极、支持性的教育环境，来激发学生的学习热情和自信心，使他们在学习过程中能够充分展现自己的潜力。

（二）关注学生的成长需求

在大学生思想政治教育与中华优秀传统文化融合的过程中，坚持以人为本教育理念的一个重要方面是关注学生的成长需求。教育的目标不仅仅是传授知识，更是服务于学生的全面发展，包括知识和技能的提升、价值观的塑造、情感和态度的培养等。为此，教师需要在教学过程中，充分关注学生的内在需求，鼓励他们表达自己的想法和感受，引导他们主动思考和探索。

在知识和技能的提升层面，教师需要注意培养学生的学习能力和思考能力。这不仅包括对中华优秀传统文化和思想政治理论知识的学习，而且包括如何理解、分析和应用这些知识的能力。因此，在教学过程中，教师不仅需要注重知识的传授，还需要注重思考方法的训练，引导学生通过思考和探索，自己发现和理解知识。同时，教师还需要注意培养学生的信息获取和处理能力，使他们能够在信息爆炸的时代中，有效地获取、筛选和利用信息。

在价值观的塑造层面，教师需要引导学生在了解和学习中华优秀传统文化和思想政治理论知识的过程中，理解其中的核心价值观。这包括尊重、诚信、仁爱、公正等基本道德价值观念，也包括独立思考、创新精神、批判精神等现代社会价值观念。为此，教师需要在教学过程中，引导学生从多个角度和层面，理解和体验这些价值观，使他们能够将这些价值观内化为自己的思想和行为。

在情感和态度的培养层面，教师需要注重培养学生的爱国情感、社会责任感、公民意识等。这包括对于祖国的深深热爱、对于社会的积极关注和参与、对于公民权利和义务的认知等。为此，教师需要在教学过程中，通过各种活动和体验，培养学生的这些情感和态度。

关注学生的成长需求，还体现在重视学生综合素质的提升上。在大学生思想政治教育与中华优秀传统文化融合育人过程中贯彻以人为本教育理念，还需要重视对于学生综合素质的培养和提升。高校人才培养的最终目的是促进学生的全面发展，为国家和社会的发展培养高素质人才，因此，培养和提升学生的综合素质是高校教育永恒的主题。促进学生综合素质的提升既是时代的要求，也是以人为本教育理念贯彻于高等教育之中的体现。对于学生来说，自我的发展与个人价值的实现是其接受高等教育的重要目的，无论是升学、就业还是创业，都服务于这一目的。在高等教育中，以学生为本就是要使高等教育在理念、目标、内容与评价等方面符合学生自身发展的需要，能够帮助学生更好地实现自我价值。发展学生的综合素质，就是为了让学生能够实现全面的发展，能够更好地满足国家与社会发展的需要，进而实现自身从学校到社会的良好过渡，实现自身的价值追求。作为德育的重要途径，大学生思想政治教育与中华优秀传统文化融合育人需要重视学生综合素质的提升与全面发展，这既是新时代对于高校人才培养的要求，也是新时代高校学生自身发展的需要。

（三）促进学生的主体性发展

在大学生思想政治教育与中华优秀传统文化融合的过程中，坚持以人为本教育理念，应当尊重学生的主体地位，促进学生的主体性发展。以人为本是建立在人类社会历史实践经验基础上的重要理论，对于人类实践具有重要的指导作用。教育活动作为人类社会中重要的实践活动之一，同样需要坚持以人为本的理念。在教育活动中坚持以人为本，就是以学生为本，重视学生在教育活动中的主体地位，充分发挥学生的主体作用。高校需要科学制订人才培养方案，在教育理念与教学目标中充分体现以人为本的理念，在教学实施的过程中科学引导学生自觉进行学习，重视学生自主学习能力的提升，凸显学生在自主学习中的主体性。以学生为主体是现代教育理念最重要的观点之一，只有重视学生的主体地位，才能保证以人为本教育理念的贯彻落实，才能从根本上进行教学模式的优化。

在教育实践中，教师应当视学生为学习的主体而非被动的接受者，应当尊重学生的学习兴趣，引导他们积极参与到学习过程中，让他们在实际的学习过程中体验和理解优秀传统文化和价值观念的意义。这包括鼓励学生进行小组讨论、主题研究、项目学习等多种形式的学习活动。

教师应当鼓励学生进行主题研究和项目学习，这种方式可以让学生有更多的机会自主选择学习的内容和方式，更深入地研究和探讨一些他们感兴趣的主题。例如，学生可以进行一些关于中华优秀传统文化的研究项目，如研究古代的礼仪制度、音乐艺术、文学作品等。在这个过程中，他们不仅可以学习到更多的知识，还可以培养他们的研究能力、组织能力、协作能力等。与此同时，教师还应重视实践教学的开展，如社区服务、志愿者活动等。这些活动可以让学生有机会将他们在课堂上学到的知识和理念应用到实际生活中，也可以让他们有机会了解和接触社会，从而增强他们的社会责任感和公民意识。

（四）建立良好的师生关系

在大学生思想政治教育与中华优秀传统文化融合的过程中，以人为本教育理念也包括建立良好的师生关系。良好的师生关系不仅能够为学生提供一个安全、自由和开放的学习环境，而且有助于提高教学效果，培养学生的积极性和主动性。因此，教师应以平等、尊重和关爱的态度对待每一个学生，努力建立起相互信任和支持的师生关系。

首先，平等是建立良好师生关系的基础。教师不仅要尊重学生的人格尊严，而且要认可他们的独立思考和主动探索的权利。在教学过程中，教师应当把学生视为自主的、有独立思考能力的个体，鼓励他们积极提出自己的观点和看法，而不是仅仅把他们视为被动接受知识的对象。这样才能真正促进学生的主体性发展，让他们在平等的环境中，敢于表达自我、追求真理。

其次，尊重和理解是建立良好师生关系的关键。教师应该尊重每个学生的个性和特点，理解他们的需求和困惑，关注他们的学习和生活。在教学过程中，教师应当以开放和包容的态度对待学生的不同观点，以理解和关爱的态度对待学生的个体差异。同时，教师也应该关注学生的成长和发展，及时给予指导和帮助，让他们在得到尊重和理解的同时，也能感受到关爱和支持。

最后，相互信任和支持是维护良好师生关系的重要手段。教师应该通过诚实、公正和公开的行为获取学生的信任，同时也要对学生表示信任，让他们感到被尊重和被理解。同时，教师还应该提供必要的支持和帮助，帮助学生解决学习和生活中遇到的问题，使他们能在一个安全和支持的环境中，自由自在地学习和成长。

第二节　全面发展教育理念

一、马克思主义关于人的全面发展理论的基本内涵

马克思主义关于人的全面发展，强调的不是片面的发展、畸形的发展、不自由的发展、不充分的发展，而是全面的发展、和谐的发展、自由的发展、充分的发展。马克思所提出的人的全面发展，既是人的个性、能力和知识的协调发展，也是人的自然素质、社会素质和精神素质的共同提高，还是人的政治权利、经济权利和其他社会权利的充分实现。

马克思主义关于人的全面发展理论具有丰富的思想内涵，主要体现在以下几方面：一是人的活动的全面发展，二是人的社会关系的全面发展，三是人的素质的全面提高，四是人的个性的全面发展，五是人类的全面发展。

二、全面发展教育理念的内涵

（一）全面发展教育理念的内容

全面发展教育理念，也被称为"全人教育"或"全面教育"，是一种注重培养学生全面能力与素质的教育理念。这种理念强调在教育过程中不仅仅关注学生的知识学习方面，更要重视学生的身心健康、道德修养、社会适应能力等方面。全面发展教育理念注重以下几方面的内容。

1. 知识与技能的提升

在全面发展教育理念中，知识与技能的提升被认为是教育的基础目的。但知

识与技能的提升并不仅仅局限于专业知识与技能的培养，更包括批判性思考能力、解决问题的能力、沟通交流的能力、自主学习的能力等各种软技能的培养。具体的专业知识与技能固然是学生发展所必备的，其之外的软技能对于学生的成长也很重要。

批判性思考能力是全面发展教育理念所注重的重要技能之一。在当今的信息社会，人们面临着信息量巨大、信息更新快的挑战。因此，学生需要有批判性思考能力，才能从海量的信息中筛选出有价值的信息，对信息进行分析和评估，从而做出明智的决策。这种能力不仅可以帮助学生提高学习效率，还可以帮助他们更好地适应社会生活，更加理性地看待世界。

解决问题的能力也是全面发展教育理念所强调的重要技能之一。在现实生活中，人们总会遇到各种各样的问题，如学习问题、生活问题、人际关系问题等。人们需要有解决问题的能力，才能有效地应对。这种能力包括识别问题、分析问题、寻找解决方案、实施解决方案等多个环节。通过提升这种能力，学生可以更好地应对生活中的挑战，也可以更好地适应社会的变化。

沟通交流能力的培养是全面发展教育理念的重要内容。在人际关系中，良好的沟通交流能力可以帮助人们更好地理解他人、更好地表达自己，从而建立和维护良好的人际关系。这种能力包括倾听、交谈、阅读、写作等多种语言技能，以及非语言交际、跨文化交际等多种交际技能。通过提升这种能力，学生可以更好地融入社会、更好地与他人合作、更好地实现自己的目标。

在知识更新速度越来越快的今天，学生还需要具备自主学习的能力，才能不断更新知识，不断适应新的环境和需求。自主学习的能力包括自主学习、信息获取和筛选、学习方法的选取、学习计划的制订等方面。通过培养这种能力，学生可以在学校教育之外，主动地探索和学习感兴趣的领域，不断充实自己的知识和技能，提高自己的竞争力。

总的来说，全面发展教育理念强调知识与技能的提升不仅限于专业知识与技能的学习，而且包括批判性思考能力、解决问题的能力、沟通交流的能力、自主学习的能力等各种软技能的培养。这些能力是学生在面对复杂多变的社会生活时所需要具备的能力，能够帮助他们更好地适应社会变化，更好地解决问题和取得成功。因此，在教育过程中，应注重培养学生的这些能力，以提高学生的综合素养和适应力。

2.道德观与价值观的塑造

在全面发展教育理念中，道德观与价值观的塑造被认为是教育的重要目标之一。教育不仅要传授知识，还要传播价值，引导学生形成正确的道德观和价值观，培养他们的道德责任感和公民意识，使他们成为有道德品质的人，为社会做出贡献。

首先，道德修养的提升是全面发展教育理念所注重的重要目标之一。道德修养是个体品质的基础，也是社会交往的基础。一般来说，道德方面的规范包括诚实守信、尊重他人、乐于助人、公平公正、自我约束等多个方面。这些道德规范不仅可以帮助学生形成良好的人格品质，还可以帮助他们更好地适应社会生活，更好地与他人交往。

其次，价值观的塑造也是全面发展教育理念所注重的重要目标之一。价值观是指人们对于什么是重要的、什么是有价值的、什么是应该追求的等问题的观念。价值观可以影响一个人的目标设定、行为选择、生活态度等多个方面。因此，教育需要传播正确的价值观，引导学生形成正确的观念，从而帮助他们做出正确的选择，实现个人和社会的和谐发展。

再次，道德责任感和公民意识的培养是全面发展教育理念所强调的重要目标之一。道德责任感是指一个人对于自己的行为和其后果的责任感。有了道德责任感，个体就会更加谨慎地思考自己的行为，更加积极地承担自己的责任。公民意识是指一个人对于自己作为公民的权利和责任的认识。有了公民意识，个体就会更加尊重他人的权利，更加积极地参与社会公共事务。通过培养道德责任感和公民意识，学生可以更好地认识自己，更好地实现自己的价值，更好地服务于社会。

最后，全面发展教育理念还强调学生应该成为有良好道德品质的人，为社会做出贡献。这意味着教育不仅要关注学生的个人发展，还要培养他们的社会责任感和关爱他人的能力。学生需要学会关心他人、帮助他人，积极参与公益事业，为社会的发展和进步做出贡献。通过参与志愿活动、社区服务等方式，学生可以感受到帮助他人的快乐和满足感，培养出善良、友爱、乐于助人的品质。

道德观与价值观的培养不仅有助于学生的个人成长和发展，而且有助于社会的和谐与进步。因此，在教育过程中，应注重培养学生的道德修养、价值观、道德责任感和公民意识，引导他们形成正确的道德观与价值观，并通过实际行动来践行这些观念，从而实现自我价值。

3.身心健康的促进

从学生健康成长的内在需求来看，全面发展教育理念是促进学生健康成长的重要教育理念支撑。现代健康观相对于人类早期健康观发生了显著的变化：体魄的健康不再是个体健康的单一评价标准，个体健康还包括心理健康以及身体各项机能的健康发展。

学生全面发展的重要基础就是学生拥有强健的体魄与健康的心理。学生的身心健康是其开展一系列实践活动的前提条件，没有健康的体魄与心理状态，学生很难高效地进行知识的学习与技能的训练。良好的心理状态能够使学生更加高效地开展学习活动，因为只有当学生处于一个良好的心理状态之中时，才能以更加积极的心态面对生活与学习，同时，良好的心理状态也有利于促进学生思维的发展，有利于学生身体健康。因此，在教学实践中需要深入贯彻全面发展理论，重视学生的身心健康、协调发展。

4.创新思维和能力的培养

创新思维的培养是全面发展教育理念所注重的重要目标之一。创新思维是一种超越传统思维模式、打破固有认识界限的思维方式，它强调独立思考、批判性思考和解决问题的能力。这种思维方式可以帮助学生适应不断变化的环境，有效地应对新的挑战和问题。在教学过程中，教师可以通过开展各种讨论、实验、探究等活动，鼓励学生挑战已有的知识和观念，提出新的观点和假设，从而培养他们的创新思维。

创新能力的培养也是全面发展教育理念所注重的重要目标之一。创新能力是指一个人发现、发明、创新、创造新事物的能力，这种能力可以帮助学生实现个人的价值，也可以促进社会进步和发展。在教学过程中，教师可以通过开展各种设计、制作、表演等活动，鼓励学生运用所学知识和技能，创造出新的产品或者表达出新的思想，从而培养他们的创造力。

在当今的社会中，尤其在科技日新月异、竞争日趋激烈的社会中，创新思维和创新能力的重要性日益突出。在教育过程中，教师应当通过各种方式，如课堂讨论、项目学习、实践活动等，激发学生的创新思维，培养学生的创新能力，让他们能够适应社会的发展，成为未来社会的创新者和创造者。

（二）全面发展教育理念内涵辨析

1.全面发展是综合素质的发展

从社会层面来看，学生是国家未来的建设者，是社会主义事业的接班人，是实现民族伟大复兴的希望。当今时代，对于高素质人才的要求不再局限于专业素质，而是重视综合素质的发展。因此，学生综合素质的高低对于国家和社会未来的发展具有十分重要的意义。而衡量学生综合素质的高低，不仅需要关注学生的专业素养发展水平，还需要考查学生的素质结构是否全面、是否符合社会发展的需求。当今时代，科技的迅猛发展促使新理念、新业态、新技术不断涌现，信息与知识更新迭代的速度非常之快，创新成了社会发展的第一驱动力。在这种背景下，社会发展对于人才的素质结构提出了新的要求。新时代的高素质人才不仅需要具备完善的专业知识结构，还需要具备较强的实践能力与相对较高的综合素质，包括思维水平、沟通能力、合作能力、创新能力、自主学习能力等。而注重对学生综合素质的培养，正是全面发展教育理念所提倡的。

2.全面发展是有重点的发展

全面发展既不是面面俱到的发展，也不是德智体美劳的简单相加，而是多种素质的协调提升，使学生全面、协调、自由发展，成为身体健康、智力健全、人格完整且自身个性得到良好发展的人。全面发展注重的是学生综合素质的提升以及身心的健康发展，绝不是要把学生培养成为"全能的人"，因此，教育机构在构和教育工作者建人才培养模式时，一定要在"突出教学重点与人才培养的具体目标"的前提下，用全面发展的理念指导教学体系的构建。

三、全面发展教育理念在大学生思想政治教育与中华优秀传统文化融合育人中的作用

全面发展教育理念对于大学生思想政治教育与中华优秀传统文化融合育人具有重要的指导作用，主要体现在以下方面。

（一）促进学生知识完善

全面发展教育理念强调学生的知识与技能的提升，包括对思想政治理论的掌握和对中华优秀传统文化的理解。通过深入学习，学生可以更全面地理解国家的基本政治制度和原则，同时，也能够更深入地理解和欣赏中国的优秀传统文化。在全面发展教育理念的指导下，思想政治课不仅强调学生获取并掌握相关的知识

与技能，而且关注学生知识与技能体系的构建，以及如何通过构建合理的知识与技能体系来形成对社会主义核心价值观的深入理解和坚定信仰。

全面发展教育理念强调知识与技能的深度与广度，强调知识的系统性与连贯性。贯彻全面发展教育理念，会使学生在理解和掌握思想政治理论和中华优秀传统文化知识的过程中，建立起完整的知识框架，不再是孤立地学习和理解知识，而是能够将新的知识和已有的知识连接起来，形成一种知识的网络，从而使知识的吸收和理解更加深入和全面。

全面发展教育理念强调知识与实践的结合，强调知识在实践中得到验证和深化。在学习思想政治理论和中华优秀传统文化知识的过程中，学生通过实际操作、实践活动，可以将知识转化为能力，从而在实践中理解和掌握知识，提高其思维的深度和广度。

全面发展教育理念还强调知识与创新的结合。在学习和掌握知识的同时，学生需要保持开放和创新的精神，对已有的知识进行反思，提出新的观点和假设，从而推动知识的更新和发展。教师可以采取传统文化项目调研等方式，来促进学生开放和创新精神的发展。

（二）完善学生道德体系

在教育活动中贯彻全面发展理念，有助于学生道德体系的完善。全面发展教育理念落实到现代教育中，就是培养德、智、体、美、劳协同发展的新时代优秀人才。

全面发展理念正是以德育、智育与美育之间密切联系为着力点促进学生整体素质发展的。学生道德体系的完善是需要以德育、智育与美育为代表的不同教育类型共同发挥作用的，因为良好道德体系的建立不能仅仅靠道德相关的理论说教，还需要通过智育丰富学生的知识结构，提升学生的认知水平和思维能力，同时通过美育提升学生整体的审美素质，让学生充分感受美的洗礼，构建正确的审美价值观。中华优秀传统文化中蕴含着丰富的德育、智育与美育内容，同时思想政治教育又是高校德育的重要途径，因此，推进大学生思想政治教育与中华优秀传统文化融合育人，有利于完善学生的道德体系。

（三）塑造学生健全人格

健全的人格是学生身心发展的重要内容。一个人格健全、开朗、乐观的人，不易患心理疾病，而且机体免疫力较强，具有更好的抗病能力和耐受性。全面发展教育理念不仅仅注重学生在知识与技能领域专业素养的提升，同时注重学生身心健康的发展。在全面发展教育理念的指导下，大学生思想政治教育与中华优秀传统文化融合育人，在帮助学生构建和完善素质结构的同时，还会努力帮助学生实现身心的协同发展，通过智育、美育、德育的渗透以及课程思想政治教育等方式，帮助学生构建正确的世界观、人生观、价值观，塑造学生健全的人格。

（四）增强学生综合素质

现代社会的发展对于人才综合素质的要求越来越高。对于一个领域的发展来说，人才的综合素质至关重要。例如，创新是当今社会发展的重要驱动力，任何领域的发展都离不开创新，因此，某一领域若要取得进一步的发展，人才的创新思维与创新能力就显得尤为重要。又如，绝大多数企业的发展运行都离不开沟通与交流，特别是对于外资企业来说更是如此，在对外开放水平不断提升的今天，沟通交流的顺畅程度决定了企业的运行效率，因此，具备较强的沟通交流能力与一定的外语水平同样十分关键。大学生思想政治教育与中华优秀传统文化融合育人，针对的不是专业技能的训练，而是要帮助学生更加科学地认识世界，用科学的方法论指导实践，进而增强自身的综合素质，实现全面的发展。

第三节　混合学习理论

一、混合学习理论的内涵

（一）混合学习理论的概念

混合学习理论诞生于 20 世纪末，是一种倡导将新型教学方式应用于课堂之中的教学理论。虽然国内外学者对于混合学习的定义有所不同，但对于混合学习的基本内涵，学者们的观点总体一致。具体来说，混合学习就是传统课堂学习与新媒体、信息技术、网络技术等现代技术之间的充分结合，是网络学习与传统课堂学习的相互结合。

混合学习理论具有鲜明的时代性，是伴随着时代发展和一系列新教学技术的产生而诞生的教学理念。我国教育家何克抗教授于 2003 年正式将混合学习的概念引入我国，他认为混合学习就是把传统学习和网络学习进行优势结合，既充分体现学生主体的积极性、主动性与创造性，又发挥教师在教学过程中的引导、启发、监控的主导作用。

混合学习理论作为一种教学理念，具有与时俱进的特点，其内涵是伴随着技术的进步而不断丰富的，本质是在人才培养过程中重视各教学要素的融合。混合学习理论重在改善教学结构、创新教学方式，并以此为依据构建新型的课程体系，这是混合学习理论的主要任务。

（二）混合学习理论的内涵解读

1.灵活的学习方式

混合学习理论以其独特的教学模式，提供了一种融合线上和线下学习的方式，打破了传统教学的时间和空间束缚，进一步丰富了学生的学习方式和学习体验。它将传统的面对面教学和网络教学有机结合，让学习变得更加灵活和多元。

在混合学习模式下，面对面的教学是至关重要的部分，因为它提供了一种最直接的教与学的方式。在这样的环境下，教师和学生可以进行面对面的交流和互动，教师可以根据学生的反馈调整教学策略，而学生则可以直接向教师提问，得到及时的解答。这种方式有利于建立良好的师生关系，增强学生的学习动力，同时也有利于教师观察学生的学习情况，实时了解学生的学习进度。而线上的教学则提供了一种非常灵活的学习方式。学生可以根据自己的时间和节奏安排学习，不受时空限制。同时，网络教学可以提供丰富的学习资源，如视频教程、在线讨论、电子书籍等，为学生的自主学习提供了便利。此外，网络平台还可以利用数据分析工具进行学习跟踪，有针对性地指导学生学习。

混合学习模式将这两种方式巧妙结合，兼顾了面对面教学的及时性和互动性，以及网络教学的灵活性和丰富性。混合学习模式鼓励学生在面对面教学中积极参与，以增强理解和记忆；同时，利用在线学习的优势，提供更多的学习资源和更灵活的学习方式，以满足学生个性化的学习需求。

2.个性化的学习路径

混合学习理论在注重灵活性和多样性的同时，还强调个性化的学习路径。它的出现无疑开启了教育的个性化新纪元，让每一个学生都可以根据自己的兴趣、需求和实际情况，选择适合自己的学习内容和方式。

混合学习理论认为每个学生都是独特的个体，每个学生的学习兴趣、学习方式和学习节奏都不尽相同。在传统的教育模式中，学生往往需要在同一时间内完成同样的学习任务，而这种方式忽视了个体的差异。混合学习模式则通过线上学习平台提供了更多的自主学习机会，让学生可以根据自己的实际情况自由选择学习内容和进度，这大大提高了学习的灵活性和便利性。

混合学习理论也突出了教育目标的个性化。每个学生的学习目标不同，学习的热情和动力也会有所不同。混合学习理论提倡个性化学习路径，意味着学生可以根据自己的长期目标，选择适合自己的学习路线，而这无疑将激发学生的学习动力，提高其学习效率。

混合学习模式还可以通过数据分析，为个性化学习提供科学的支持。通过对学生的学习数据进行分析，教师可以清晰地了解学生的学习情况和进度，找出学习的短板和难点，制订出符合学生个性化需求的学习策略。

3. 以学生为中心的教学模式

混合学习理论强调以学生为中心的教学模式，让学生在教学过程中成为真正的主体，体现了对学生主动性和创新性的尊重和培养。这一模式的实施，也将教师的角色从传统的知识传授者转变为学生学习的引导者和协助者。

混合学习理论以学生为中心的教学模式意味着教育不再是单向的知识灌输，而是以学生的需求和兴趣为导向的互动过程。在这种模式下，学生的主动性被充分尊重和发挥，他们可以根据自己的兴趣选择学习的主题和内容，也可以根据自己的节奏控制学习的进度。这种自主性不仅增强了学生的学习动力，而且有利于培养他们的自我控制能力和独立思考能力。以学生为中心的教学模式还强调对学生创新能力的培养。在这种模式下，学生被鼓励主动发现问题、解决问题，而不是仅仅接受教师给出的答案。他们被鼓励尝试不同的解决方案，不断实验，不断改进，以达到最佳效果。这种过程不仅能锻炼学生的创新能力，还能帮助他们形成积极的问题解决态度和持续学习的习惯。在混合学习理论中，教师的角色也发生了重大转变。教师不再是传统的知识传授者，而是成为学生学习过程中的引导者和协助者。教师通过提供学习资源、提出挑战问题、引导讨论、反馈评价，帮助学生构建自己的知识体系、发现和解决问题。这种角色的转变，不仅让教师能更好地满足学生的个性化需求，而且使教师能更积极地参与和影响学生的学习过程。

二、混合学习理论在大学生思想政治教育与中华优秀传统文化融合育人中的应用

在大学生思想政治教育与中华优秀传统文化融合育人中，混合学习理论可以发挥重要的作用，为提高教育质量和效果提供有效的教学策略和方法。

首先，混合学习理论通过结合传统教学方式和现代教学技术，使教学内容和形式更加丰富多样，从而可以提高教学的吸引力和有效性。在传统的教学方式中，课堂教学、讨论和实践活动等形式是非常重要的。这种传统的教学方式使教师可以直接与学生交流，及时解答学生的问题，引导学生深入理解和体验知识的内涵。同时，这种面对面的交流也有助于建立良好的师生关系，营造互相尊重、互相理解的教学环境，增强教学的人文性和温度。与此同时，现代教学技术，如在线课程、数字资源、互动平台等，为教育提供了新的可能。这些新的教学技术打破了时间和空间的限制，使学生可以在任何时间、任何地点进行学习。这些新的教学技术可以提供丰富多样的学习资源，满足不同学生的学习需求，使学生可以根据自己的兴趣和节奏进行学习，从而提高学习的自主性和效率。此外，这些新的教学技术也使教育更加个性化和灵活，可以适应不同学生的学习风格和需求。例如，对于那些对历史文化感兴趣的学生，教师可以利用在线的历史课程和数字化的文献资源，为他们提供更丰富、更深入的学习材料和研究场景。这些在线的资源不仅可以满足学生的学习需求，还可以激发他们的学习兴趣，引导他们深入研究和理解中华优秀传统文化。同时，利用互动平台，学生可以与教师、同学进行实时的交流和讨论，分享想法和见解，从而提高思辨能力和交流能力。

其次，混合学习理论强调以学生为中心的理念，即学生的主动性和创新性是教育活动的核心。在这一理念指导下，教学的设计和实施更加注重激发和引导学生的主动性，尊重和培养学生的创新性。这种教学理念和方法在大学生思想政治教育与中华优秀传统文化的融合过程中，有着重要的实践意义。在实际教学过程中，以学生为中心的教学模式可以通过设计各种各样的学习任务和项目来体现。教师可以根据教学内容和学生的兴趣，设计一些具有挑战性的课程任务，引导学生去主动发现和解决问题，让他们在完成课程任务的过程中体验和理解思想政治理论和中华优秀传统文化，形成自己的世界观、价值观和人生观。例如，可以设

计一些研究优秀传统文化现象的课程项目，让学生通过亲身参与和实践，去发现、研究和解读优秀传统文化，理解其内在的思想和价值。这种以学生为中心的教学模式，不仅能够提高学生的学习动机和学习效果，还能够培养学生的主动性和创新性。学生在主动参与和实践的过程中，可以更深入地理解和体验中华优秀传统文化，更全面地认识和理解社会主义核心价值观。这种主动的学习和理解，比被动的接受和复述，更能够深入人心，更能够影响和改变学生的思想和行为。同时，这种以学生为中心的教学模式，有助于培养学生的独立思考能力和创新能力。在研究和解决问题的过程中，学生需要运用自己的知识和技能，进行独立思考和创新解决，这对于培养他们的批判性思维和创新思维、提高他们的问题解决能力和创新能力，有着重要的作用，这也符合马克思主义哲学所强调的辩证看待问题的特点。

最后，混合学习理论注重个性化的学习路径，尊重和关注学生的个体差异，这为满足不同学生的学习需求提供了可能性。每个学生都有自己的兴趣爱好、认知能力和学习风格，对于知识的理解和掌握也有自己独特的方式和节奏。因此，在大学生思想政治教育与中华优秀传统文化融合育人的过程中推进个性化教学，能够让学生根据自己的特点和需求选择合适的学习方法和进度，从而达到更好的学习效果。例如，有的学生更倾向于理论的探讨和学习，他们更喜欢通过阅读、思考、写作等方式深入理解和掌握政治理论知识。对于这类学生，教师可以提供更多的政治理论阅读材料，组织专题讨论，引导他们进行深入的理论探索和反思，使他们能够更深刻地理解社会主义核心价值观，形成自己的政治立场和价值观。同时，有的学生更偏好实践性的学习，他们更喜欢通过实际的行动和经验来感知和理解知识。对于这类学生，教师可以设计一些社会调研、实践活动等任务，引导他们走出课堂，去社会中进行学习和探索。这种实践性的学习方式不仅能够让学生在实际的生活中体验和理解社会主义核心价值观，还能够培养他们的社会责任感和公民素质。还有一些学生，他们更擅长通过情感和体验来理解和感知知识。对于这类学生，教师可以采用一些情景模拟、角色扮演等教学方法，让学生通过身心的投入和体验，感知和理解社会主义核心价值观。这种情感化的教学方式，不仅能够让学生在情感上接受和认同社会主义核心价值观，而且有助于让他们在体验中发现和理解生活的真谛和意义。

总的来说，混合学习理论的多样化教学方式和个性化学习路径，为大学生思想政治教育与中华优秀传统文化的融合提供了新的途径和可能，让每个学生都能根据自己的特点和需求找到合适的学习方式和进度。这种个性化的教学能够更好地满足不同学生的学习需求，激发他们的学习兴趣和主动性，提高学习效果和学习动力。

第五章　大学生思想政治教育与中华优秀传统文化融合的路径

第一节　贯彻人才培养理念

一、贯彻社会主义核心价值观

（一）坚持社会主义核心价值观

社会主义核心价值观是社会主义核心价值体系的内核，体现了社会主义核心价值体系的根本性质和基本特征，反映了社会主义核心价值体系的丰富内涵和实践要求，是社会主义核心价值体系的高度凝练和集中表达。社会主义核心价值观对于巩固马克思主义在意识形态领域的指导地位、巩固全党全国人民团结奋斗的共同思想基础、促进人的全面发展、引领社会全面进步具有重要的现实意义与深远的历史意义。

社会主义核心价值观作为马克思主义中国化的最新成果，立足我国发展实际，对于我国各领域的社会实践具有重要的指导作用。具体到大学生思想政治教育来说，社会主义核心价值观对于学生核心素养的培育具有十分重要的引领作用。社会主义核心价值观重视核心价值的构建，而大学生思想政治教育的核心目标就是帮助学生树立正确的世界观、人生观、价值观，构建相对完善的思想道德体系，这与社会主义核心价值观具有高度的契合性。

以社会主义核心价值观引领大学生思想政治教育与中华优秀传统文化融合育人，应该重视将教学实践与社会主义建设充分结合起来，教育目标、教育过程以及教育评价体系设置既要符合社会对于人才的需要，也要符合学生自身发展的需求；要将社会主义核心价值观上升为新时代大学生的内在价值追求，根据时代的新特点，探寻符合社会发展方向与教育发展规律的大学生思想政治教育与中华优秀传统文化融合育人新模式。

（二）在大学生思想政治教育与中华优秀传统文化融合育人中贯彻社会主义核心价值观

在大学生思想政治教育与中华优秀传统文化融合育人的过程中，社会主义核心价值观的引导至关重要。要深入贯彻社会主义核心价值观，使之成为教育的主线和灵魂，进而引导大学生树立正确的世界观、人生观和价值观，形成健全的思想道德品质。

首先，在教学内容上要坚持社会主义核心价值观的引领。教师要以社会主义核心价值观为指导，对传统文化进行科学、客观、真实的解读，鼓励学生正确认识和理解传统文化中的优秀元素，把握中华优秀传统文化与社会主义核心价值观的内在联系，感受到中华优秀传统文化与社会主义核心价值观的和谐共融。

其次，教学方法上灵活多样，符合大学生的接受习惯和思维方式。教师可以通过案例分析、角色扮演、小组讨论等方式，帮助学生理解和掌握社会主义核心价值观，提高学生对社会主义核心价值观的认同感和归属感；同时，引导学生结合自身的生活实际，理解和体验社会主义核心价值观的实践价值，培养学生运用社会主义核心价值观解决实际问题的能力。

再次，实践活动中要注重社会主义核心价值观的引导。教师可以通过组织社会实践、志愿服务、文化体验等形式丰富的活动，让学生在实践中感受社会主义核心价值观的魅力，培养学生践行社会主义核心价值观的行动力。

最后，在思想政治教育评价机制上要突出社会主义核心价值观的地位。可以设置一系列与社会主义核心价值观相关的评价指标，来考查学生对社会主义核心价值观的理解程度和践行程度，以此激励学生主动学习和实践社会主义核心价值观。

二、坚持个性化教育理念

（一）个性化教育理念的内涵

个性化教育理念是当今时代最重要的教育理念之一，个性化原则也是现代教育理念中非常重要的原则之一。个性化原则要求在教育的过程中，尊重学生的个性，因材施教，为国家和地方的经济建设和社会发展培养多层次、多规格的具有鲜明个性、创新精神以及实践能力的复合型高级专门人才。在大学生思想政治教育与中华优秀传统文化融合育人中，个性化原则将关注的重点放在学生个体与教学过程上。在课程构建上要注意贯彻个性化原则。课程是教学活动的主要构成要素，课程体系的构建要充分考虑学生个性的发挥，按照学生的个性特点搭建不同的课程结构。在教学实施上同样也要注意贯彻个性化原则，使学生能够按照自己意愿展开学习。个性化教学的一般特征主要包括以下三个方面。

第一，在教学目标上强调对于学生个性的培养和提升，重视学生个性的发挥。

第二，在既定的总体培养目标之下，开展形式丰富多样的教学活动，根据学生的总体特征与个别特点灵活选取不同的教学方式，科学开展个别辅导、小组教学以及集体教学。

第三，注重对于学生学习兴趣与学习意愿的培养和提升，使学生在学习的过程中可以充分发挥自身的学习自主性。

从个性化教学的特征中可以看出，个性化教学指的是在既定的培养目标的引导下，根据学生的个性特征，科学采用不同的教学方法与教学途径，以实现预期的教育目的的教学方式。在个性化教学的过程中，教师可以根据具体的教学需求灵活进行教学组织，但在这一过程中，并不是让教师随心所欲或者漫无目的地进行教学，实际上，个性化教学的教学活动无论是在育人目标上还是在具体实践中，仍然不能偏离教材与教学大纲，换言之，个性化教学注重的是教学方式的调整而非育人方向的改变，是在保证实现预期育人目标的前提下为教师和学生提供更为广阔的个性展示空间。

（二）个性化教育理念的内容

1.尊重个体差异

在大学生思想政治教育与中华优秀传统文化融合育人的背景下，尊重个体差异这一核心理念在实施过程中具有深远的影响。以学生为中心的教育模式注重个性化的发展，强调为每一个学生提供适宜的教学方法，以最大程度地满足学生的需要，使学生能够在自我探索和个人成长的过程中发挥最大的潜力。

尊重个体差异，首先体现在对学生兴趣和爱好的理解和尊重上。在大学生思想政治教育与中华优秀传统文化融合育人的过程中，可以根据学生的兴趣和爱好，有针对性地设计课程内容和教学方式。例如，对于对历史文化有独特兴趣的学生，可以组织他们进行中华优秀传统文化的深度研究，探讨古代的道德理念和价值观；对于对艺术有独特爱好的学生，可以引导他们了解并欣赏传统艺术作品，通过艺术作品理解中华优秀传统文化的精神内涵。

尊重个体差异还表现在对学生个性特征的认同和肯定上。在教学过程中，教师应该充分认识到学生的个性特征，接纳他们的不同，尊重他们的独特性。例如，有的学生思维敏捷、好问好思，教师可以引导他们对课程中的一些重要问题进行深度思考；有的学生性格内向、喜欢沉思，教师可以为他们提供一些独立思考的时间和空间，鼓励他们深入地反思和理解所学的知识。

尊重个体差异也体现在对学生认知水平和思维方式的理解和适应上。在教学过程中，教师应该针对学生的认知水平和思维方式进行个性化教学，采取灵活多样的教学策略，帮助每一个学生达到最佳的学习效果。例如，对于认知水平较高、思维深度较强的学生，教师可以提供更深层次、更富有挑战性的学习任务，激发他们的学习兴趣和学习热情；对于认知水平较低、思维方式较为直观的学生，教师可以通过举例、展示图像、开展实践等方式引导他们理解和掌握知识。

最后，尊重个体差异还需要在评价和反馈上得到体现。教师应该充分关注学生的个体差异，根据每个学生的特点和需求，提供针对性的评价和反馈。评价和反馈应该注重学生的成长过程，关注他们的进步和努力，而非仅仅关注结果。同时，教师可以鼓励学生之间的相互学习和合作，促进他们在合作中相互尊重和支持，形成良好的学习氛围。

2. 针对不同学生开展个性化教学

在大学生思想政治教育与中华优秀传统文化融合育人的背景下，个性化教学是非常重要的教学理念，它要求教师全面了解每个学生的兴趣、能力和学习风格，以便对其进行个性化的教学。在此过程中，教师需要做到观察细致、判断准确、应对灵活，才能真正实现个性化教学，发挥学生的最大潜能。

对于兴趣广泛、思维活跃的学生，由于其求知欲强、好奇心丰富，因此在教学中，教师需要提供多元化、丰富的学习资源和活动，鼓励他们跨界学习、拓宽知识视野。同时，教师可以引导他们把所学的思想政治理论知识应用到实际生活中，让他们在实践中检验理论、丰富学习经验。例如，可以通过组织参观传统文化遗址、参与社区服务等活动，让他们在实践中亲身体验、感受中华优秀传统文化的精神内涵。对于理论功底扎实、善于思考的学生，由于其对于抽象的概念理解能力强，善于发现问题、分析问题，因此在教学中，教师可以设计一些深度讨论、案例分析等活动，引导他们用理论知识去分析和解释实际问题，锻炼他们的逻辑思维能力和批判性思考能力。例如，可以组织学生研读一些有关传统文化的经典文献，引导他们从中发现并分析其中的思想观念和道德理念，让他们能够深入理解传统文化，提升文化素养。

在这一过程中，教师的角色将从传统的知识传授者转变为学生学习的引导者和支持者。教师需要在教学中善于发现学生的个性特点，灵活调整教学策略，以适应不同学生的学习需要。这样才能真正实现个性化教学，提高教学效果。

3.倡导学生主体性

在大学生思想政治教育与中华优秀传统文化融合育人的背景下，倡导学生主体性成为教育教学工作中的重要理念。学生不再是被动接受知识的容器，而被视为主动探索、独立思考的学习者。学生应该积极参与教学活动，深入思考，积极表达自己的观点和想法，通过学习活动提升自身的思维能力和创新能力。

在这一过程中，教师的角色发生了深刻的转变。他们不再是传统意义上的知识的传递者，而成为学生学习的引导者和支持者。他们需要根据学生的兴趣、能力和特点，设计适合他们的学习任务和活动，引导他们自主探索，帮助他们建立正确的学习方法和学习习惯，激发他们的学习兴趣和求知欲，提高他们的自主学习能力。

同时，教师还需要注重培养学生的传统文化素养和社会主义核心价值观。在教学活动中，教师可以通过引导学生学习和研究中华优秀传统文化，让他们深入理解中华优秀传统文化的内涵和精神，感受中华优秀传统文化的魅力，从而提升文化自信和文化自觉。教师还可以通过引导学生理解和认同社会主义核心价值观，帮助他们建立正确的世界观、人生观和价值观，提高他们的思想素质和道德素质。

此外，教师还应该注重培养学生的实践能力和创新能力。教师可以组织一些与中华优秀传统文化和社会主义核心价值观相关的社会实践活动，让学生在实践中运用所学的知识解决实际问题，从而提升实践能力和创新能力。

4.注重个性发展

个性，是一个人本质的特征，是一个人区别于他人的标志。教育的核心目标之一，就是尊重和培养每一个学生的个性，帮助他们发现和发展自己的优势，树立自信，实现自我价值。

　　高校在进行思想政治教育时，应以个性化教育为指导，尊重学生的个体差异，开展个性化教学。每个学生都有自己的性格、兴趣爱好、认知水平和思维方式，因此，教育的方式方法也应有所不同。例如，对于兴趣广泛、思维活跃的学生，可以提供更多元化、深入的学习资源和活动，让他们能够在多元领域中找到自己的兴趣点；对于理论功底扎实、善于思考的学生，可以组织深度讨论、案例分析等活动，挖掘他们的深度思考能力。

　　高校在弘扬中华优秀传统文化的同时，应帮助学生理解和接纳自己的个性，发展和提升自己的个性。这包括引导学生深入了解和理解中华优秀传统文化的精神内涵，以此来丰富和发展自己的个性；也包括引导学生积极参与社会实践，通过实践活动锻炼自己的能力，提升自己的个性。

　　高校在大学生思想政治教育与中华优秀传统文化融合育人过程中，应关注学生的全面发展，尤其是个性发展。这不仅包括学术知识和技能的学习，还包括思想品德、情感态度、社会责任等方面的培养。这需要教师不仅要传授知识，还要激发学生的主动性和创造性，引导他们自主学习，提高他们的自主学习能力。

第二节　优化课程体系

一、课程体系的优化原则

（一）系统性原则

　　系统性原则是课程体系优化的基本原则之一，它强调的是课程内容的系统性和连贯性。在实际操作中，这意味着课程设计人员需要全面、深入地思考如何将大学生思想政治教育与中华优秀传统文化有机结合，形成一个完整的、有层次的知识体系。

　　在构建课程体系的过程中，课程设计人员需要明确课程体系的核心内容。对于大学生思想政治教育与中华优秀传统文化的融合来说，课程核心内容包括了解和研究中国的历史文化，理解中华优秀传统文化的精神内涵和历史价值，掌握社会主义核心价值观的基本理论和实践方法等。这些核心内容构成了课程体系的基本框架。

在大学生思想政治教育与中华优秀传统文化融合育人中，还需要确保课程的连贯性和一致性。这就需要课程设计人员仔细设计每一个课程模块，使它们在内容上相互关联，形成一个完整的知识链条。例如，课程设计人员可以先设计一些基础课程，如《中国传统文化概论》《思想道德修养与法律基础》等，为学生打下坚实的理论基础；然后可以设计一些进阶课程，如《传统文化与现代社会》《社会主义核心价值观与社会实践》等，让学生在基础知识的基础上，深入理解和掌握相关知识，提升自己的理论素养和实践能力。

此外，课程设计人员可以将一些新的教育理念和教学方法融入课程体系中，以提升课程的系统性。例如，可以引入问题导向学习、案例教学法等新型教学方法，鼓励学生主动学习，发挥他们的创新思维和批判性思考能力；还可以设立一些实践课程和实践活动，如社会实践、实地考察、学术研讨会等，让学生有机会将所学知识应用于实际，提升他们的实践能力。

（二）实践性原则

实践性原则是课程体系优化的重要原则之一，它强调将理论知识与实际应用相结合，让学生在实践中学习、在实践中发现问题、在实践中解决问题，通过实践来检验、丰富和深化理论知识。实践性原则不仅能够提升学生的实践能力和创新能力，还能够帮助学生更深入地理解理论知识，提高理论素养。实践性原则强调的是理论与实践的统一，强调通过实践活动来深化和拓展理论知识，提高实践能力和创新能力。

在大学生思想政治教育与中华优秀传统文化融合育人的课程体系构建中，实践性原则的运用主要表现在以下几个方面。第一，课程内容应当结合实际，强调理论与实践的结合。例如，教师在教授思想政治课程时，可以结合社会热点、历史事件、实际案例等进行讲解，让学生看到理论在实际生活中的应用，并通过分析和讨论，深入理解理论，提高理论运用能力。第二，课程设计应注重实践环节。例如，教师可以通过设置社会实践课程，让学生亲身参与到中华优秀传统文化的保护、传承和创新中，或者让学生参与到社会主义核心价值观的宣传、教育和实践中。在这些实践活动中，学生可以将所学理论知识应用到实际中，提升自己的实践能力和解决问题的能力。第三，课程评估应重视实践成果。传统的考试评估方式往往侧重于理论知识的掌握，而实践性原则提倡更多地关注学生的实践能力，评价他们在实践中的表现和成果。例如，教师可以通过查看学生的实践报告，了解学生参与的实践项目或者社会服务活动，来评价他们的实践能力。

（三）情感价值导向原则

情感价值导向原则是课程体系优化的重要原则之一，它强调课程体系应当注重培养学生的情感价值取向，增强学生的社会责任感和公民道德意识。该原则认为，情感价值是驱动个体行为的重要动力，是形成个体世界观，人生观和价值观的重要因素。在大学生思想政治教育与中华优秀传统文化融合育人的课程体系构建中，情感价值导向原则的运用主要表现在以下几个方面。

首先，课程内容应注重情感价值的渗透。课程应在传授知识的同时，注重情感的引导，让学生在体验和理解中华优秀传统文化的过程中，感受到中华优秀传统文化的魅力，产生对中华优秀传统文化的尊重和热爱。同时，课程应通过对社会主义核心价值观的教学，引导学生形成社会责任感和公民道德意识。

其次，课程教学方式应注重情感的引导。可以通过情境教学、角色扮演、小组讨论等教学方式，引导学生站在不同的角度理解和感受中华优秀传统文化，以及社会主义核心价值观，从而让学生在互动和体验中，自然而然地产生对中华优秀传统文化和社会主义核心价值观的认同和热爱。

再次，课程评价内容应注重情感价值的考查。除了学生的知识掌握程度和实践能力，课程评价内容还应包括情感态度和价值取向。例如，学生是否真心热爱中华优秀传统文化，是否真正理解和接受社会主义核心价值观，是否愿意为社会做出贡献等。

依据情感价值导向原则构建大学生思想政治教育与中华优秀传统文化融合育人课程，应当注重培养学生的情感价值取向，让学生在学习中感受到中华优秀传统文化的魅力，理解社会主义核心价值观的内涵，增强社会责任感和公民道德意识。这对于提高学生的综合素质，形成正确的世界观、人生观和价值观具有重要意义。

（四）开放性原则

开放性原则是课程体系优化的重要原则之一。它强调课程体系应保持开放性，鼓励跨学科的交叉和融合，同时也鼓励教师和学生对课程内容、教学方法等进行创新。

在大学生思想政治教育与中华优秀传统文化融合育人课程体系中贯彻开放性

原则，需要注意以下几点问题。第一，开放性原则鼓励跨学科的交叉和融合。在构建课程体系时，可以尝试将中华优秀传统文化、思想政治教育与其他学科（如历史、文学、艺术、社会学等）进行交叉和融合，这样可以使课程内容更为丰富多元、更有深度和广度。通过这种方式，学生可以多角度、多层次地理解中华优秀传统文化和社会主义核心价值观，这有助于他们形成全面、系统的知识体系和价值观。第二，开放性原则鼓励对课程内容的创新。相关人员在设计课程内容时，可以考虑引入一些新的主题、新的视角、新的教学资源等，让课程内容更符合时代特色、更贴近学生的实际生活。同时，可以鼓励学生参与课程内容的设计，这有助于让他们从自己的需求和兴趣出发，更好地参与和投入学习。第三，开放性原则强调对教学评价方式的创新。除了常规的考试和测试，课程评价可以尝试加入一些新的评价方式，如同行评审、自我评价、学习过程评价等。较全面、客观的评价有利于让评价更加公正，更能真实反映学生的学习状况和成长进步。

（五）灵活性原则

灵活性原则是优化课程体系的重要原则之一。这个原则强调课程体系应具有灵活性，能够根据学生的个体差异和社会的变化进行调整和改进，以满足不同学生的学习需要和社会的发展要求。

一方面，在大学生思想政治教育与中华优秀传统文化融合育人课程体系中，应充分考虑学生的个体差异。每个学生都有自己的学习风格和节奏，其兴趣、天赋和学习能力也不尽相同。因此，课程体系应尽可能灵活多样，让每个学生都能找到适合自己的学习路径。这可以通过提供多样化的课程选项，或者为学生设计个性化的学习计划来实现。同时，教学方法也应该具有灵活性，适应不同学生的学习需求。例如，为理论型学生提供深度讨论和研究的机会，为实践型学生提供实地考察和实验的机会。

另一方面，课程内容应随社会变化而变化。社会的发展日新月异，新的知识和技能不断产生，人们对社会和生活的理解也在不断深化。教育不能停留在过去，而要紧跟时代的步伐。这就需要课程体系有足够的灵活性，可以及时吸收和引入新的知识，调整和更新课程内容，以反映社会的最新发展。

此外，课程评价方式也应具有灵活性。可以采用口头评价、交流评价、任务表现评价等多种形式，以利于评价信息尽快地促成更好的学习效果。

二、课程体系的优化路径

（一）科学规划显性课程与隐性课程

显性课程也叫正规课程、显在课程，指的是教师和学生在规定的时间、规定的地点，依据教材和教学大纲，完成规定教学内容的有目的、有计划的教学实践活动。隐性课程则是除显性课程之外的，能对学生知识、技能和综合素质的提升产生促进作用的教育活动，是一种隐含的、非计划的、不明确的或未被认识到的课程。隐性课程包括学校文化方面的教育、学习与生活环境方面的适应，以及人际关系的建立，等等。与显性课程有组织地开展教学活动不同，隐性课程对于学生的成长和发展的影响是潜移默化的，更多表现为一种"润物细无声"的教育形式。隐性课程是美育与德育的重要方式。它通过丰富多彩的实践活动与文化氛围营造，帮助学生形成正确的世界观、人生观和价值观，完善学生的人格，促进学生的全面发展。

第二课堂是隐性课程的重要载体，指的是在学校课程培养计划之外开展的开放式教育活动和实践活动，包括社会实践、志愿服务、学术活动、创新创业大赛、素质拓展、文体竞赛、学生社团活动等，是对第一课堂的延伸和拓展。第二课堂并非直接传授给学生特定的知识与技能，而是可以发展学生的人格，提升学生的综合素养。

在优化大学生思想政治教育与中华优秀传统文化融合育人课程体系时，设计人员要了解显性课程与隐性课程之间的关系，并基于此科学安排课程。显性课程与隐性课程之间的关系主要表现为以下三点。

第一，互相补充。显性课程是在一定教学计划的指导下开展的教学活动，以学术性知识教学与专业技能培养为主要任务，隐性课程是在教学计划之外开展的教育性活动，以品德、综合素质的培养为主要任务。二者相辅相成，在促进学生全面发展方面形成良好的互补关系。

第二，互相促进。显性课程与隐性课程之间是相互促进、共同提升的。显性课程与隐性课程相互配合开展人才培养，能够在不断完善学生的知识与能力体系的同时，提升学生的综合素质。学生在显性课程中学习到的知识与技能，能够帮助学生更好地认识世界与改造世界，进而推进隐性课程的发展；而学生通过隐性课程可以实现自身综合素养的提升，学会以正确的价值观处理学习与生活中遇到的问题，这对于学生显性知识的学习大有裨益。

第三，互相转换。显性课程与隐性课程之间的关系并不是一成不变的。显性课程的实施总是伴随着隐性课程，显性课程可以作为一种隐性课程存在于其他专业的学习过程中。而隐性课程在一定条件下是可以转化为显性课程的。隐性课程一旦被发现了具有成为显性课程的价值，其育人内容就会被明确化、系统化、规范化，进而被开发为显性课程。

显性课程与隐性课程的科学搭配，对于大学生思想政治教育与中华优秀传统文化融合育人的课程体系优化非常重要。无论是思想政治教育，还是中华优秀传统文化的传承与创新，都有着显著的美育与德育性质，因此，在通过显性课程系统讲授知识的同时，还要充分发挥隐性课程的育人作用。所以在课程建设时，要合理规划显性课程与隐性课程的结构比例，既要科学配置两种课程的课时量，又要使二者有机结合在一起。

（二）科学设计教学目标

1.教学目标要明确具体

在大学生思想政治教育与中华优秀传统文化融合育人课程体系中，设置明确性的教学目标是至关重要的。教学目标的明确性可以帮助学生清楚地了解他们需要达到的学习标准，包括对于知识的理解、技能的掌握，以及情感态度的塑造。明确性的教学目标也能让教师清晰地知道如何组织教学活动，以及如何评估学生的学习成果。

在知识的理解方面，应明确学生需要理解中华优秀传统文化中的哪些基本概念和理论，以及这些概念和理论在现代社会中的应用和价值；同时，也应明确学生需要理解思想政治方面的哪些基本理论和政策，以及这些理论和政策对于国家的建设和发展的重要性。在技能的掌握方面，应明确学生需要掌握中华优秀传统文化中的哪些实践技能，如传统艺术的创作、传统工艺的制作等；同时，也应明确学生需要掌握思想政治方面的哪些实践技能，如批判性思维、公民参与、社会调查等。在情感态度的塑造方面，应明确学生需要培养对于中华优秀传统文化的尊重和热爱，以及对于社会主义核心价值观的认同和践行。这包括对于中华优秀传统文化的保护和传承的责任感、对于国家的忠诚和热爱，以及对于公民道德和社会公正的坚守。

只有将教学目标明确具体化，才能有效地开展大学生思想政治教育与中华优秀传统文化融合育人的教学活动，让学生在学习中有目标、有方向，同时也能帮助教师有效地进行教学设计和教学评价。

2.教学目标要符合立德树人的要求

在确定大学生思想政治教育与中华优秀传统文化融合育人的教学目标时，应该遵循全面发展理念与素质教育的基本要求，重视德育引领，注重培养学生的综合素质和能力，如思维能力、创新能力、实践能力、语言表达能力、情感态度等，同时要注意教学内容的科学性、针对性、时代性和启发性，以达到培养德才兼备的新时代人才的目的。

3.教学目标要符合学生发展的需要

以人为本是当今时代重要的教育理念，大学生思想政治课程的教学目标应该与社会需求相适应，同时与学生自身发展的需要相吻合，不但要符合国家的教育政策和社会文化建设的要求，而且要考虑学生未来的发展方向和就业需求。

4.教学目标要有鲜明的层次划分

教学目标设定的层次性是教学设计优化的重要考虑因素。在大学生思想政治教育与中华优秀传统文化融合育人课程体系的优化中，设计人员应为不同层次的学生提供不同层次的学习目标，以满足他们不同的学习需要，同时也促进他们的阶梯式发展。

在基础层次，教学目标主要是让学生掌握中华优秀传统文化和思想政治理论的基本知识和技能。例如，学生需要了解中华优秀传统文化的基本概念，掌握一些基础的传统艺术或手工艺技能；同时，学生需要了解社会主义核心价值观的基本内容，理解其在当代社会的意义。在中级层次，教学目标主要是让学生学会将基础知识和技能应用于实际问题的分析和解决。例如，学生需要学会如何从中华优秀传统文化的角度解析现代社会问题，如何运用社会主义核心价值观分析和评价社会现象。在高级层次，教学目标主要是培养学生的创新思维和独立评价能力。例如，学生需要学会如何在尊重和传承中华优秀传统文化的基础上进行创新，如何从社会主义核心价值观的角度对社会现象进行深度的批判和反思。

在多层次的教学目标下开展教学，不仅可以满足不同学生的学习需要，而且可以引导学生逐步提升自己的学习能力，从基础知识的学习到实际问题的分析再到创新思维的培养，实现阶梯式发展。同时，这也有助于教师根据学生的学习进度和成果，进行有效的教学评价和反馈，以促进教学效果的提升。

5.多元设置教学目标

在设计教学目标时，设计人员需要认识到学生的发展是全面的，不仅包括知识和技能的掌握，还包括态度和价值观的塑造，甚至还包括他们的人格特质和社会角色的发展。因此，教学目标应该尽可能地涵盖这些方面，以促进学生的全面发展，满足社会的多元需求。

在知识方面，需要设定让学生了解和掌握基础的中华优秀传统文化知识，以及思想政治理论的基本原理和核心理念的教学目标。例如，学生应该了解中华优秀传统文化的基本特征和主要内容，理解社会主义核心价值观的深层含义。在技能方面，需要设定让学生掌握一些与中华优秀传统文化和思想政治理论知识相关的基本技能的教学目标。例如，学生应该学会如何阅读和解析传统文化文献，如何运用思想政治理论知识进行社会现象的分析和评价。在态度方面，需要设定让学生形成对中华优秀传统文化的尊重和热爱、对社会主义核心价值观的认同和追求的教学目标。例如，学生应该热爱中华优秀传统文化，珍视文化遗产；应该积极践行社会主义核心价值观，以此指导日常行为和社会活动。此外，在教学目标的制定上还需要考虑到学生的人格特质和社会角色的发展。例如，可以设定一些让学生形成独立思考、批判性思维的教学目标，也可以设定一些让学生形成良好的公民素质、积极参与社会活动的教学目标。

（三）优化课程内容组织方式

1.确定培养规格

在大学生思想政治教育与中华优秀传统文化融合育人课程体系优化建设中，确定了人才培养的目标，下一步就是根据目标确定人才培养的内容，即确定培养的规格。培养规格包括学生的知识、能力和素质结构，这三方面的内容是当今时代人才培养的核心内容。培养规格是对人才培养目标的细化，是具体课程设置最直接的参考。

（1）知识方面。大学生思想政治课程要重视知识的传授，不仅包括理论知识，还包括符合思想政治核心素养的一系列拓展知识，其中就包括中华优秀传统文化相关知识。无论是智力水平的提升还是学生认知、理解能力的增强，都离不开知识的积累。没有知识的积累，学生的素质结构就像是无源之水、无本之木。

（2）能力方面。理论联系实际就是通过大学生思想政治教育切实提升学生的素养和能力，既包括思想政治素养，也包括思想政治课程所能直接培养的一系列能力，例如思维能力、认知水平、分析能力、动手能力、价值判断能力、创新能力、沟通交流能力、自我调节能力等。学生实践能力的提升是通过思想政治教学过程中理论与实践的有机结合实现的，这就要求在课程建设的过程中要重视课程结构的合理设置，以及教学方法的灵活运用。

（3）素质方面。提升学生的综合素质是贯彻全面发展育人理念的必然要求，因为当今时代对于高素质人才的要求不仅仅是具备相对完善的专业素养，还包括相对较高的综合素质。提升学生的综合素质，才能帮助学生更好地适应时代的需求，实现自身的发展。

2.科学设置课程内容

课程设置是大学生思想政治教育与中华优秀传统文化融合育人课程体系建设最核心的内容，是课程建设理念、原则的具体体现，是培养规格在教学实践中的现实载体。课程设置的目标即构建科学、系统、合理的课程体系。大学生思想政治教育与中华优秀传统文化融合育人课程内容设置需要注意以下几个方面。

（1）课程覆盖全面。课程的设置必须保证对于知识的覆盖要全面，不能遗漏知识，这是课程设置的先决条件。课程必须保证各模块、各单元教学内容的完整性，只有这样，才能保证学生知识体系与素质结构构建的科学性与完整性。

（2）内容循序渐进。课程设置要循序渐进，既符合一般的教育规律，也符合学生学习与发展的规律，要在夯实学生基础知识的前提下，按部就班地培养和提升学生的各项能力与素质。设计人员要根据不同模块知识的难易、教育的一般规律，以及学生具体的认知水平来科学设置课程。

（3）有清晰的内在规律。课程的设置需要有清晰的内在规律可循，这是课程设置最基本的要求之一。倘若课程的设置缺乏内在规律性，就会使课程体系杂乱无章，不利于人才的培养。在设置教学内容时，应该使其具有系统性、完整性、时代性和启发性，注重理论与实践的结合。可以采用模块化设计的方式，将内容按照主题、问题、任务等要素进行划分，促进教学内容的有机衔接和学生知识的系统化构建。

第三节 健全协同育人机制

一、关于协同机制

（一）协同理论

协同理论也被称为"协同学"或"协和学"，是系统科学的重要分支理论，是由德国物理学家赫尔曼·哈肯（Hermann Haken）提出的。哈肯于1971年提出了"协同"的概念，并于1976年对协同理论进行了系统阐述，发表了《协同学导论》等著作。

协同理论主要研究的是系统在与外界有物质或能量交换的情况下，如何通过自己内部协同作用，实现自身结构的有序建构。该理论主张通过建立完整的数学模型和处理方案，在微观到宏观的过渡上，对各种系统和现象中从无序到有序转变的共同规律进行描述，着重探讨各种系统从无序变为有序时的相似性。它所研究的对象是许多子系统的联合作用，以产生宏观尺度上的结构和功能；同时，它由许多不同的学科进行合作，来发现自组织系统的一般原理。

协同理论研究的对象是系统，而在人们生活的世界中存在着大量的不同类型的系统。这些系统广泛存在于不同的领域之中，其表现形态、构成要素、内部结构、功能属性等丰富多样，不可胜数。这些系统有的属于自然生态系统，有的属于社会人文系统，有的是宏观系统，有的是微观系统，但这些看起来完全不同的系统，却具有深刻的相似性。协同理论正是以认识和解决系统的发展和内部结构的更新变化为主要内容而形成的理论。协同理论通过类比，对从无序到有序的现象，建立了一整套数学模型和处理方案，并推广到更为广泛的领域，设想在跨学科领域内，考察其类似性，探求其规律。这种泛用性是协同理论显著的特性之一。

（二）协同教育理论

协同教育理论来源于协同理论，是协同理论应用于教育领域而形成的一种教育理论。协同教育理论将人类社会的教育分为三大教育系统，分别是学校教育系统、家庭教育系统与社会教育系统。每个系统都包含不同的要素，具有不同的教育功能，采用不同的教育方法，具备独特的教育资源优势。

学校教育系统包含教师、课堂以及类型丰富的教学设施，是教育资源最为集中的教育系统。学校教育系统能够集中教授学生丰富、专业的知识，按照教育目标系统培养和提升学生的各项素质，是极为重要的教育系统。家庭教育系统是与个体联系最为密切的系统，主要由家长和各种家庭教育媒体构成。家庭教育对于学生的成长与发展具有重要的促进作用。社会教育系统相比于学校教育系统与家庭教育系统来说，具有更为广阔的教育空间，主要由社会教育组织者、社会成员以及社会教育媒体组成。社会教育系统蕴含着丰富的教育资源，需要学生主动去感受和挖掘。

在现代社会条件下，要培养出高素质、有个性、有特色的学生，就应采用新的育人方式，将家庭、学校、社会及受教育者这四个要素科学整合为一个更高层次的育人系统，使学校教育系统、家庭教育系统和社会教育系统三个子系统的要素或信息相互整合，产生协同育人效应。这种整合的过程就叫作协同教育过程。协同教育认为，不同人生阶段的人都要受到来自学校、家庭和社会的教育，或同时接受这三个方面的教育，三方面的教育产生的总效果才是真正的教育效果。

（三）协同机制的内涵

协同理论重要的价值之一就是其泛用性与普遍性。作为协同理论研究对象的系统是一个相对抽象的概念，这种对抽象概念的研究使协同理论能够适用于不同的领域，因此，协同理论具有广泛的适用性。对于大学生思想政治教育领域来说，协同理论对于立足"大思政课"的多元主体协同培育学生思想政治素养教育实践具有重要的指导作用。

协同机制基于协同理论的系统运行机制构建，指的是协调两个或者两个以上的不同资源或者个体，协同一致地完成某一目标的过程或能力。根据协同理论，协同机制的内涵主要包含以下几个方面。

第一，远离平衡状态是系统实现从无序到有序的必要条件。只有远离平衡状态，才能保证系统的活跃性与动态性。立足"大思政课"的多元主体协同培育学生思想政治素养教育系统是一个不断运动、变化和发展的系统，不同人才培养主体的地位、功能、作用，以及培养的内容等都不是一成不变的，而是根据学生的特点和人才培养需求变化而不断调整的。

第二，整体性是系统实现从无序到有序的基础。系统中的各子系统或参与要素只有统一于一个系统中，或在一定条件下可以与系统产生一定的联系，系统的各组成部分之间能够相互影响与作用时，才能使整体协同成为可能。具体到大学生思想政治教育与中华优秀传统文化融合育人中，虽然教学主体、利益主体、教学内容、教学环节等因素在性质与特征上存在一定的差别，但不同的要素必须紧紧围绕"思想政治核心素养培育"这一核心目标运行，其功能的发挥不能偏离这一目标，只有这样才能使各主体、各环节达到良好的协同效果。

第三，系统若想实现良好的协同发展，整体中的各子系统之间需要具有一定的相似性或者包含某些共同的特征。例如，在大学生思想政治教育与中华优秀传统文化融合育人中，政府、高校、社会、家庭和学生共同组成一个庞大的人才培养系统。之所以各主体能凝聚在一起，是因为大学生思想政治教育与中华优秀传统文化融合育人这一实践包含着多主体的共同利益，利益的相似性使不同性质、不同特点的主体能够实现有机协同。同时，无论是政府、高校、社会、家庭，还是学生自身来说，学生思想政治素养的培育都是各自发展的重要的推动力量，是筑基之举。

二、厘清协同育人主体的地位与作用

（一）政府

政府在多主体协同推进大学生思想政治教育与中华优秀传统文化融合育人中发挥着至关重要的作用，主要体现在以下几个方面。

1.政策引导

政府是整个社会的管理者和服务者，在教育改革中担任着关键的角色。

首先，政府在政策引导上具有无可比拟的影响力。通过合理、适度的政策引导，政府能够推动教育的创新与变革，引导大学生思想政治教育与中华优秀传统文化的有机融合。政府能够通过发布相关政策，建立以学生为中心的大学生思想政治教育与中华优秀传统文化融合的课程体系。其中，政府需要把握好政策的导向性和针对性，确保政策能够对教育的改革产生积极推动作用。在政策的设计上，政府需要考虑到当前教育的实际情况和未来发展趋势，以使政策具有前瞻性和实效性。同时，政府也可以通过优惠政策，鼓励各高校积极推广中华优秀传统文化和思想政治教育。如提供教育资金支持，提高教师待遇，提供各种教育资源，等等。这些政策不仅能够激发高校推广中华优秀传统文化和开展思想政治教育的积极性，而且能够为教育改革提供必要的保障。

其次，除直接的政策引导外，政府还能够通过其在社会公共事务中的影响力，塑造有利于思想政治教育和中华优秀传统文化融合的社会氛围。如通过媒体宣传、社会活动等方式，提高社会对于中华优秀传统文化和思想政治教育的认同感和接纳度。

2. 监管职能

政府的监管职能在推动大学生思想政治教育与中华优秀传统文化融合育人的过程中具有重要作用。其目标是确保政策的执行，保障教育质量，以及维护学生的权益。

政府可以通过各级教育行政部门对高校实施监督和检查，以评估其思想政治教育与中华优秀传统文化融合育人的实施效果。这种监督与检查不仅包括对高校教学管理体系的评估，还包括对课程设计、教学质量、教师资质、教学设施等方面的评估。此外，政府可以定期收集并分析学生、家长、社会等各方反馈，以全面评估教育的实际效果。除了日常监督，政府还可以根据检查结果，对存在问题的高校进行指导和帮助，推动其改正问题、提高教学质量。在必要时，政府应对高校违反规定、损害学生权益的行为进行惩处，维护教育公平与公正。

在推动大学生思想政治教育与中华优秀传统文化融合育人的过程中，政府的监管职能不能仅仅停留在简单的"管"上，而需要转变为"服务型"的"监管"。也就是说，政府不仅要对高校进行监管，而且要为高校提供服务，帮助高校解决在教育过程中遇到的问题，推动其持续改进和发展。

此外，政府需要通过公开透明的方式，向社会公布监管结果，让社会公众了解大学生思想政治教育与中华优秀传统文化融合育人的实施情况，以增强社会的信任和支持。

3. 协调与沟通

政府在推动大学生思想政治教育与中华优秀传统文化融合育人的过程中，扮演着协调者和沟通者的角色。其协调与沟通的功能体现在以下几个方面。

首先，政府需要协调教育系统内部的各个主体，包括高校、教师、学生等，以确保他们在大学生思想政治教育与中华优秀传统文化融合育人的过程中能够形成一致的目标和行动。例如，政府可以通过召开会议、组织研讨等方式，帮助各主体达成共识，形成合力。

其次，政府需要协调教育系统与其他系统之间的关系，促进各方对大学生思想政治教育与中华优秀传统文化的支持和参与。例如，政府可以通过政策引导、项目合作等方式，鼓励社会企业和文化机构参与到高校的思想政治教育和中华优秀传统文化教育中，为学生提供更丰富的学习资源和实践机会。

再次，政府需要协调国内与国际的关系，引导和推动国际交流与合作，提高我国高校思想政治教育和中华优秀传统文化教育的国际影响力。例如，政府可以支持和鼓励我国高校与海外高校进行学术交流，开展合作研究，共享优质教育资源。

最后，政府的协调与沟通工作也包括对外部环境的观察和应对。例如，针对社会经济环境、政策环境、教育环境的变化，政府需要及时做出反应，调整相关政策，引导和协调各方适应环境变化。

4. 资金支持

资金支持同样是在协同育人中，政府作为教育主体发挥的重要作用之一。政府可以在财政预算中，专门拨出一部分资金用于支持大学生思想政治教育与中华优秀传统文化融合育人的研究和教学改革，包括更新教学设施、增设相关课程、培训教师等。在此方面，政府资金支持作用的发挥主要表现在以下几点。

（1）专项资金支持。政府可以在年度预算中设置专项资金，专门用于支持大学生思想政治教育与中华优秀传统文化融合育人。这些资金可以用于更新和改善教学设施，例如建设更多的实验室、图书馆等，以提供更好的学习环境；增设或更新相关课程，以确保课程内容的先进性和实用性；对教师进行培训，提升他们的教学能力和水平；举办各类学术活动，如讲座、研讨会等，促进学术交流和思想碰撞。

（2）项目资金支持。政府可以通过设立项目资金，对高校进行资金支持。这些项目可以包括研究项目、教学改革项目、文化传承项目等。高校可以根据自身的需要和特点，申请和实施相关项目，从而获取资金支持。

（3）奖励资金支持。政府还可以设置各种奖励机制，通过资金奖励的方式，激励高校和教师积极参与到大学生思想政治教育与中华优秀传统文化融合育人中来。例如，对于在这方面做出突出贡献的高校和教师，政府可以给予一定的经济奖励。

（4）基础资金支持。除专项资金、项目资金和奖励资金外，政府还需要提供基础资金支持，保证思想政治教育的正常运行，包括师资队伍的稳定、基础设施的建设和维护、教学活动的正常开展等。

（二）高校

高校，作为大学生思想政治教育与中华优秀传统文化融合育人的重要场所，承载着培养学生对中华优秀传统文化的认识和理解，同时将其与现代思想政治教育相结合的重要任务。

首先，高校应积极探索和完善教育体系，确保课程内容充实，具有一定的深度和广度，能够较全面地覆盖中华优秀传统文化和思想政治教育的各个方面，让学生在系统学习中理解中华优秀传统文化，把握其与现代社会的联系，从而达到内化为自身行为规范的目的。

其次，高校在创建有利于学生学习和发展的环境方面起着关键作用。这包括提供丰富的学习资源，如图书、期刊等，也包括营造和谐、宽松的学习氛围，尊重每一个学生的个性和创新精神，鼓励他们积极探索和实践。

再次，高校需要在体制机制上进行创新。这包括构建开放、包容、互动、协作的育人模式。高校可以推行课程改革、实施教师队伍建设、增强教师的教学能力和研究水平，同时，还可以通过建立学生社团等方式，鼓励学生自我教育、自我服务、自我管理、自我监督，使思想政治教育与中华优秀传统文化真正融入学生的日常生活中。

最后，高校需要加强与社会各方面的交流和合作，将校园教育与社会实践紧密结合起来。这不仅可以让学生有更多的机会了解社会、锻炼自己，而且可以让社会更好地理解和接纳中华优秀传统文化，从而形成良好的社会舆论环境，推动中华优秀传统文化的传承和发展。

（三）社会

社会在大学生思想政治教育与中华优秀传统文化融合育人中，提供了广阔的学习、实践和发展的舞台。它既是学生认识和体验中华优秀传统文化、形成和提升思想政治观念的实践场所，也是学生拓展知识、提高综合素质、实现个人价值的重要平台。

社会为学生提供了丰富的学习和实践资源。在社会中，学生可以接触到各种各样的人和事，获得与课堂教学不同的学习体验。他们可以通过参加各种社会实践活动，例如志愿服务、社区访问、文化考察等，深入了解社会现状，体验中华优秀传统文化的魅力，深化对思想政治理论的理解。这种社会实践活动，能够使学生从实际生活中汲取知识、提升技能、培养良好的社会责任感和公民意识。

社会为学生提供了广阔的发展机会。无论是企事业单位、政府机关，还是非营利组织，都可以成为学生实习和就业的平台，帮助他们将所学知识应用到实际工作中，实现自我价值。同时，通过与社会的互动交流，学生可以锻炼自己的沟通能力，培养团队协作精神，提高问题解决能力。

社会对于高校教育的关注和支持也是推进大学生思想政治教育与中华优秀传统文化融合育人的重要保障。政府部门、企事业单位、社区、媒体等社会力量，都应该积极参与其中，与高校进行深度合作，为学生的思想成长提供支持和服务。例如，政府部门可以通过制定政策、提供资金支持，来创造良好的外部环境；企事业单位可以通过建立校企合作关系，提供实习和就业机会，为学生的成长提供帮助；社区可以通过开展各种活动，提供实践平台，为学生的社会实践提供便利；媒体可以通过宣传报道，形成良好的舆论氛围，为学生的成长提供支持。

（四）家庭

家庭是学生的第一个学校，是教育活动重要的基地之一。家长在子女的成长过程中发挥了举足轻重的作用，其言传身教会影响子女的品行与世界观、人生观、价值观。家长通过日常生活的互动来教授子女基本的行为规范，这不仅包括具体的行为方式，还包括背后的价值观和道德规范。

家庭也是学生学习并实践文化的重要场所，例如，许多涉及传统习俗的家庭活动能让学生感受到中华优秀传统文化的魅力。

在大学生思想政治教育与中华优秀传统文化融合育人中，家长应以身作则，为子女创建良好的家庭氛围，在潜移默化中提升子女的思想意识与文化素养。

（五）学生

学生，作为大学生思想政治教育与中华优秀传统文化融合育人的主体，其地位和作用至关重要。他们不仅是学习和传承中华优秀传统文化的主体，还是思想政治教育的接受者和实践者，是推动教育创新和社会发展的重要力量。

首先，学生在接受教育的过程中，应积极参与，主动学习，尽可能吸收并理解所学习的中华优秀传统文化知识和思想政治理论。学生需要通过阅读、讨论、思考等方式，深化对课堂知识的理解，形成自己的见解和观点。同时，学生还应把所学知识与实际生活相结合，深化对社会现实的认识，提高自己的思辨能力和创新能力。

其次，学生应积极参与校外实践活动。无论是社区服务、文化考察、实习实践，还是科研创新，都是学生了解社会、锻炼自己的重要途径。在实践活动中，学生可以将所学知识应用到实际中，检验自己的学习成果，发现问题并寻求解决方案。这样，学生既能提高自己的实践能力和解决问题的能力，也能增强自己的社会责任感和公民意识。

最后，学生应发挥主体性，积极参与校园文化建设，推动学校的教育改革。学生可以通过参加学生会、社团组织、学术竞赛等组织或活动，提出自己的建议和想法。学生也可以通过社会实践，向社会展示自己的成长和变化，引起社会对高校教育的关注和支持。

在推进大学生思想政治教育与中华优秀传统文化融合育人过程中，学生既是学习者，也是实践者，更是推动者。学生需要有清醒的头脑、坚定的信念、积极的态度，以及扎实的知识和技能，才能在思想政治教育与中华优秀传统文化融合育人的大潮中，找到自己的位置，实现自己的价值，为社会的发展做出贡献。

三、如何健全协同育人机制

（一）搭建沟通平台

在大学生思想政治教育与中华优秀传统文化融合育人中，搭建协同育人机制的沟通平台是重要的一步，这对于确保各育人主体之间的协调与合作至关重要。因为教育是一项系统工程，需要教师、学生、学校、家长、社会等多方面的力量共同参与，而有效的沟通则是确保各方能够实现良好协作的基础。

搭建沟通平台有助于信息的高效共享。在大学生思想政治教育与中华优秀传统文化融合育人的过程中，各育人主体拥有各自不同的资源与信息，如教师在教学实践中获得的经验、学生在学习过程中遇到的困难、家长对孩子的成长的观察、社会对中华优秀传统文化教育的需求等。通过沟通平台，这些信息能够得到快速、准确的传递，有助于使各育人主体能够根据全面的信息做出最佳的决策。

沟通平台还能有效地协调各育人主体的行动。在大学生思想政治教育与中华优秀传统文化融合育人的过程中，各育人主体需要有针对性地进行合作。例如，教师需要根据学生的学习情况调整教学策略，学校需要根据教师的反馈优化教学环境，家长需要与学校保持密切的联系，了解孩子在学校的情况，等等。这种协调不仅仅是行动的协调，更是对目标、理念、价值观等深层次内容的协调，有助于构建一个共享的育人理念，使教育活动成为一种共同的创造。

沟通平台还可以加强各育人主体之间的感情交流，促进各育人主体之间的理解与信任。例如，组织教师与学生的互动活动，让师生更好地理解对方的需求；组织家长与学校的座谈会，让家长对学校的教育理念和方法有更深入的理解；举办公开课或讲座，让社会更好地了解学校的教育实践；等等。这种理解和信任是形成稳定、和谐、高效的育人合作关系的基础，有助于各育人主体之间建立起良好的合作关系，共同推进大学生思想政治教育与中华优秀传统文化融合育人目标的实现。

（二）明确责任与权利

在大学生思想政治教育与中华优秀传统文化融合育人中，明确各育人主体的责任与权利非常关键。教育不仅仅是学校和教师的事情，家长、社区、政府等各种育人主体都在其中起着重要作用。如果各育人主体能够明确各自的责任和权利，理解和尊重其他主体的责任和权利，那么整个教育过程就能更加顺畅，更加有利于实现教育的目标。

首先，明确各育人主体的责任，是保证协同育人顺利进行的基础。在推进大学生思想政治教育与中华优秀传统文化融合育人过程中，各育人主体的职责要清晰。例如，教师需要负责教学工作，设计和实施课程，启发学生的思考，评价学生的学习等；学校需要负责建立和优化教学环境，为教师和学生提供支持，协调教育资源等；家长需要负责对孩子的日常教育，关注孩子的学习状况，与学校进行沟通等。各育人主体之间需要互相理解、互相尊重，避免责任的冲突和推诿，共同为实现教育目标而努力。

其次，明确各育人主体的权利，可以有效调动各育人主体的积极性，也有助于防止权利滥用。权利应当与责任相对应，才能使其得到有效行使。例如，教师在完成教学职责的同时，也应当有权参与教学决策，有权对学生的表现进行评价；学校在履行管理职责的同时，也应当有权调整教育资源，有权对教学质量进行监督；家长在承担家庭教育职责的同时，也应当有权了解孩子在学校的学习状况，有权对学校的教育政策提出建议。这样的权利划分既能让各育人主体在完成自己的责任时得到满足，也能防止任何一方的权利过大而对其他育人主体产生负面影响。

在实践中，明确育人主体的责任与权利的过程可能会遇到困难，例如各育人主体对责任和权利的理解存在差异，不同育人主体之间存在利益冲突等。因此，需要通过协商、对话和共识建立等方式，促使各育人主体明确责任与权利的界限，建立起相互信任和合作的关系。

（三）制订协同策略

在推动大学生思想政治教育与中华优秀传统文化融合育人的过程中，制订明确的协同策略是确保育人工作得以有效进行的重要环节。协同策略不仅需要涵盖育人的目标、内容、方法、进程和评价等多个维度，还需要充分考虑到学生的具体情况，以及各育人主体的特性和资源，以形成一个全方位、多层次、深度融合的育人策略。

育人的目标是协同策略的核心。在推动大学生思想政治教育与中华优秀传统文化融合育人的过程中，育人的目标应是全面的、和谐的，旨在培养具有独立思考能力、良好道德素质和社会责任感的全面发展的人才。具体来说，大学生思想政治教育与中华优秀传统文化融合育人，旨在培养学生对中华优秀传统文化的理解和热爱，培养他们的批判性思维和独立思考的能力，帮助他们形成正确的价值观，培养他们的社会责任感和公民素质。

育人的内容和方法也需要进行细致的设计。内容应该尽可能丰富，包括但不限于历史、文化、艺术、哲学、政治等多方面的知识；方法应该注重启发式教学，以引导学生自主学习、独立思考，将学到的知识内化为自己的理解和观点。此外，教学方法还应强调实践性，通过实践活动让学生将理论知识应用于实际，提高他们的实践能力。

协同策略的进程安排也需要精心设计。应根据学生的学习进度和需求，灵活调整教学进程，保证教学质量。同时，应留出足够的时间供学生进行反思和讨论，使他们有足够的时间消化和理解所学知识。

当然，协同策略还包括评价方式。评价方式既要关注学生的知识掌握情况，也要注重他们的思考能力、实践能力和价值观的形成。因此，可以采取多元化的评价方式，包括测试、报告、实践活动、讨论等。

（四）保证教育资源支持

在推动大学生思想政治教育与中华优秀传统文化融合育人的过程中，提供足够的资源支持是至关重要的。无论是人力、物力、财力还是信息、时间等方面的资源，都是协同育人必不可少的要素。只有当这些资源得到有效的分配时，各育人主体才能充分发挥自己的作用，共同推动育人工作的顺利进行。

人力资源是育人工作的基础。教师、学校、家长等各育人主体的投入，都是推动大学生思想政治教育与中华优秀传统文化融合育人所不可或缺的。其中，教师尤为关键，因为教师直接面对学生，在学生的知识获得、思维形成、品格塑造方面发挥着重要作用。因此，应投入大量的人力资源，为教师提供充分的培训和发展机会，提高他们的专业素养和教学能力。

物力资源是进行高质量教学的保障，包括教学设施、设备、教材等。应为学生提供良好的学习环境，如安静的图书馆、设备齐全的实验室、高质量的教材等。

财力资源的投入是实现各项计划和目标的前提。应投入资金进行教学研究和改革，以不断提高教学质量；应投入资金进行教师培训和学生活动，以提高教师的教学能力和学生的综合素质。

时间和信息也是协同育人中重要的资源。教育是一个长期的过程，需要有足够的时间投入，才能看到效果；而信息的获取和传递，则是保证教学内容的科学性和先进性，以及各育人主体之间沟通的有效性的关键。

第四节　改进教学方法

一、采用现代教学技术

在大学生思想政治教育与中华优秀传统文化融合育人中采用现代教学技术，能够为教学实践带来许多积极的变化。

首先，当今时代，学生生活在一个高度数字化、信息化的社会中，习惯于使用各种现代技术手段获取信息和学习知识。因此，将现代教学技术融入大学生思想政治教育与中华优秀传统文化融合育人中，可以极大地提升教学效率和效果，满足学生的学习需求。例如，可以利用多媒体技术，让中华优秀传统文化和思想政治理论变得生动有趣。如制作关于历史事件、文化人物、文化遗产的微电影，让学生在享受视听盛宴的同时，领略中华优秀传统文化的精髓，理解思想政治理论的深层含义。可以利用网络平台，为学生提供各种学习支持，如电子图书、在线课程、论坛等。这样，学生可以根据自己的学习进度和兴趣，自由选择学习内容，灵活安排学习时间，自发开展学习讨论。

其次，利用虚拟现实、增强现实等先进技术，可以为学生提供更为真实、立体的学习体验。例如，利用虚拟现实技术，制作出仿真的历史现场或文化景观，让学生仿佛置身真实场景，亲身体验历史和文化的魅力。这种沉浸式的学习体验，可以极大地激发学生的学习兴趣，增强他们对中华优秀传统文化和思想政治理论的理解和记忆。

最后，现代教学技术可以促进学生之间和师生之间的交流互动。例如，可以在网络平台上设置讨论区，教师和学生可以就相关主题进行深度讨论，发表自己的观点和看法。教师也可以通过网络平台，及时了解学生的学习情况，为学生答疑解惑，给予指导和反馈。这样不仅可以增强学生的思辨能力和表达能力，还可以构建一个开放、互动的学习环境，激发学生参与思想政治教育和学习中华优秀传统文化的积极性。

二、引入实践教学

实践教学是大学生思想政治教育与中华优秀传统文化融合育人的关键环节。它旨在将理论与实践相结合，让学生在实际活动中学习和体验中华优秀传统文化，理解和掌握思想政治教育的理念和方法，从而提升思想政治教育的实效性。

首先，实践教学能让学生直观地感受和理解中华优秀传统文化。例如，组织学生参观历史文化遗址，如故宫、长城、秦始皇陵等，让他们亲身感受历史的厚重。在这种实践活动中，学生不仅可以学习到知识，而且能通过亲身体验，深入理解中华优秀传统文化的内涵和精神，从而激发出对中华优秀传统文化的尊重和热爱。

其次，实践教学能让学生理解和掌握思想政治教育的理念和方法。例如，通过参与社区服务活动，如老年人照顾、环境保护、公益助学等，学生可以将所学思想政治理论应用于实践，理解社会责任和公民道德。在这个过程中，学生不仅可以提升个人能力，还能提升社会责任感。

最后，实践教学还能让学生培养实际能力。参与实践活动需要学生运用所学知识解决实际问题，这对他们的思维能力、组织能力、沟通能力等都是一种锻炼。例如，组织学生进行社区调研，在这个过程中，他们需要设计调研方案、搜集和分析数据、撰写调研报告。因此，他们不仅能学习到研究方法，还能提升实际能力。

三、采用启发式教学法

启发式教学法可以在大学生思想政治教育与中华优秀传统文化融合育人中发挥重要的作用。它通过提问、讨论、案例分析等方法，引导学生主动思考，激发他们的探索欲望，培养他们的批判性思维和创新能力。

启发式教学法鼓励学生主动思考，注重激发学生的学习兴趣。在讲解中华优秀传统文化时，教师可以通过提问的方式，引导学生发现和探索问题，让他们从被动接受知识变为主动寻找知识。例如，在教授古代文学内容时，教师可以提问："唐诗和宋词有什么不同？"这样的问题可以引导学生去研究唐宋时期的历史背景、社会风俗、人文思想等，从而更全面地理解古代文学的魅力。

启发式教学法可以通过讨论和案例分析，培养学生的批判性思维和创新能力。在大学生思想政治教育中，教师可以通过引入实际的社会问题和案例，让学生从中提炼出思想道德规范，提升他们的道德判断力和解决问题的能力。例如，在讨论"公平与正义"的主题时，教师可以引入一些具体的社会事件，让学生从多角度分析和讨论，从而锻炼他们的逻辑思维和批判性思维。

启发式教学法也可以培养学生的团队协作能力和交流技巧。在小组讨论或者案例分析过程中，学生需要与他人合作、交流观点，这无疑会提升他们的沟通和协作能力。而这些能力在他们未来的学习和工作生涯中，将发挥重要作用。

启发式教学法还可以培养学生的自主学习能力。教师不再是唯一的知识传授者，而是变为学生学习的引导者和助手。这种变化无疑有利于激发学生的学习积极性，培养他们的自主学习能力。

四、采用跨学科教学法

大学生思想政治教育是美育与德育的重要途径。由于思想政治教育和中华优秀传统文化并非孤立存在，它们与历史、哲学、社会学等多个学科有着密切的联系，因此，采用跨学科的教学方法，可以帮助学生建立多角度的视野，提升他们的综合素质。

跨学科教学法有助于拓宽学生的知识视野。中华优秀传统文化与思想政治教育都深深植根于中国历史和社会，因此对它们的理解和把握需要基于对历史、哲学、社会学等多学科知识的理解。例如，在了解封建礼教的基础上，学生可以更好地理解儒家 思想提倡的仁义礼智信，以及这些价值观念对于个人和社会的影响。

跨学科教学法能提高学生的思维深度。通过多学科的交叉融合，学生可以多角度、多层次地理解和分析问题，这对于提升他们的思考能力和解决问题的能力有着显著的促进作用。例如，在讨论社会公正问题时，除了政治学的角度，学生还可以从经济学、社会学、历史学等角度来分析问题，从而深化对社会公正的理解。

跨学科教学法也有助于提升学生的创新能力。在多学科知识的交融中，学生可以灵活运用各种知识和理论，这有助于他们在未来的学习和工作中，更好地处理复杂问题，提出创新性的解决方案。

跨学科教学法还能够帮助学生提升跨文化素养。在经济全球化的背景下，跨文化素养是学生需要具备的一种重要能力。而跨学科教学可以帮助学生深入理解和欣赏不同文化，增强他们的跨文化交流和理解能力。

五、采用个性化教学法

个性化教学法是在个性化教学原则的指导下形成的一种教学方法。采用个性化教学法进行教学，在大学生思想政治教育与中华优秀传统文化融合育人中具有非常重要的意义。每个学生的学习方式、兴趣、能力等都有其独特性，因此，应该尊重并关注学生的个性，为学生提供个性化的教学服务，以提升教学效果并满足学生的个性化需求。

个性化教学法能够鼓励学生的自主性和主动性。在个性化教学法中，学生不再是被动接受教育的对象，而是成为主动参与、自我驱动的学习者。教师可以根据学生的兴趣和能力，为学生提供不同的学习资源和任务，激发学生的学习热情和积极性。例如，对于对历史感兴趣的学生，教师可以安排他们深入研究中华优秀传统文化的历史演变；对于对艺术感兴趣的学生，教师可以指导他们通过艺术创作来表达对中华优秀传统文化的理解和感受。

个性化教学法能够提升教学的针对性和效果。通过对学生的个性化教学，教师可以更加精准地满足学生的学习需求，提升教学的效果。例如，针对不同的学生，教师可以制订个性化的学习计划，提供不同难度和风格的学习资源，适应学生的不同学习速度和风格。

个性化教学法有助于学生的创新能力和批判性思维的培养。通过个性化教学，学生可以在自我探索和实践中，发现新的问题并寻找解决方案，从而提升他们的创新能力和批判性思维。例如，教师可以鼓励学生运用他们所学的知识，去分析和解决现实中的社会问题，或者运用他们对中华优秀传统文化的理解，去创新文化理论。

个性化教学法还能够提升学生的自我认知和自我发展能力。通过个性化教学，学生可以更好地了解自己的兴趣、能力和潜力，从而更好地规划自己的学习和发展道路。例如，教师可以通过反馈和指导，帮助学生明确自己的学习目标，制订个性化的学习计划，并提供相应的支持。

第五节　构建完善的评价体系

在课程评价中，既可以对教师的教学情况进行评价，也可以对学生的学习情况进行评价。由于对学生的评价可以在一定程度上反映出教师的教学情况，因此本节主要介绍如何构建完善学生评价体系。

一、评价体系的作用

评价体系在大学生思想政治教育与中华优秀传统文化融合育人中占据着十分重要的位置，因为其能够对教学活动起到监督、反馈与引导的作用，是教学模式优化的重要参考，而评价体系的科学与否对教学活动有着重要的影响。在大学生思想政治教育与中华优秀传统文化融合育人中，评价体系的重要作用主要体现在以下几个方面。

（一）引导作用

评价体系通过设定明确的评价标准，可以帮助学生形成正确的学习目标。对于大学生来说，特别是在接受思想政治教育与中华优秀传统文化融合教育的过程中，他们需要清晰地知道自己需要达到怎样的学习目标，以及如何才能达到这些目标。评价体系所设定的评价标准，不仅包括对学生知识掌握程度的要求，还包括对学生的思考能力、创新能力、实践能力等综合素质的要求。这样，学生就可以根据评价标准，确定自己的学习目标，明确自己需要做什么，以及如何去做。

评价体系可以通过对学生学习成绩的评价，引导他们形成正确的学习策略。在大学生思想政治教育与中华优秀传统文化融合育人中，学生需要掌握一些学习策略，例如批判性思考、独立研究等。通过评价体系，学生可以了解自己在这些方面的优点和不足，从而调整自己的学习策略。例如，增强自己的批判性思考能力，提高自己的问题解决能力，等等。

评价体系通过对学生实践能力的评价，鼓励他们在学习过程中注重实践。在大学生思想政治教育与中华优秀传统文化融合育人中，实践是非常重要的一部分。学生不仅要学习理论知识，而且要学会将这些知识应用到实际中去。评价体系通过对学生实践能力的评价，能够使学生意识到实践的重要性，从而更加注重在学习过程中进行实践活动。

评价体系通过对学生理解和应用中华优秀传统文化以及思想政治理论知识的程度的评价，可以引导他们深入理解和感悟中华优秀传统文化，积极参与到思想政治教育中来。评价体系可以设定一些相关的评价标准，例如学生对中华优秀传统文化的理解程度，学生是否能够在实际生活中应用这些文化知识，学生在思想政治教育中的态度和表现等。对这些方面的评价，可以激励学生更加深入地理解和感悟中华优秀传统文化，积极参与到思想政治教育中来。

（二）反馈作用

评价体系在教育过程中的反馈作用尤为显著，在大学生思想政治教育与中华优秀传统文化融合育人的教育背景下，这种作用被放大和强调。具体来看，反馈作用主要表现在以下几个方面。

首先，评价体系是学生了解自主学习状态的重要手段。大学生在接受思想政治教育和中华优秀传统文化教育的过程中，需要及时了解自己的学习进度和理解程度。评价体系通过各种形式，如作业、测验、考试等，为学生提供了学习反馈，使他们能够了解自己的学习情况，包括理解的深度、理解的广度、理解的准确性等。

其次，评价体系是提升学生自我调整能力的重要工具。通过评价体系，学生可以发现自己在学习中的优点和不足，从而进行自我调整和提升。例如，学生会发现自己在某些方面的理解不够深入，或者对某些知识点没有完全掌握，然后他们就可以根据这些反馈信息，调整学习策略，改进学习方法，提高学习效率。

再次，评价体系是教师了解学生学习情况的重要途径。通过评价体系，教师可以了解到每个学生的学习情况，从而针对每个学生的具体情况进行个性化教学。例如，教师可以根据评价结果，发现哪些学生在理解中华优秀传统文化或者参与思想政治教育方面遇到了困难，然后给予他们更多的帮助和支持。

最后，评价体系是教师改进教学的重要参考。教师可以通过评价结果，了解到教学过程中的问题和不足，例如教学内容是否恰当、教学方法是否有效、教学步骤是否合理等。然后，教师可以根据这些反馈信息，及时调整和改进教学策略和方法，以提高教学效果。

（三）激励作用

评价体系在教育过程中的激励作用很关键，下面从不同角度进行分析。

评价体系对于激发学生的学习兴趣具有重要作用。当学生看到自己的学习成果被公正地评价时，他们的学习热情和积极性会得到极大的激励。无论是考试成绩、实践表现，还是课堂参与度，公正、公平的评价都会使学生感到他们的努力得到了认可，从而进一步增强他们的学习动力和兴趣。评价体系通过对学生优秀表现的认可和奖励，能够鼓励他们在学习过程中持续努力。对学生的表扬和奖励可以让他们看到自己的努力和进步，对他们的自信心和学习动力都有极大的提升。这不仅会激励他们在当前学习中持续付出，而且会影响他们的长期学习态度和习惯，使他们在面对困难和挑战时，更习惯于保持积极的态度和坚持不懈的精神。

评价体系还能够提升学生的自我效能感。当学生看到自己的努力得到了回报时，他们会对自己的能力有更高的评价，对自己的学习有更高的期待。这种自我效能感的提升，能进一步激励他们积极参与学习，持续提高自身能力。而且，公正、公平的评价体系也是培养学生社会责任感和公民道德的重要手段。在公正、公平的评价环境中，学生会明白只有通过自己的努力才能获得应有的回报。这种认识会深化他们对社会公正、公平原则的理解，增强他们的社会责任感。

（四）督促作用

评价体系对于教学活动具有显著的督促作用。评价体系通过对学生学习行为的评价，能有效地督促他们遵守学规。学规是规范学生学习行为、保障教学活动顺利进行的重要工具。公正、公平的评价体系可以帮助学生认识到，遵守学规不仅是他们的责任，而且是他们取得好成绩的基础。当学生认识到这一点后，他们会更愿意遵守学规，从而形成良好的学习行为。

评价体系通过对学生态度的评价，能有效地督促学生学会尊重他人。在学习过程中，尊重他人是非常重要的品质，这不仅包括尊重教师，还包括尊重同学。评价体系可以通过对学生在小组讨论、合作学习等活动中的表现进行评价，督促学生在学习过程中尊重他人的观点和感受，从而培养他们的团队协作能力和人际交往能力。

评价体系通过对学生学习态度的评价，能有效地督促学生积极负责。在学习过程中，积极负责是非常重要的态度。无论是对待学习任务，还是对待学习困难，学生都应该积极应对，勇于承担责任。评价体系可以通过对学生的学习态度进行评价，督促学生在面对困难和挑战时，坚持不懈，积极寻求解决办法。

评价体系通过对学生的学习习惯和道德品质的评价，能有效地督促学生形成良好的学习习惯和道德品质。良好的学习习惯和道德品质是学生成功的关键。评价体系可以通过对学生的学习习惯和道德品质进行评价，督促学生养成良好的学习习惯，例如准时完成作业、积极参加课堂讨论等；同时，也可以帮助学生形成良好的道德品质，例如诚实守信、正直公正等。

（五）改进作用

评价体系在教育过程中的改进作用是很重要的。

首先，评价体系能为教师提供有关学生学习状况的反馈信息。这些信息包括但不限于学生的学习进度、理解深度、疑难问题等。通过评价体系，教师可以了解到每个学生的学习状况，从而对教学内容进行适当的调整，以适应学生的学习需要。例如，如果评价结果显示大部分学生在某一主题上的理解不全面，教师就可以针对这一主题进行更深入的讲解或更多的实践活动，以帮助学生更好地理解和掌握。

其次，评价体系可以为教师提供对教学方法和策略的反馈。教师可以通过评价结果，判断自己的教学方法和策略是否有效，是否需要改进。例如，如果评价结果显示，某种教学策略并未达到预期的效果，教师就可以根据这些反馈，调整教学策略，或尝试新的教学方法。这种反馈机制，能够帮助教师持续改进教学，提高教学效果。

再次，评价体系可以为教学管理者提供有关教学质量的反馈信息。教学管理者可以通过评价结果，了解整体的教学质量，从而进行适当的管理决策。例如，如果评价结果显示某一课程的教学效果不佳，教学管理者就可以调整课程设置，优化教学资源分配，甚至更换教师，以提高教学质量。

最后，评价体系可以为教育政策制定者提供有关教育效果的反馈信息。通过评价结果，教育政策制定者可以了解到教育政策的实际效果，从而进行适当的调整和完善。例如，如果评价结果显示，某一教育政策并未达到预期的效果，教育政策制定者就可以根据这些反馈，改进或重新制定政策，以提高教育效果。

（六）衡量作用

评价体系通过衡量学生的知识掌握程度，可以为教师和教学管理者提供重要的信息。通过客观、公正的评价，教师可以了解学生在各个知识领域的掌握情况，以便在今后的教学中适时调整教学内容和方法，满足学生的学习需求。同时，教学管理者可以通过评价结果了解教学质量，以便进行适当的教学改进和资源调配。

评价体系通过衡量学生的技能运用程度，可以为教师和教学管理者提供关于学生实际能力的反馈。这些技能不仅包括学科相关的技能，而且包括批判性思维、创新能力、问题解决能力等通用技能。通过对这些技能的评价，教师和教学管理者可以了解学生在实际操作中的表现，从而了解他们是否真正掌握了相关知识和技能，为提升教学效果提供依据。

评价体系通过衡量学生的情感态度，可以为教师和教学管理者提供关于学生个体差异的反馈。情感态度包括对学习的兴趣、动机，对困难的应对态度，对自我能力的评价等。这些因素对学生的学习行为和学习效果有重要影响。通过对这些因素的评价，教师和教学管理者可以了解学生的情感需求，为满足学生的个体差异提供依据。

评价体系通过衡量学生的学习成果，可以为教师和教学管理者提供关于教学目标达成程度的反馈。这对于教师和教学管理者来说，是评价和改进教学的重要依据。通过对学习成果的评价，教师可以了解教学目标是否已经达到，教学内容和方法是否需要调整；教学管理者可以了解整体的教学效果，是否需要进行教育政策的调整。

二、评价体系构建的原则

大学生思想政治教育与中华优秀传统文化融合育人评价体系的科学构建需要遵循以下几点原则。

（一）导向性原则

1.社会需求的导向性

大学生思想政治教育与中华优秀传统文化融合育人是国家文化发展的需求，因此，其评价体系的构建需要符合社会需求的导向，以保证培养出的人才具备良好的思想道德品质和传统文化素养，适应国家文化发展的需求。

2.主体需求的导向性

大学生思想政治教育与中华优秀传统文化融合育人评价体系的构建受到不同利益主体的影响。各利益主体（如社会、家庭、高校、学生等）对于教育活动有着丰富多样的诉求，这些诉求反映着不同利益主体的实际需要，会在很大程度上影响评价体系的构建。

3.导向作用的发挥

导向性还体现在评价体系实际的功能上。由于大学生思想政治教育与中华优秀传统文化融合育人评价体系最终的评价结果涉及育人模式与教学内容的调整，因此，评价体系对于课程体系的构建、课程内容的选择以及教学的具体实施具有重要的导向作用。相关人员在构建评价体系时，要时刻注意这一特点，因为评价体系的科学与否将对教学过程产生十分重要的影响。

（二）层次性原则

1.教学阶段的层次性

针对不同的教学阶段，评价体系的内容应该体现出鲜明的层次性。不同阶段的学生在认知能力与思维水平上存在较大的差异，且学生的个性也大多由于教学阶段的不同而处于不断变化的状态，因此，需要针对不同的教学阶段制定不同的教学评价内容。

2.教学对象的层次性

不同教学对象在认知水平、思维能力、个性特征等方面有着鲜明的差别，这就要求教学评价体系要重视这种差异性，针对不同的教学对象制定不同层次的评价内容。

3.教学内容的层次性

大学生思想政治教育与中华优秀传统文化融合育人的教学内容是循序渐进的，不同阶段、不同模块的教学内容在难易程度上是不同的，这就要求思想政治教学评价体系的制定要立足具体的教学内容，针对不同的教学内容分层次进行评价。

（三）多元化原则

1.评价内容的多元化

大学生思想政治教育与中华优秀传统文化融合育人的评价内容应该是多元的，这是符合学生全面发展这一整体价值追求的。评价内容不能仅重视知识层面的评价，还应包含思想政治核心素养的各个方面。

2.评价方式的多元化

大学生思想政治教育与中华优秀传统文化融合育人的评价方式应该多元化发展。传统的教学评价注重结果性评价，一般体现为以考试为主的成绩测试。这种评价方式过于单一且不能全面反映人才培养的要求。现代高等教育重视学生综合素质的发展，因此，在评价时应该关注学生各个方面素质的提升，并将过程性评价与结果性评价有机结合。

3.评价主体的多元化

大学生思想政治教育与中华优秀传统文化融合育人的评价主体也应该是多元的。随着时代与教育的发展，人们越来越深刻地认识到，学生是教学的主体，人才培养只有坚持以学生为主体，才能达到理想的教育目标。学生可以开展互评和自评，教师、家长、社会企业等都可以深入参与到教学评价中来，从而实现多角度、全方位地对人才培养全过程的评价。

（四）可操作性原则

1.评价项目的完整性

在大学生思想政治教育与中华优秀传统文化融合育人评价中，评价项目自身的结构应该是完整的，既要体现思想政治素养，又要涵盖中华优秀传统文化素养以及学生综合素质。同时，评价体系的每一个环节也不应有遗漏。

2.评价指标的精简性

在构建大学生思想政治教育与中华优秀传统文化融合育人评价体系时，要在保证评价项目完整性的同时，注重评价体系的简化与明确。要控制评价指标的数量，剔除无关紧要的评价内容，剔除冗余性评价指标。构建课程评价体系应该做到使评价目标与评价项目之间具有较好的一致性，实现评价项目与评价目标的良好融合，而这一目标的实现依靠的不是冗余的评价指标，而是能够准确反应课程体系质量的精简且明确的指标。因此，在构建大学生思想政治教育与中华优秀传统文化融合育人评价体系时，要注重评价指标的精简性，使课程既能准确反映课程体系的质量，又简单易行。

3.评价项目和评价标准的可测性

大学生思想政治教育与中华优秀传统文化融合育人评价体系构建的可操作性原则还体现在评价项目和评价标准的可测性上。在分析方法上，课程体系的评价项目的分析方法主要分为两种，分别是定性分析与定量分析。在定性分析层面，要对评价项目与标准的内涵、层次进行明确划分，不能使用模糊的术语，要提高评价结论的区分度。在定量分析层面，要使评价项目与标准尽量准确、客观、可测量，要选取科学的数据分析模型对评价指标进行计算与分析，提升评价结果的科学性。

三、评价体系的构建路径

（一）确立评价目标

确立评价目标是评价体系构建的第一步，也是非常重要的一步。评价目标是对学生学习行为、学习成绩和学习进度的期望，是评价活动的导向，是构建评价指标和选择评价方法的依据。在大学生思想政治教育与中华优秀传统文化融合育人的评价体系中，确立评价目标应遵循以下几个原则。

1.评价目标应体现教育的全面性

教育是一个涉及知识、技能、情感、态度等多方面的复杂过程，因此，评价目标也应该全面考虑这些因素。在确立评价目标时，应当既包括学生对思想政治教育的知识理解和技能掌握，也包括学生对中华优秀传统文化的认识和感悟，还包括学生的情感态度、价值观念、道德品质等。

2.评价目标应体现教育的发展性

学生的学习是一个持续的、发展的过程，他们的知识、技能、情感和态度会随着时间的推移而发生变化。因此，评价目标不应只关注学生的当前表现，而应关注他们的学习进步，反映他们的学习成长。

3.评价目标应体现教育的个性化

每个学生都是独一无二的，其学习兴趣、学习能力、学习速度等都各具特点。因此，评价目标应当尊重学生的个体差异，充分考虑他们的个性化需求。

大学生思想政治教育与中华优秀传统文化融合育人的评价目标的设定，需要围绕两大核心问题。其一是思想政治教育与中华优秀传统文化的融合程度，以及学生对于思想政治理论及中华优秀传统文化知识的掌握程度。其二是学生自身的发展，主要包括学生思想道德的发展以及个性的发展两大方面。

（二）设计评价指标

设计评价指标是评价体系构建中的关键步骤之一。评价指标是用来衡量学生在学习过程和学习结果中的表现的具体标准和依据。评价指标应当具有以下特性。

1.评价指标应具有可测性

评价指标应该可以被有效地测量或评估，以确保其实施的可行性。评价指标的可测性，就是要求评价指标必须是具有明确的定义和能够量化的指标，如考试成绩、作业完成度、课堂参与程度等。

2.评价指标应具有相关性

评价指标应当与评价目标紧密相关，能够有效地反映学生对于评价目标的达成程度。例如，如果评价目标是评价学生对思想政治的理解程度，那么相关的评价指标可以包括学生在思想政治课程中的考试成绩、论文质量、课堂讨论表现等。

3.评价指标应具有全面性

评价指标应当全面反映学生的学习表现，包括他们的知识掌握、技能运用、情感态度、学习习惯等多个方面。这就要求相关人员在设计评价指标时，不仅要关注学生的知识和技能，也要关注他们的情感态度和学习习惯。

依据以上原则，大学生思想政治教育与中华优秀传统文化融合育人的评价体系的评价指标包括以下几个方面：知识理解方面，通过测试、问答、报告等方式，评估学生对思想政治理论和中华优秀传统文化知识的理解和掌握程度；技能运用方面，通过实践活动、项目任务等方式，评估学生运用思想政治理论和中华优秀传统文化知识解决问题的能力；态度形成方面，通过观察、访谈、问卷调查等方式，评估学生对思想政治教育和中华优秀传统文化的情感态度和价值观念；

学习进步方面，通过对比学生在学习过程前后的表现，评估穷在思想政治教育和中华优秀传统文化融合育人过程中的进步和成长；个性化需求方面，通过学生反馈、教师观察等方式，评估教育活动是否满足学生的个性化学习需求。

（三）实施评价

实施评价是评价体系构建的关键环节，其目标是将评价目标和评价指标转化为具体的评价活动，并在此过程中收集关于学生学习表现的数据。这一过程需要综合运用各种评价方法，确保收集的数据全面、有效，并公正、公平地进行评价。

1. 实施评价应采取多元化的方式

评价不仅可以通过传统的笔试、口试等形式进行，还可以通过课堂讨论、小组合作、实践活动、独立研究等多种形式进行。同时，评价内容应涵盖知识、技能、情感态度等多个方面。例如，在评价学生对于思想政治理论的理解时，除了可以通过测试、作业等形式评价他们的知识理解，还可以通过课堂讨论、小组活动等形式评价他们的思考能力、交流能力等。

2. 实施评价应注重公正性和公平性

评价主体在评价过程中应避免主观偏见，公正、公平地对待每项评价。在评价工具的设计和使用方面，应注意确保评价工具的可靠性和有效性，避免因工具本身的问题影响评价结果的准确性。此外，应注重评价结果的公开和透明。

3. 实施评价应注重及时反馈

评价的目的不只是了解学生的学习情况，还包括帮助学生改进学习。因此，教师应在评价后及时向学生反馈评价结果，让其了解自己的优点和不足，从而帮助学生调整学习策略，提高学习效果。

4. 实施评价应灵活应对问题

评价过程中可能会出现各种预期之外的问题，如评价工具的不适用、评价结果的不一致等。这时，教师应灵活应对，如调整评价工具、使用多种方法进行交叉验证等，以确保评价的有效性。

实施评价是一个系统、动态的过程，需要教师具备高度的专业素养和审慎的态度。在大学生思想政治教育与中华优秀传统文化融合育人的评价体系中，实施评价不仅可以了解学生的学习情况，而且可以推动教学的改进和提高，实现育人质量的提升。

（四）分析数据和反馈结果

分析数据和反馈结果是评价体系非常关键的步骤。其主要任务是对收集到的评价数据进行深入分析，从中提取出有意义的信息，并将这些信息反馈给相关人员，从而引导和促进教学和学习的改进。

1.在分析评价数据时，应当注重全面性和深度

首先，分析人员需要对所有收集到的评价数据进行全面的审查，不仅要审查学生的考试成绩、作业完成情况等"硬性"数据，还要审查他们的课堂参与、同伴互评、自我反思等"软性"数据。这样可以全面了解学生在知识掌握、技能运用、情感态度等各个方面的表现。其次，分析人员需要对这些数据进行深入的分析，寻找其中的模式和规律，探究其背后的原因。这样可以了解学生的学习问题，发现教学的不足，从而提出有效的改进策略。

2.在反馈评价结果时，应当注重及时性和针对性

首先，分析人员需要尽快将评价结果反馈给相关人员，包括学生、家长、教师、学校管理者等。这样可以使他们及时了解学生的学习情况，及时调整教学或学习策略。其次，分析人员需要根据接收反馈人员的不同，选择不同的反馈方式和内容。对学生，应重点反馈他们的学习表现和改进建议，以引导他们改进学习；对家长，应重点反馈其孩子的学习情况和家长可以提供的支持；对教师，应重点反馈他们的教学效果和改进策略；对学校管理者，应重点反馈教学质量和教育政策建议。

在大学生思想政治教育与中华优秀传统文化融合育人的评价体系中，分析数据和反馈结果是重要的环节。对评价数据进行分析，可以了解学生对思想政治理论和中华优秀传统文化知识的理解和掌握程度，了解他们的学习态度和习惯，了解教学方法和策略的效果，从而调整和优化教学和评价活动。对评价结果进行反馈，可以使学生了解自己的优点和不足，激发他们的学习动力和自我改进的意愿，也可以促使教师和学校进一步改进育人模式。

（五）调整和完善评价体系

调整和完善评价体系是一个不断循环和迭代的过程，是评价体系构建过程的重要环节。这一环节的核心是根据评价结果，识别和修正评价体系中存在的问题，以更有效地实现评价目标。在大学生思想政治教育与中华优秀传统文化融合育人的评价体系中，调整和完善评价体系涉及以下几个方面。

1.修正评价目标

评价目标是评价体系的指导，直接影响评价的内容和方式。因此，根据评价结果调整评价目标是很重要的。例如，如果发现学生在某些方面的表现一直不理想，就需要重新审视评价目标的设置是否合理。

2.调整评价指标

评价指标是实施评价的依据，其设置的合理性直接影响评价的准确性和公正性。因此，根据评价结果调整评价指标是必要的。例如，如果发现某个指标对所有学生的评价结果都一样，就需要调整这个指标，以使其能够更好地反映学生的差异。

3.完善评价方法

评价方法是实施评价的工具，其选择和使用的恰当与否直接影响评价的效果。因此，根据评价结果完善评价方法也是重要的。例如，如果发现通过问卷调查收集的数据质量不高，就需要完善问卷的设计，或者尝试其他的数据收集方法。

4.优化评价过程

评价过程是评价实施的具体操作，其流程的顺畅与否直接影响评价的效率。因此，根据评价结果优化评价过程也是必要的。例如，如果发现评价过程中存在许多冗余的步骤，就需要优化评价流程，提高评价效率。

通过以上的调整和完善，评价体系会更加符合学生的实际情况，更有效地实现评价目标。同时，这也是实现教育的持续改进、提高教育质量的重要手段。教师和教学管理者应当始终记住，评价体系是为了促进学生的学习和发展，而不是为了判断他们的优劣。调整和完善评价体系，是为了使其更加公正、公平，更能反映学生的成长情况，更能促进教育质量的提升。

第六章　大学生思想政治教育与中华优秀传统文化融合的保障体系

第一节　大学生思想政治教育与中华优秀传统文化融合的政策制度保障

一、大学生思想政治教育与中华优秀传统文化融合的政策制度保障的内涵与意义

（一）大学生思想政治教育与中华优秀传统文化融合的政策制度保障的内涵

任何实践的开展都离不开环境的支持，人才培养作为关系到国家未来发展的重要实践活动更是如此。环境的类型有很多，包括政策环境、文化坏境、教育环境、社会环境、家庭环境等。不同类型的环境在内涵中有相互重合的部分，同时也有自身所特有的内容。在诸多环境因素中，政策环境对于大学生思想政治教育与中华优秀传统文化融合育人的影响最为重要。具体来说，政策制度保障是指通过法律法规、政策和制度等手段，为某一特定的目标或者过程提供必要的支持和保障。

1.法律法规保障

法律法规保障是大学生思想政治教育与中华优秀传统文化融合育人政策制度保障的基石。应完善相关法律，制定相关教育法规，明确思想政治教育与中华优秀传统文化教育的地位、功能、内容、方法、管理等基本问题，明确相关利益主体的基本权利和义务，确保大学生思想政治教育与中华优秀传统文化融合育人的实施有据可依。

2.政策支持

政策支持主要包括以下几种类型。

（1）教育政策支持。政府可以通过设定教育政策，确立大学生思想政治教育与中华优秀传统文化教育在高等教育体系中的重要地位和作用。这些政策的制定应当兼顾教育的公平性、包容性、连续性等原则，以保证所有学生都能受益。

（2）财政政策支持。财政政策支持涉及政府如何使用财政手段来推动大学生思想政治教育与中华优秀传统文化教育的深度融合。政府可以通过调整财政预算，为相关教育项目提供必要的资金保障，或者实施税收优惠、补贴等措施，来鼓励高校和教师积极投入这一教育活动中。

（3）人力资源政策支持。政府可以通过设定人力资源政策，为大学生思想政治教育与中华优秀传统文化融合育人提供足够的人才支持。这包括教师培训、人才引进、人才激励等方面的政策。

（4）研究政策支持。研究政策支持指的是政府可以通过设置研究政策，鼓励对大学生思想政治教育与中华优秀传统文化融合育人开展深度研究，以实现理论与实践的相互促进，不断提高教育的质量和效果。

（5）社会政策支持。社会政策支持指的是政府可以通过社会政策，营造有利于大学生思想政治教育与中华优秀传统文化融合育人的社会环境。这涉及公众意识的提高、社会态度的塑造、社会环境的优化等。

3. 制度设计

制度设计在政策制度保障中具有举足轻重的地位，其主要作用在于确保政策的有效实施和运行，以达到预期的政策目标。在大学生思想政治教育与中华优秀传统文化融合育人的过程中，制度设计的内涵可以具体地理解为以下几个方面。

（1）政策设计。政策设计涉及对大学生思想政治教育与中华优秀传统文化融合育人政策的明确设定和规划，包括政策的目标、内容、方式、时间表等。这需要基于对教育实际需求和挑战的深入理解，以及对各种政策工具和策略的精确掌握。

（2）制度监督。为了保证政策的有效执行，需要设立相应的监督机制和评价指标，对政策的实施进行定期的跟踪和监控，以对可能出现的问题进行及时的识别和处理。

（3）政策评估。政策评估是对政策效果的系统性测量和评价，是决策过程中不可或缺的一部分。它通过定性和定量的方式，检查政策是否达到预期目标，以决定是否有必要进行调整或改革。

（4）制度改进。在政策实施过程中，总会出现一些预期之外的问题和挑战。因此，需要通过持续的学习和改进，对制度进行调整和优化，以更好地适应环境的变化和发展。

4.实施与监督

实施与监督指的是政策和制度的实施和执行，以及对此过程的监督和管理。这需要建立有效的执行机制和监督机制，以确保政策和制度的贯彻执行，并及时纠正可能出现的问题。

政策执行是实施与监督的基础环节。政策执行的过程，需要确保政策的目标和措施能够得到准确的理解和有效的执行，包括制度设计、资源配置、行动方案的实施等。在政策实施的过程中，需要进行持续的进程监控，对政策执行的过程进行跟踪，及时发现并处理出现的问题，防止执行偏差。政策执行的效果评估是检验政策实施效果的重要环节，需要根据设定的评价标准和方法，对政策实施的效果进行全面、深入的评价，以了解政策是否达到预期效果。根据政策实施的结果和评估反馈，制定者需要及时进行政策和制度的调整和优化，以提升政策和制度的有效性和适应性。

（二）大学生思想政治教育与中华优秀传统文化融合的政策制度保障的意义

1.规范性引导

政策制度的规范性引导在大学生思想政治教育与中华优秀传统文化融合育人中起着关键的作用。政策制度不仅设定了明确的行为规范，而且为教育活动提供了可行的路径和指向性的目标。因此，政策制度能够在某种程度上塑造和引导相关主体的行为，使之更符合教育目标的要求。

政策制度的制定，明确了教育的方向和要求。这为教育主体提供了一个明确的行动指南，使教育工作更有针对性，也更有效率。在教育工作者的具体实践中，他们可以依据政策制度进行教学活动，将相关要求和规定内化为自己的行动规范，这有助于提升教育质量和效果。

政策制度还可以引导相关主体对资源进行合理配置和利用。政策制度通过设定相应的规则和机制，如资源分配、权力分配等，可以激励主体合理利用和配置资源，推动教育活动的有效进行。特别是在资源有限的情况下，政策制度的引导作用更为重要，有助于优化资源利用，提升教育效益。

政策制度的存在还可以减少不确定性，增强预见性，这对于教育活动的稳定和持续是至关重要的。教育是一个长期的过程，需要有一个稳定的环境和清晰的预期。政策制度为教育活动的持续性和连续性提供了保障，使教育主体能够有序、持续地进行教育工作，也使学生和家长能够对教育有明确的期待，这对于教育的长期效果是非常有利的。

2. 保障公平性

在大学生思想政治教育与中华优秀传统文化融合育人的过程中，政策制度的设立和执行对于保障教育公平性发挥着至关重要的作用。教育公平性主要体现在保障每个学生都能够享有平等的受教育机会，防止由于社会、经济等因素导致的教育资源分配不均等。政策制度通过对教育资源的分配和教育活动的开展等进行规范，有助于避免资源的错配，防止不公现象的发生，以实现教育公平。

首先，教育资源的公平分配是实现教育公平的基础。政策制度能够通过设定一些权利和义务，对教育资源的分配进行规范，避免因为一些非教育因素（如社会地位、家庭背景等）导致的资源分配不均。例如，政策制度可以要求在资源分配中要考虑到不同地区、不同群体的实际情况，以确保学生都能得到必要的支持。

其次，政策制度还可以通过规范教育活动的开展，确保教育的公平性。这包括对教学方法、评价体系、课程设置等方面的规定，旨在防止任何形式的歧视和不公，保障每个学生都有平等的学习机会。例如，政策制度可以规定教育主体应该提供适应不同学生需要的教学方式和课程，以满足他们的个性化学习需求。

在这个过程中，除政策制度的制定外，政策制度的执行和监督至关重要。只有严格执行和有效监督，才能确保政策制度真正发挥作用，真正保障教育的公平性。这需要建立完善的制度执行和监督机制，确保各级政府和教育机构都能够履行其职责。

3. 确保稳定性

政策制度是一种教育活动的稳定器，通过其制定和执行，教育活动得以在一个稳定、预期的环境中进行，减少了社会变动对教育活动的影响，保障了教育活动的顺利进行。同样地，政策制度在大学生思想政治教育与中华优秀传统文化融合育人中，起到了保障稳定的作用。

政策制度的稳定性对于教育活动的长期规划和持续开展至关重要。教育活动需要在一定的时间段内持续进行，以实现其目标。一旦政策制度频繁变动，可能会导致教育活动的目标和计划不断调整，从而影响教育活动的效果。例如，在大学生思想政治教育与中华优秀传统文化融合育人的过程中，教育活动的规划往往需要根据政策制度来进行。如果政策制度不稳定，可能会导致规划的目标和内容需要不断调整，从而影响教育活动的连贯性和完整性。

政策制度的稳定性对于维护教育公平和公正也具有重要作用。如果政策制度不稳定，可能会导致教育资源分配的标准和方式频繁变化，从而影响教育资源的公平分配。例如，如果关于教育资源分配的政策制度不稳定，可能会导致一些学生因为政策变动而失去原有的教育资源，从而影响他们的受教育机会。

政策制度的稳定性有助于避免教育活动受到社会短期变动的影响。教育活动作为一个长期的过程，需要在一个相对稳定的环境中进行。稳定的政策制度能够为教育活动提供这样一个环境，使教育活动能够在社会变动中保持稳定的发展，从而更好地实现其目标。

4. 提升育人效率

在大学生思想政治教育与中华优秀传统文化融合育人的背景下，政策制度的存在能够大幅度提升育人效率，这一点在大规模、复杂的教育活动中表现得尤为明显。政策制度通过明确各方职责、规定操作程序、制定标准和评价机制等设定，极大地提高了教育活动的整体效率，减少了不必要的冗余和浪费。

政策制度可以明确各方的职责和权益，减少在实际操作中可能出现的混淆和矛盾。例如，将中华优秀传统文化融入大学生思想政治教育的过程，涉及教师、学生、政府部门、社会机构等多个利益相关方，这就需要一个明确的制度来规定各方的职责和权益，以保证教育活动的顺利进行。这样，每个利益相关方都能清晰地知道自己的责任和权利在哪里，减少了因为职责不明引发的争议，从而提升了育人效率。

政策制度通过制定标准和评价机制，可以有效地监控和指导教育活动的质量和效果。在大学生思想政治教育与中华优秀传统文化融合育人的过程中，需要有一套评价机制来检测和评估教育活动的成果。政策制度可以设定明确的评价标准和方式，使教育活动的效果可以被有效地衡量和改进，这对于提升育人效率和效果十分重要。

二、大学生思想政治教育与中华优秀传统文化融合的政策制度保障的完善路径

（一）建立统一的政策法规

为实现大学生思想政治教育与中华优秀传统文化融合育人的目标，建立统一的政策法规是非常必要的，这不仅可以为大学生思想政治教育的实施提供强有力的法治保障，而且是规范相关行为，维护教育公平、公正和有效性的重要手段。

在立法方面，可以以国家教育相关的法律法规为基础，结合高等教育实际，出台具有针对性的政策法规，明确大学生思想政治教育与中华优秀传统文化融合的目标和原则，以及高校、教师、学生等各方的职责和权利。在制度设计方面，可以结合政策法规，制定具体的执行细则和操作规程，包括课程设置、教学方法、评价体系、监督机制等方面，以便将政策法规转化为可操作的具体措施。此外，政策法规的动态调整和完善也十分关键，应根据社会发展的需要和教育实践的反馈，定期对政策法规进行评估和修订，确保政策法规的时效性和适应性。

（二）制定详细的实施方案

制定详细的实施方案对于保证政策法规有效执行具有关键作用。在大学生思想政治教育与中华优秀传统文化融合育人的实践中，一个明确、详尽、可行的实施方案是确保政策目标落地、各项行动有序进行的重要保证。

实施方案应当明确责任主体。在政策的执行过程中，谁是行动的主体，谁负责什么任务，都需要明确。这涉及政府部门、高校、教师、学生等多个层级，每个层级的主体都需要对自己的职责有清晰的认识和准备。实施方案需要规定具体的执行步骤和措施。例如，如何将中华优秀传统文化融入思想政治教育课程，如何设计和开展富有中华优秀传统文化特色的教学活动，如何进行思想政治教育的教学评价，等等。这些具体的措施需要根据政策目标和当地实际情况进行详细设计，既要有创新性，又要考虑实施的可行性。实施方案应包含完善的监督评价机制。有效的监督可以保证政策的落实和执行，而对政策实施效果的评价又可以为政策的调整和完善提供反馈。监督评价机制的设计，既要兼顾到量化的考核评价，也要注重质性的描述评价，以全面反映政策实施的效果。

在制定实施方案的过程中，应充分听取各方意见，兼顾多元利益，充分反映民主决策精神。在这个过程中，教师、学生、家长、社会机构等都是重要的利益

相关方，他们的意见和建议可以为实施方案的制定提供有价值的参考。

（三）建立多层次的保障机制

在大学生思想政治教育与中华优秀传统文化融合育人的过程中，建立多层次的保障机制具有重要意义。政策、经济、技术等各方面的保障，可以形成系统的推动力，确保融合育人活动的顺利进行和长效运行。

首先，政策层面的保障是推动这一工作的关键。政府可以通过制定和完善相关政策，为大学生思想政治教育与中华优秀传统文化的融合提供政策支持。例如，明确中华优秀传统文化在思想政治教育中的地位和作用，规定各级教育机构在教学活动中融入中华优秀传统文化的要求，对在此方面做出突出贡献的教育机构和个人给予表彰和奖励等。这些举措能为融合育人活动创造良好的政策环境，形成推动力。

其次，经济层面的保障是实现这一目标的基础。政府和社会应当投入必要的经济资源，为大学生思想政治教育与中华优秀传统文化融合育人提供物质基础。这包括为融合育人活动提供经费支持、合理分配教育资源、对实施中华优秀传统文化教育的教师进行培训和激励、为学生创设丰富的学习资源和环境等。这些经济措施能够保障融合育人活动的正常运行，提高教育质量。

最后，技术层面的保障是提升这一工作效能的关键。教育信息化技术的发展为中华优秀传统文化的传播和思想政治教育的创新提供了新的工具和平台。利用大数据、云计算、人工智能等技术，可以对融合育人活动进行精准的定向和个性化设计，提高教学效果；借助网络平台，可以扩大中华优秀传统文化的影响力，实现思想政治教育的广覆盖；借助智能设备，可以丰富教学手段，提升学生的学习体验和效果。

（四）加强监督和评估

在大学生思想政治教育与中华优秀传统文化融合育人的过程中，加强监督和评估的重要性不言而喻。高质量的监督和评估机制，可以帮助各育人主体了解政策的实施效果，找出问题，推动持续改进和优化，提高政策的有效性和合规性。

各育人主体需要对政策的实施过程进行监督。这主要包括监督政策是否按照预定的程序和要求进行、是否存在违规行为、是否有资源浪费或滥用的现象等。这种过程监督有利于及时发现并纠正出现的问题，保证政策的顺利执行。为此，可以建立一套详细的执行标准和操作规程，并进行定期的或不定期的检查和审核。同时，可以通过各种途径收集信息，以便及时发现和处理问题。

其次，相关育人主体需要对政策的结果进行评估。这主要是分析和评价政策实施的效果，例如，目标是否达成，效果如何，是否有预期之外的影响，等等。这种结果评估可以检验政策的有效性和适宜性，为政策的改进和优化提供依据。为此，可以建立一套科学的评估体系，包括明确的评价指标、全面的数据收集、客观的分析方法等，以确保评估的准确性和公正性。

在此基础上，相关育人主体还需要根据监督和评估的结果，对政策进行反馈和调整。反馈是将监督和评估的结果及时通知政策的执行者和相关人员，让他们了解情况，找出问题，学习经验。调整是根据监督和评估的结果，对政策进行修订和优化，以提高政策的适应性和效能。

第二节　大学生思想政治教育与中华优秀传统文化融合的教育资源保障

一、教育资源的构成

（一）人力资源

人力资源在教育活动中占据着至关重要的地位。作为教育的主体，教育者和受教育者共同构成了教育资源中人力资源的两大部分。教育资源中人力资源主要包括教师、行政人员、教学辅助人员、后勤人员和生产人员等。他们各自担负着不同的职责，但都发挥着不可或缺的功能，在为教育活动的顺利进行提供支持。

教师是教育活动的主导者，他们通过授课、辅导等方式，传递知识，培养学生的技能和素质。教师的教学水平、教学热情、教学方法等，会对学生的学习效果产生直接影响。因此，提高教师的教学素质，引导和激励他们不断改进教学方法，是提升教育质量的关键。行政人员负责教育的组织和管理工作，他们通过合理的规划和协调，保证教育活动的顺利进行。行政人员需要熟悉教育政策，懂得教育管理，还要有良好的沟通协调能力，能够处理好各种突发事件。教学辅助人员包括图书馆员、实验室技术员等，他们为教学提供必要的技术和服务支持。他们的工作虽然是支持性的，但对教学质量也有重要影响。例如，图书馆员需要合理采购和管理图书资源，以满足师生的需求；实验室技术员需要保证实验设备的正常运行，为实验教学提供保障。后勤人员和生产人员主要负责学校的后勤保障和生产服务。他们的工作包括清洁卫生、食堂服务、设备维修等；他们的工作效率和服务态度，会直接影响学校的学习和生活环境。

在受教育者一方，人力资源主要指学生。学生是教育活动的主要对象，也是教育成果的直接受益者。学生的学习态度、学习能力、学习方法等，都会对其学习效果产生影响。因此，引导学生树立正确的学习观念，提高学生的学习能力，帮助学生找到适合自己的学习方法，是教育的重要目标。同时，学生也是教育的参与者，因此其反馈和建议，对于改进教学方法、提高教学质量都有重要价值。教师应鼓励学生积极参与教育活动，为他们提供表达意见和建议的机会，让他们在教育活动中发挥主体作用。

（二）物力资源

物力资源在教育活动中扮演了重要的角色，为教学提供了必要的硬件环境和实物支持。从基础设施到教学设备和科研设备，再到各种教学材料，都是教育中不可或缺的物力资源。

在基础设施方面，物力资源包括校舍、教室、图书馆、体育场馆、实验室等。这些设施构成了学校的基本硬件环境，为教育活动提供了基本的场所和设施。校舍提供了居住场所，教室提供了教学场所，图书馆提供了丰富的学习资源，体育场馆为体育活动提供了设施，实验室为实验教学提供了专业设备和环境。各种教学设备和科研设备也是学校的重要物力资源。教学设备如黑板、投影仪、电脑等，为教学提供了技术支持，使教学方式更加多元，助力了教学效果的提高。科研设备如各种实验设备、仪器等，为教师和学生的科研活动提供了必要的硬件支持，推动了科研成果的产出。此外，学校还有一些其他的固定资产，如行政办公设备、安全设备等，这些设备为学校的管理和安全运行提供了保障。

除固定资产外，教学材料和低值易耗物品也是教育中重要的物力资源。教学材料如教科书、参考书、实验材料等，是教学活动的直接工具，为学生提供了学习的内容。低值易耗物品如纸张、笔墨、清洁用品等，虽然价值不高，但在教育活动中起着重要的作用，如纸张用于打印教学资料，笔墨用于书写，清洁用品用于保持学校环境的干净整洁。

物力资源在教育活动中起着重要的作用，为教育活动提供了必要的硬件环境和实物支持，是教育质量的重要保障。因此，要重视物力资源的建设和管理，并通过提供优质的物力资源，提高教育的质量。在当代高校教学中，新的教学技术与教学方法不断涌现，而许多新的教学方法需要依托先进的教学设施才能落实，因此，物力资源保障对现代高等教育来说非常重要。

（三）财力资源

财力资源在教育活动中扮演了至关重要的角色。教育的每一项活动，无论是教学、研究还是管理，都需要相应的经费来支持。财力资源的充足与否，往往直接影响教育活动的质量和效果。

教育经费是学校运行的基础。这包括用于支付教师工资、购置教学设备、维护基础设施、举办各类教学活动等的资金。这些经费保证了学校的正常运行，是良好学习环境的重要保障。

研究经费是推动科研工作的重要动力，包括用于购买实验材料、支付研究人员工资、申请专利、发表论文等的费用。这些费用不仅支持教师进行科研工作，而且支持学生进行科研实践，以增强他们的研究能力和创新意识。

设备购置费用于购买和更新学校的设备，包括用于购买教学设备、科研设备、行政办公设备等的费用。随着科技的发展，教育方式和工具也在不断更新，因此，定期购置和更新设备，是提升教育质量的必要手段。

奖学金和助学金是激励和帮助学生学习的重要财力资源。奖学金旨在奖励学习成绩优秀的学生，激励他们继续努力学习；助学金则是为了帮助经济困难的学生，让他们可以顺利完成学业。这些资金不仅对个别学生有利，而且有助于营造良好的学习氛围，提高全体学生的学习积极性。

财力资源是教育活动的重要支持。教育的各个环节，无论是人力资源的开发和激励，还是物力资源的购置和维护，都离不开财力资源的支持。因此，高校要高度重视财力资源的筹集和使用，通过合理的财务管理，为提高教育质量和效果提供坚实的保障。

二、大学生思想政治教育与中华优秀传统文化融合的教育资源保障的完善路径

（一）促进教师专业发展

教师的专业发展，可以促进大学生思想政治教育与中华优秀传统文化融合育人的良好效果的实现。

1.教师专业发展的内涵

"专业"一词在《现代汉语词典》中有四个解释。第一，高等学校的一个系里或中等专业学校里，根据科学分工或生产部门的分工把学业分成的门类。第二，产业部门中根据产品生产的不同过程而分成的各业务部分。第三，形容专门从事某种工作或职业。第四，形容具有专业水平和知识。

这里讨论的"教师专业发展"中使用的"专业"的解释是上述第三个解释，也就是说，"教师专业发展"即教师从业者不断提升自己的专业知识和专业技能来实现职业的不断发展。这里的"专业"与"专业性职业"的概念基本相同，即需要较高的知识或能力需求的职业。

随着社会分工的不断细化，越来越多的一般性职业逐渐发展为专业，这是历史发展的必然趋势，而这一发展过程就是职业的专业化过程。专业化是指在一定时期内，一般职业群体通过不断发展最终达到或超越专业的标准，成为专业性职业群体的过程。

专业化是一个过程，具有历史性。一般性职业的专业化是一个历史的发展过程——在较长一段时间内，该职业的从业人员不断提升自身的专业知识水平和专业技能素养，使职业在发展过程中不断提升行业的整体标准，并达到专业的水平，成为专业性职业，该职业从业人员的专业素质也随之必须达到其专业的标准。职业专业化是一个不断发展的过程，因此其专业标准也不是一成不变的。随着职业专业化程度的不断提升，或者专业性职业内部分工的不断细化，专业标准也会随之变化，以适应专业发展的要求。

教师专业化是教师职业专业化的过程。从广义上来讲，它有以下两个层面的含义。其一，教师作为一门职业，其专业化程度不断提升，对于从业人员素质的要求也更加严格。其二，教师专业化是作为从业者的教师不断丰富自身专业知识、提升自身教学能力和技巧的自我提高过程。从狭义上来讲，教师专业化更多

的是从社会学角度来考虑问题，更加强调作为一个整体的教师这个职业的专业性提升过程。

广义上的教师专业化与教师专业发展之间并没有太明确的界限，两者之间存在诸多相通之处，均指加强教师专业性的过程。从狭义上来看，教师专业化与教师专业发展则是两个不同的概念，双方强调的主体不同，教师专业化更加强调整体，强调教师这个职业的专业化，而教师专业发展更加强调作为行业从业者的教师个体成长的过程。这里所研究的高校思想政治课教师专业发展，充分结合了上述两层含义，既要重视教师自身专业发展水平的提升，又要重视高校教师队伍整体的专业化发展。

2.教师专业发展的内容指向

（1）提升专业素养。在大学生思想政治教育与中华优秀传统文化融合育人中，教师需要深入学习和理解思想政治理论，以便更好地理解学生，设计有效的教学活动。同时，教师也需要深入研究中华优秀传统文化，理解其核心价值和表现形式，以便将其有效融入思想政治教育中。

（2）培养跨学科能力。在大学生思想政治教育与中华优秀传统文化融合育人的过程中，教师需要将多学科的知识和方法进行整合，包括哲学、历史、艺术、社会学等。这需要教师具备跨学科的研究能力和视野。

（3）加强实践教学能力。教师需要能设计和组织各种教学活动，引导学生参与、体验和思考，使他们能够在实践中理解和接受思想政治教育和中华优秀传统文化。这就需要教师具备实践教学设计和组织的能力。

（4）注重继续教育。高校应当组织教师参加培训和研讨会，帮助其获取新的教育理念和教学方法，提升自身的教学能力。同时，教师也应该对大学生思想政治教育与中华优秀传统文化融合育人进行深入的研究，反思和优化自己的教学实践。

（二）优化物力资源的配置

1.设施设备优化

在大学生思想政治教育与中华优秀传统文化融合育人中，应针对不同的教育需求，合理配置各类设施设备。例如，针对思想政治课的教学，可以配置相关的教学设备，如多媒体设备、互动式教学平台等；针对中华优秀传统文化教育，可以配置与之相关的设备和设施，如传统文化展示厅、非物质文化遗产体验区等。

2.教学资源优化

在大学生思想政治教育与中华优秀传统文化融合育人中，应注重各类教学资源的开发和利用。可针对大学生思想政治教育与中华优秀传统文化融合育人的特殊需要，开发相应的教学资源，如制作思想政治教案、编写与中华优秀传统文化相关的教材等。

3.环境优化

创建良好的学习环境，有助于提高教育的效果。这既包括学校的"硬环境"，如教学楼、图书馆、实验室等的建设，也包括学校的"软环境"，如学习氛围的营造、校园文化的建设等。

4.维护更新

在大学生思想政治教育与中华优秀传统文化融合育人中，应定期对设施设备进行维护和更新，以确保其良好状态和高效使用。应根据技术进步和教育需求的变化，及时更新设备，以满足教育的需要。

5.资源共享

在大学生思想政治教育与中华优秀传统文化融合育人中，应推广教育资源共享，充分利用现有资源，提高资源利用效率。例如，通过网络平台分享教学资源，在校内外开展教学资源交流活动，等等。

（三）确保财力资源的充足

1.增加投入

政府和学校应尽可能增加对教育的投入，包括基础设施建设、教材和设备购置、师资队伍建设、学生奖励等方面；此外，可以考虑引导和吸引社会资本投入教育，如设立教育基金、接受捐赠等。

2.合理分配

政府和学校在教育经费的分配上，应遵循公平和效益原则，合理平衡各项需求，尽可能减少浪费。在大学生思想政治教育与中华优秀传统文化融合育人方面，应确保必要的资金投入，支持相关的教育活动和项目。

3.设立奖学金和助学金

学校可以通过设立各种奖学金和助学金，激发学生的学习积极性，支持他们参与到思想政治教育和中华优秀传统文化学习中来。同时，奖学金和助学金可以解决一些学生的经济困难，使他们能够专心于学习。

4.严格的财务管理

学校应建立严格的财务管理制度，规范经费的使用和审计，防止资金的挪用和滥用；同时，应定期公开财务报告，接受社会监督，提高经费使用的透明度。

第三节 大学生思想政治教育与中华优秀传统文化融合的教学环境保障

一、教学环境的内涵

教学环境作为一种特殊的育人手段，最基本的功能就是营造学习氛围、激发学习兴趣。从广义上来看，教学环境主要包括物质环境、文化环境两大类。

（一）物质环境

物质环境在教育中起到的作用无法忽视。它是教育活动得以进行的基础，也是提高教育质量的关键因素。具体来说，物质环境主要包括以下几个方面。

1.教室环境

教室是学生学习的主要场所，也是教师教学的重要平台。一个舒适、宽敞、明亮的教室可以提供良好的学习条件，有利于营造出积极、和谐的学习氛围，让学生更加专注于学习。另外，现代化的教室还应配备先进的教学设备，如多媒体投影、电子白板等，以支持多元化、互动化的教学方式。

2.图书馆资源

图书馆是学校的知识库，为师生提供了丰富的学习和研究资源。图书馆应收藏各类书籍、期刊、报纸、电子资源等，以满足各学科的学习需求。此外，图书馆还应提供安静、舒适的阅读环境，便于师生静心阅读、思考。

3.实验设施

对于理工科等以实验为主的学科来说，优良的实验设施更是必不可少。完善的实验设施可以支持各类基础实验和高级实验的进行。另外，实验设施的使用和维护需要专门的人员进行管理，以保证设施的安全和高效使用。

4.信息网络

随着信息技术的发展，网络已成为教育的重要工具。高速、稳定的网络可以支持在线教学、远程学习、虚拟实验等现代化教学方式的实施，极大地扩展了教育的时间和空间。同时，网络也为学生提供了海量的信息资源，可以帮助他们更深入、广泛地学习。

5.其他设施

除上述设施外，学校还应提供其他支持教育活动的设施，如体育场馆、艺术室、活动中心、食堂、宿舍等。这些设施可以满足学生的日常生活需求，也可以丰富他们的校园生活。

（二）文化环境

文化环境在教育过程中起着非常重要的作用。一个积极、健康的文化环境不仅有利于师生的发展，还有助于教学成果和科研成果的产出。具体来说，文化环境主要由以下几个方面构成。

1.校规校风

校规是学校对师生行为的规范和要求，校风则是学校的精神面貌和独特气质。合理的校规和积极的校风可以引导学生养成良好的习惯，塑造出正确的价值观，同时可以培养使学生的自律精神和社会责任感。

2.师生关系

师生关系是教育的重要组成部分，也是塑造良好文化环境的关键因素。教师应以开放、平等的态度对待学生，尊重他们的个性差异，鼓励他们自主思考，引导他们主动学习。同时，教师应以身作则，展示高尚的师德和专业精神，为学生树立良好的榜样。

3.学生自治

学生自治是培养学生独立性、创新性和社会性的重要途径。通过参与学生会、社团活动、志愿服务等，学生可以锻炼自己的组织能力、领导能力、沟通能力，同时可以体验到合作、竞争、公平、公正等社会规则，从而更好地适应社会生活。此外，学生自治也是实现教育民主化、人本化的重要手段，有助于营造民主、开放的文化环境。

4.校园文化活动

校园文化活动是丰富学生校园生活的重要方式，也是开展人文教育的重要载体。学校通过举办各种讲座、论坛、比赛、展览等活动，可以传播先进的文化理念，推广科学的学习方法，培养学生的综合素质。

二、大学生思想政治教育与中华优秀传统文化融合的校园环境保障的完善路径

（一）完善物质环境

大学生思想政治教育与中华优秀传统文化融合育人的推进，离不开物质环境的支撑。物质环境是教育的基础，是学生学习、成长的依托，也是教师开展教学、科研的必要条件。学校可以从以下几个方面来完善物质环境。

首先，学校需要不断升级和更新教室、实验室等教学设施。教室不仅需要提供舒适、宽敞的空间，还需要配备先进的教学设备，如多媒体投影设备、电子白板等，以支持多元化、互动化的教学方式。

其次，学校需要优化图书馆的资源配置。学校需要在其中收藏思想政治教育与中华优秀传统文化相关的书籍、期刊、电子资源等，以满足教师和学生的教学、学习和科研需求。同时，学校需要提供舒适的阅读环境和便利的查询系统，让师生可以在其中轻松地获取信息、深入地阅读和思考。此外，学校可以定期举办讲座、展览等活动，激发学生的学习兴趣和热情。

再次，学校需要提供稳定、高速的网络环境。在信息化时代，网络已成为教育的重要工具。良好的网络环境不仅可以支持在线课程的开展和资源的共享，还可以帮助学生开展远程学习、虚拟实验等活动，从而极大地扩展了教育的时间和空间。同时，学校需要提供相应的技术支持和培训，让教师和学生能熟练地使用网络进行教学和学习。

最后，学校需要关注其他的硬件设施，如食堂、校舍、体育场馆、艺术室等。学校可以在体育场馆中举办各类体育活动和比赛，支持学生参与体育运动；在艺术室中开设各种艺术培训课程，鼓励学生发展自己的艺术才能；在食堂中提供营养均衡的饮食，关注学生的饮食健康；等等。

（二）优化文化环境

大学生思想政治教育与中华优秀传统文化融合育人若想取得理想的效果，离不开良好的文化环境。

首先，学校需要做好校规校风建设，引导学生树立正确的世界观、人生观和价值观。学校作为一个社区，它的行为规范、价值取向和精神风貌都通过校规校风得到表达。明确的校规是维护学校秩序、保障学生权益的重要手段。学校需要

对学生的行为设定明确的规范，包括课堂纪律、学术诚信、公共卫生等方面，以帮助学生形成规范的行为习惯。同时，校风是学校精神文化的重要表现，体现了学校的教育理念、学术气氛和人文关怀。学校可以通过各种方式，如举办主题活动、制作校史展览、挖掘和传承学校的优良传统等，来塑造和传播积极的校风。这不仅有助于提升学校的内聚力和向心力，而且有助于引导学生树立正确的世界观、人生观和价值观。

其次，学校应丰富校园文化活动，通过各类比赛、讲座、社团活动等，让学生在实践中提升能力，在交流中增进理解，在参与中体验成长。校园文化活动是学生全面发展的重要舞台，可以提供多元的学习机会，激发学生的创新精神，锻炼学生的社会能力。举例来说，学术比赛可以培养学生的独立思考能力和问题解决能力，通过对各种问题的深入研究和精细分析，学生可以增强自己的学术素养和专业技能；讲座和研讨会则可以扩大学生的视野，通过邀请各领域的专家学者来学校演讲或与学生交流，学生可以接触到更广泛的知识和更多元的观点，从而开阔自己的思维；社团活动则更注重学生的个性发展和团队合作，通过参与社团的组织和活动，学生可以发掘和发展自己的兴趣爱好，丰富自身的审美感受。

最后，学校需要构建和谐的师生交往环境。教师是教育活动的主导者。教师不仅要具备丰富的专业知识和教育技能，还要对学生具有深入的理解和尊重。教师应尊重学生的人格，鼓励学生发展个性，引导学生实现自我。同时，教师还应关注学生的个体差异，因材施教，提供个性化的教学指导。只有这样，才能真正激发学生的学习兴趣和潜力，使他们在学习中得到成长和提升。对于学生来说，学生需要尊重教师，遵守课堂纪律，积极参与课堂活动，主动反馈学习感受。同时，学生也应对自己的学习负责，积极思考，勤奋学习，用心感悟，尽力做到最好。和谐的师生交往环境需要学校提供公开、透明的信息交流渠道，提供宽松、友好的交流场所，提供有力的制度保障。学校应鼓励和支持师生间的多元交往，如研究讨论、学术指导、心理咨询、文体活动等。这种多元交往不仅可以增进师生间的理解和信任，还可以促进学校文化的传承和创新。在此基础上，学校还可以通过开展各种师生活动，如师生座谈会、师生文化节、师生公益活动等，来丰富师生交往的形式，深化师生交往的内容。这些活动不仅可以促进师生间的情感交流，还可以提升学校的文化氛围。

通过以上措施，学校能够为大学生思想政治教育与中华优秀传统文化融合育人提供良好的文化环境。这样的环境能够引导学生树立正确的世界观、人生观和价值观，激发学生的创新精神，提升学生的社会能力，促进学生的全面发展。同时，这也有助于营造和谐、积极向上、充满活力的学习氛围，提升教育的质量和效果。

第七章　大学生思想政治教育与中华优秀传统文化融合的创新探索

第一节　基于核心素养培育的大学生思想政治教育与中华优秀传统文化融合发展

一、中国学生发展核心素养概述

（一）核心素养的提出

2013 年，以北京师范大学为代表的多所高校受教育部委托开始进行"学生发展核心素养研究"的课题研究，并在一年以后提交了核心素养总框架初稿。2014 年 7 月，教育部基础教育课程教材专家工作委员会对核心素养研究阶段性成果进行审议，并组织各个教学环节的研究力量，开展"核心素养与课程标准衔接转化研究"课题，同时基于核心素养总框架研究核心素养在课程标准中落实的方式和方法。

2014 年，教育部印发《关于全面深化课程改革　落实立德树人根本任务的意见》，提出"教育部将组织研究提出各学段学生发展核心素养体系，明确学生应具备的适应终身发展和社会发展需要的必备品格和关键能力，突出强调个人修养、社会关爱、家国情怀，更加注重自主发展、合作参与、创新实践"，正式以官方文件的形式确立了核心素养培育在我国教育中的重要地位。同年，教育部正式着手推进普通高中课程标准的修订工作，此次修订工作的核心目标是贯彻落实立德树人根本任务，将基于核心素养的学业质量标准融入课程标准，引导和促进育人模式与学习方式的根本转型，从而实质性推动和深化我国教育课程改革。

我国推进核心素养的研究与落实，是内因与外因、国内背景与国际背景相互作用的结果，以核心素养作为育人目标，与国际教育改革背景相适应，与国际先进教育理念相接轨，但同时，又不是对于西方国家关于核心素养相关概念和研究结论的机械照搬，而是在借鉴国外先进经验的基础上进行的一种立足我国教育发展实践的课程和教学改革。

　　培养学生的核心素养是新时代贯彻党的立德树人根本任务的具体举措。学校是落实立德树人根本任务的重要载体之一，而立德树人本身是一种育人价值观，若想将其转化为具体、系统的教育阶段的育人目标与教学组织指导理念，就需要围绕核心素养培育来组织各教育阶段的课程与教学。

（二）核心素养的具体内容

　　中国学生发展核心素养是在总结国外核心素养建设经验的基础上，结合我国在新的历史时期展现出来的新的发展特征，立足我国教育实践所形成的具有本国特色的人才培养理念。

　　中国学生发展核心素养以促进人的全面发展为核心，主要分为三个方面，分别是文化基础、自主发展、社会参与，具体表现为人文底蕴、科学精神、学会学习、健康生活、责任担当、实践创新六大素养，还可以再细分为人文积淀、理性思维、乐学善学、珍爱生命、社会责任、劳动意识等十八个基本要点。各核心素养之间也并不是独立存在的，而是呈现出一种辩证统一的关系。各个素养之间是一种相互联系、相互补充、相互促进、相互融合的关系，且不同的素养在结构上也并不是并立的，而是呈现出一种包含与交叉关系。中国学生发展核心素养如图7-1所示。

```
                                                    ┌─ 人文积淀
                                         ┌─ 人文底蕴 ┼─ 人文情怀
                              ┌─ 文化基础 ┤          └─ 审美情趣
                              │          │          ┌─ 理性思维
                              │          └─ 科学精神 ┼─ 批判质疑
                              │                     └─ 勇于探究
                              │                     ┌─ 乐学善学
                              │          ┌─ 学会学习 ┼─ 勤于反思
  中国学生发展 ───── 自主发展 ┤          │          └─ 信息意识
  核心素养                    │          │          ┌─ 珍爱生命
                              │          └─ 健康生活 ┼─ 健全人格
                              │                     └─ 自我管理
                              │                     ┌─ 社会责任
                              │          ┌─ 责任担当 ┼─ 国家认同
                              └─ 社会参与 ┤          └─ 国际理解
                                         │          ┌─ 劳动意识
                                         └─ 实践创新 ┼─ 问题解决
                                                    └─ 技术运用
```

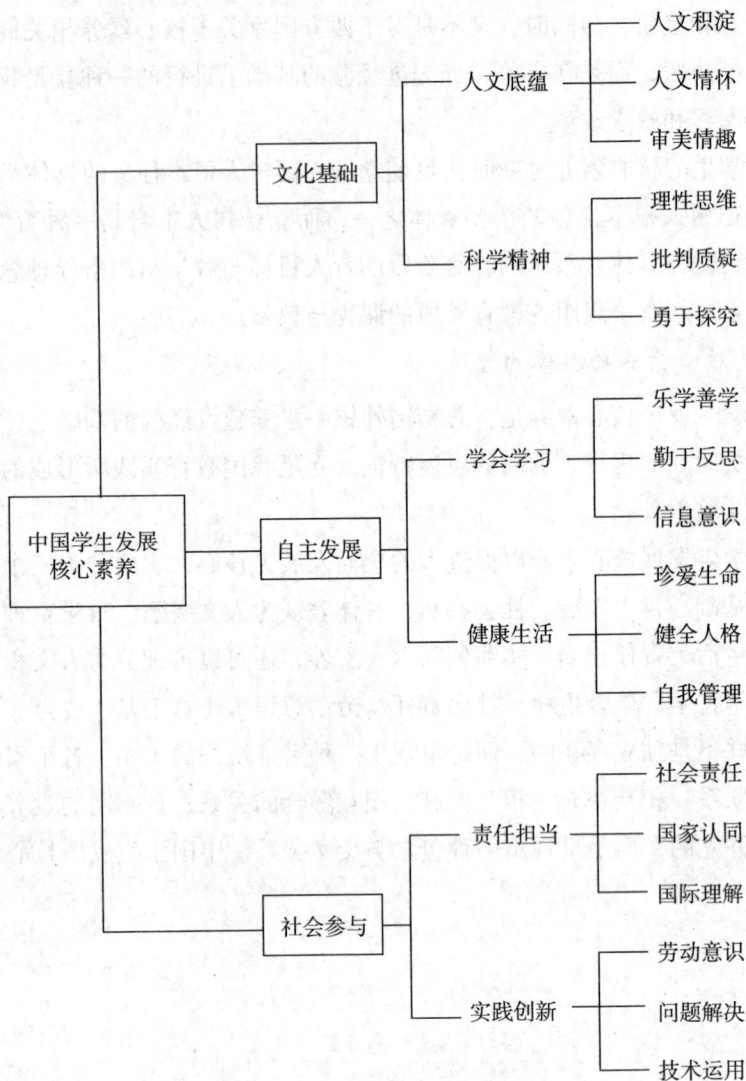

图 7-1 中国学生发展核心素养

1.文化基础

文化是人存在的根和魂。文化基础层面的核心素养主要包括人文底蕴与科学精神两方面，它们也是推动人类社会发展的两个最主要的方面。文化基础的培育重在强调能习得人文、科学等各领域的知识和技能，掌握和运用人类优秀智慧成果，涵养内在精神，发展成为有深厚文化基础、有较高精神追求的人。

2.自主发展

自主发展是核心素养的重要组成部分。自主发展，重在强调能有效管理自己的学习和生活，认识和发现自我价值，发掘自身潜力，有效应对复杂多变的环境，成就出彩人生，发展成为有明确人生方向、有生活品质的人。自主发展主要包括两个方面的内容，分别是学会学习与健康生活，其中，学会学习关注学生自主学习能力的培养与提升，健康生活关注学生身心健康发展的实现。

学会学习主要指的是学生在学习意识形成、学习方式方法选择、学习进程评估调控等方面的综合表现，具体包括乐学善学、勤于反思、信息意识等基本要点。健康生活主要指的是学生在认识自我、发展身心、规划人生等方面的综合表现，具体包括珍爱生命、健全人格、自我管理等基本要点。

3.社会参与

人是一种社会动物，社会性是人的本质属性。人类个体的发展与社会整体的发展是一种相互影响、相互促进、相辅相成、深度融合的关系；社会整体的发展与人类个体的发展是密不可分的。作为个人来说，若想实现自身更好的发展，就必须深入参与到社会的发展之中。社会参与，重在强调能处理好自我与社会的关系，遵守和履行道德准则和行为规范，不断增强社会责任感，提升创新精神和实践能力，促进个人价值实现，推动社会发展进步，发展成为有理想信念、敢于担当的人。社会参与主要包括两方面的内容，分别是责任担当与实践创新。

责任担当指的是学生在处理与社会、国家、国际等关系方面所形成的情感态度、价值取向和行为方式，具体包括社会责任、国家认同、国际理解等基本要点。责任担当强调的是个体社会道德与品质的建构。实践创新是核心素养重要的组成部分，主要指的是学生在日常活动、问题解决、适应挑战等方面所形成的实践能力、创新意识和行为表现，具体包括劳动意识、问题解决、技术应用等基本要点。①

（三）核心素养培育的意义

1.促进学生的全面发展

促进学生的全面发展是当今教育的重要理念，也是我国素质教育的根本价值

① 李帆，张新民，周密，等．核心素养培育与课堂整体转型 [M].北京：知识产权出版社，2022：1–13.

追求，是中国学生发展核心素养制定的基本价值取向。从核心素养的内涵可以看出，核心素养并非局限于某单一学科的知识和技能，而是涉及学生全面发展所需要的知识、技能、态度、价值观以及健康发展等方面，这鲜明地体现出了核心素养对于学生全面发展的重视。核心素养包括文化基础、自主发展与社会参与，这些要素涵盖了知识、技能、态度、价值观等多个维度，旨在促进学生的全面发展。这不仅仅是知识和技能的积累，更关乎学生的情感、态度、价值观、思维能力、人格特质等多方面的培养。全面发展是我国教育的根本目标，通过核心素养的培育，可以帮助学生形成全面、均衡的发展，提高他们的适应能力和生活质量。

文化基础是核心素养的第一个要素，其包含了人文底蕴和科学精神两方面。通过学习人文科学，学生可以了解世界各地的历史和文化，学会理解并欣赏人类社会的多样性。通过学习自然科学，学生可以学会科学理念和方法，形成科学精神，对自然现象有清晰的理解。同时，学生可以学会批判性思维，学会独立思考并提出问题。这样的文化基础为学生提供了较为全面的认知和理解能力，使他们能够很好地适应多元化的社会环境。具备这样的文化基础，学生将很好地理解世界，具备在复杂多变的社会环境中生存和发展的能力。

自主发展是核心素养的第二个要素，包括学会学习和健康生活。学会学习意味着掌握有效的学习方法，培养良好的学习习惯，懂得合理安排时间，能够独立完成指定任务，并善于从失败中学习。健康生活不仅指的是生理健康，而且包括心理健康。学生需要了解如何保持健康的生活方式，对身心健康有全面的认识，培养良好的情绪管理和压力应对能力。自主发展能力是个体适应社会环境、实现个人价值的关键因素。

社会参与是核心素养的第三个要素，涵盖了责任担当和实践创新。学生应理解社会责任，树立积极的社会参与意识，有责任心和公民意识，愿意为社会做出贡献。同时，学生应在实践中积累经验，提升解决问题的能力，培养创新思维和创新行为。

核心素养的培育，可以帮助学生形成全面、均衡的发展，提高他们的适应能力和生活质量。核心素养培育是对学生全面素质的提升，包括知识、技能、态度、价值观等。通过这样的培育，学生可以在学术和非学术领域都获得发展，具备适应社会和未来发展的能力。

2.提升学生的社会参与能力

社会参与能力是核心素养的重要组成部分，包括社会责任感、社会参与意识和实践创新能力。这些能力和态度能帮助学生更好地理解自身的社会角色，更积极地参与社会活动，更有效地解决社会问题。

社会责任感是培养学生社会参与能力的基础。作为社会的一分子，每个人都有义务为社会的进步和公正做出贡献。通过教育，学生会认识到自己是社会的一部分，自身的行为会影响他人，自己有责任关心社会问题，积极参与社会活动，为社会做出贡献。

社会参与意识是社会责任感的具体表现。有了社会参与意识，学生将更愿意参与社会活动，关注社会问题，对社会现象持有自己的看法。他们将更加主动地参与到各种社会实践中，包括志愿服务、社区服务、社会调查、公共事务参与等。这样不仅能提高他们的社会实践能力，而且能增强他们的社会责任感。

实践创新能力是社会参与能力的关键。在社会参与的过程中，学生将面临各种复杂的社会问题，需要运用自己的知识和技能，结合实际情况，提出创新的解决方案。实践创新能力培养，不仅能提高学生解决问题的能力，而且能培养他们的创新思维和创新精神。

社会参与能力的提升，对于学生个人的成长和发展也有重要影响。通过社会参与，学生能更好地理解社会，增强自身的社会适应能力，提升自我效能。同时，学生在社会参与的过程中，还能了解自己的兴趣和优势，找到自己的人生方向，实现个人的价值。

3.是实施素质教育的重要途径

素质教育是一种以全面提升学生综合素质为目标的教育理念与教育开展途径，它以学生先天潜在的可能性为根据，以人的潜能开发为价值追求，以帮助学生形成完整的素质结构为教育目的。素质教育主要有以下两个要点。

第一，素质教育的基本前提是学生本身潜能发展的可能性。素质教育的目的是全面提升学生的综合素质，倘若学生不具备各项素质相应的发展潜力，那么素质教育将会失去其开展的基础。

第二，素质教育的侧重点是对于学生潜能的综合开发。这里需要注意两方面。一方面是素质教育作为一种教育理念，需要主动激发学生的潜能。潜能之所以被称为潜能，是因为其通常以隐性因素的形式存在，需要在一定条件下才能被激活，而素质教育就是通过丰富的教育方式为学生提供更多激发潜能的可能性，及时发现学生的潜能之所在并促进其发展。另一方面是素质教育重视学生综合素质的提升。首先，素质教育激发学生潜能的重要目的，要求素质教育必须在教育内容上覆盖全面，因为不同学生所蕴含的潜能是不同的，因此，只有通过丰富教学内容与教学模式的方法才能保证尽可能全面地探索学生群体的潜能。其次，素质教育的直接目标是帮助学生实现完整的素质结构，因此，素质教育必须涵盖德、智、体、美、劳五大模块的教育内容，包括知识与能力、过程与方法、情感态度与价值观的教学。

素质教育强调学生综合素养的培育与发展。培养造就大批德才兼备的高素质人才，是国家和民族长远发展大计。而高素质人才指的不仅仅是具备完善知识结构的人才，而是具备扎实的理论知识基础，掌握具体的实践技能，同时具备健康身心状态的人才。

当前，我国教育正处在转型之中。党的二十大报告强调了新时代推进素质教育的重要性，指出要坚持以人民为中心发展教育，加快建设高质量教育体系，发展素质教育，促进教育公平，并强调了加强教育改革的重要性，提出深化教育领域综合改革，加强教材建设和管理，完善学校管理和教育评价体系，健全学校家庭社会育人机制。

素质教育强调的是学生个体的全面发展和提升，包括学生的知识、技能、态度、价值观等方面，而提升学生的核心素养，则是实施素质教育的重要途径。

从价值观的角度来看，提升学生的核心素养有助于学生形成正确的价值观。在传授知识的同时，教师应当注重培养学生的价值取向，引导他们理解并接纳社会公认的正义和公平，形成良好的道德素养。在这个过程中，教师需要注重引导，充分尊重学生的个性和选择，让他们在实践中自我发现、自我成长。

提升学生的核心素养能够拓宽学生的视野。在当今世界中，学生需要具备跨文化的理解能力和全球化视野，理解和尊重多元文化和不同观点。核心素养的培养鼓励学生主动探索、多角度思考问题，这样他们能对社会、自然和生活有更深入、全面的理解。

核心素养的提升有助于提高学生的独立思考能力和问题解决能力。学术研究强调批判性思维和创新性思维，这需要学生具备深度思考问题的能力，能够独立解决问题。在实践中，学生还需要学习如何与他人合作、如何处理人际关系等，这些都是他们未来在社会中生存和发展的必备能力。

提升核心素养能够帮助学生形成良好的生活习惯和社会行为。素质教育不仅要求学生在知识和技能上获得提升，还需要他们在生活中有良好的行为习惯，如健康的生活方式、良好的人际关系、合理的时间管理等。同时，学生还需要具备良好的社会行为，如遵守社会规则、尊重他人等。

二、基于核心素养培育的大学生思想政治教育、中华优秀传统文化融合发展路径

（一）大学生思想政治教育、中华优秀传统文化、核心素养培育之间的关系

大学生思想政治教育与核心素养培育之间存在着密切的关系，两者相互依赖、相互促进。两者之间的关系主要体现在以下几个方面。

第一，大学生思想政治教育是核心素养培育的重要组成部分。大学生思想政治教育旨在培养学生的政治素养、道德素养和法律素养等，引导他们形成正确的世界观、人生观和价值观。这对于培养他们的社会责任感、公民素养、创新精神和批判性思维等核心素养都有着重要的影响。

第二，大学生核心素养培育可以为思想政治教育提供有效的手段和方法。例如，多元的教学方法，如情景模拟、角色扮演、团队讨论等，可以培养学生的合作精神和沟通能力，增强他们的实践创新能力，从而使思想政治教育更加生动、有效。

第三，大学生思想政治教育与核心素养培育之间存在着互动和反馈。一方面，大学生思想政治教育可以帮助学生理解和评估社会的伦理道德标准，增强他们的道德判断能力，而这也是核心素养的重要组成部分。另一方面，通过核心素养的培养，例如自主学习能力、批判性思维等，学生可以更加深入地理解和应用思想政治教育的内容，从而达到思想政治教育的目标。

中华优秀传统文化与大学生核心素养培育之间同样具有密切的联系。

首先，中华优秀传统文化是学生核心素养培育的重要基础。中华优秀传统文化中蕴含着优秀的道德观念、价值理念，这些观念和理念是文化素养、道德素养和公民素养的重要内容。另外，中华优秀传统文化中的艺术、科学、哲学等知识，也是文化素养和科学素养的重要组成部分。因此，中华优秀传统文化教育有

利于学生全面而深入地理解和掌握核心素养的内涵。

其次，核心素养培育有助于中华优秀传统文化的传承和发展。具有良好核心素养的学生，他们的批判性思维、创新精神、实践能力等都较强，这有利于他们对中华优秀传统文化进行深入的研究，发现其独特之处，从而更好地保护和传承中华优秀传统文化。同时，他们也可以通过创新实践，将中华优秀传统文化与现代生活相结合，使中华优秀传统文化在新的时代背景下焕发出新的生命力。

总之，中华优秀传统文化与核心素养培育之间的关系是一种相互促进、共同发展的关系。在教育实践中，教育者应以中华优秀传统文化为基础，注重培养学生的核心素养，以此提升他们的综合素质和能力，同时也要以核心素养培育为手段，推动中华优秀传统文化的传承和发展。

（二）基于核心素养培育的大学生思想政治教育与中华优秀传统文化融合育人实施策略

1. 建立融合式课程体系

为了提升大学生的核心素养，应当考虑到如何整合大学生思想政治教育与中华优秀传统文化教育。对此，建立融合式课程体系是实现该目标的重要方式。融合式课程体系的设计应当注重理论与实践、传统与现代、东方与西方的有机结合，使之成为培养学生核心素养的重要载体。

在课程设计上，需要将中华优秀传统文化元素融入大学生思想政治教育之中。中华优秀传统文化博大精深，包含了丰富的道德伦理思想和社会规范，对于培养学生的道德素养和社会责任感具有重要价值。同时，中华优秀传统文化中的哲学思想、历史故事、人文景观等也能激发学生的学习兴趣，提升他们的学习动力。将这些元素融入大学生思想政治教育中，不仅可以丰富课程内容，提升课程吸引力，而且能从深层次上提升学生的道德素养和社会责任感。

同时，融合式课程体系需要突破学科界限，鼓励跨学科、跨专业的学习。在现代社会，知识更新迅速，学科间的交叉与融合日益加强。大学生需要具备跨领域的知识、视野和思维能力，才能更好地适应社会发展的需要。因此，课程设计应当注重培养学生的跨学科学习能力，鼓励他们从不同角度和层面去探索和理解中华优秀传统文化与思想政治教育的内在联系。例如，教育者可以设计一些跨学科的研究项目，让学生在项目中进行跨学科的知识学习和研究，从而提高学生的全局认识和跨领域思维能力。

此外，融合式课程体系还需要注重实践性。现代社会高度重视实践能力的培养，因此，课程设计不仅要注重理论学习，还要注重实践操作。教育者可以通过设计一些与现实生活、社会问题密切相关的实践项目，让学生在解决实际问题的过程中，运用所学知识，提升自身能力。这样既能提高学生的实践能力，又能使学生将理论与实践相结合，实现知行合一的目标。

融合式课程体系还需要注重创新性。大学生思想政治教育与中华优秀传统文化的融合，要求教育者能够在传统基础上进行创新，使之与现代社会和学生的需求相匹配。在课程设计中，教育者可以引入创新的教学方法和教学资源，如项目式学习、合作学习、信息技术等，激发学生的创造力和创新精神。同时，教育者也要鼓励学生在融合式课程中展示和实践自己的创新成果，如学术研究论文、创意作品、社会实践报告等，以培养学生的创新思维和实践能力。

2.注重实践活动的设计

在核心素养培育中，实践教育的重要性不言而喻。学校在大学生思想政治教育与中华优秀传统文化融合育人中，要注重发挥实践教育的重要作用，注重实践活动的设计。丰富多样的文化活动可以让学生深度体验和理解中华优秀传统文化和思想政治教育的内涵，同时也能提供实践的场所，帮助学生提升核心素养。

学校可以举办各种形式的文化讲座，邀请学者、专家、实践者等分享他们对中华优秀传统文化和思想政治教育的理解和感悟，对相关主题进行深入解析和讨论。这些讲座可以包含丰富的内容，覆盖中华优秀传统文化的多个方面，例如哲学思想、历史故事、艺术形式等。学生在听取讲座的过程中，不仅可以获得知识，而且可以听到不同的观点，开阔自己的视野，从而提升思辨能力和独立思考的能力。

学校还可以举办主题展览，展示中华优秀传统文化的丰富内涵和魅力。主题展览可以包括书法展览、绘画展览、古代文物展览等。展览通过直观的形式，让学生深入感受中华优秀传统文化的艺术美感和精神内涵，从而提升学生的审美素养和文化素养。同时，展览还可以设置一些互动环节，例如让学生尝试书法创作、绘画创作等，通过实践操作，提高学生的动手能力和创新能力。

此外，实地考察也是一种很好的实践活动形式。例如，学校可以组织学生到历史文化名城、博物馆、艺术馆等地进行实地考察，让学生近距离接触中华优秀传统文化，增强学生对中华优秀传统文化的认识和理解。同时，可以在实地考察中设计一些研究任务，让学生在完成任务的过程中，锻炼独立思考能力和问题解决能力。

在组织一系列实践活动的过程中，学校还需要注重培养学生的团队协作能力、组织协调能力等。例如，可以让学生自己组织一些活动，如文化讲座、主题展览等，让学生在规划、组织、宣传和执行活动的过程中，锻炼团队合作能力和领导能力。这样的实践活动既能提升学生的核心素养，又能培养学生的综合能力。

3. 基于核心素养优化评价体系

在教育过程中，评价体系起着非常重要的引导和反馈作用。一个有效的评价体系能全面、准确地反映学生的学习状况，提供对教育活动效果的及时反馈，以便进行必要的教学调整。然而，在传统的教育评价体系中，常常偏重于对知识和技能的考核，而忽视了对学生态度、价值观、创新能力、实践能力等方面的评价。这无疑是一种片面和狭隘的作法，不利于学生的全面发展和核心素养的培养。学校若想切实提升大学生思想政治教育与中华优秀传统文化融合育人的教育质量，需要基于核心素养优化教育评价体系。

首先，知识理解和技能掌握仍然是评价的重要内容，它们是学生参与社会生活、理解和解决问题的基础。同时，知识和技能的学习也是大学生思想政治教育与中华优秀传统文化教育的重要载体。例如，通过学习历史，学生可以了解中华优秀传统文化的来龙去脉，理解其对于民族精神和国家认同的重要性；通过学习哲学，学生可以理解思想政治教育的价值基础，形成独立思考、批判性思考的能力。

其次，评价内容中要重视对学生态度和价值观的评价。态度和价值观是学生行为的内在驱动力，直接影响着学生对知识的接纳和运用、对问题的解决方式，以及对生活和社会的态度和行为。因此，态度和价值观的培养是核心素养培养的重要内容，也是大学生思想政治教育与中华优秀传统文化融合育人的重要目标。通过对学生的态度和价值观的评价，教育者可以了解学生对中华优秀传统文化的接纳程度，对思想政治理论的认同程度，并据此对教学加以改进，促使学生更全面、深入地理解和接纳中华优秀传统文化，更有效地体验和感受思想政治教育的重要性。

最后，评价内容中要关注学生的创新能力和实践能力的发展。创新能力是人类社会进步的重要动力，实践能力是知识和技能运用的关键，它们的发展需要在实践中得以锻炼和提升。因此，评价体系中应包含对学生参与实践活动、解决实际问题、展示创新成果的评价内容。通过对学生创新能力和实践能力的评价，教育者可以了解学生在实际问题中应用知识的能力、解决问题的能力以及创新思维和创造力的发展情况，从而为他们提供积极的反馈和指导，鼓励他们在实践中不断探索和成长。

4.推动校园文化建设

在基于核心素养培育的大学生思想政治教育与中华优秀传统文化融合育人中，校园文化的作用不可忽视。富有活力的校园文化不仅可以提供丰富的学习和交流场景，而且可以成为塑造学生核心素养、传播和研究中华优秀传统文化以及进行思想政治教育的重要载体。因此，利用校园文化活动推动大学生思想政治教育与中华优秀传统文化教育的融合，是一种具有实践价值的教育策略。

校园文化活动是学生自我发展和学习的重要平台，其中包含的多元素材和多样化的形式为学生提供了丰富的学习资源。通过参与各种如文化节、学术论坛等校园活动，学生可以从中获得知识和技能的启示，体验中华优秀传统文化和思想政治教育的内涵，提升自我认知，增强社会责任感和团队协作能力，从而促进自身核心素养的发展。

校园文化活动也是培养和传播中华优秀传统文化的重要方式。在活动设计中，教育者可以有意识地引入中华优秀传统文化元素，通过直观的展示和深入的解析，让学生了解中华优秀传统文化的魅力和价值，引导使学生从中提炼出对现实生活有指导意义的思想观念和道德准则。同时，教育者也可以通过活动，如书画展览、文学讲座等，鼓励学生自主研究和创作，使他们在研究和创作过程中深化对中华优秀传统文化的理解，提升创新思维和实践能力。

校园文化活动还是进行思想政治教育的重要场所。在活动中，教育者可以设计相关的讨论话题和实践项目，让学生在参与和实践中理解思想政治理论，从而激发他们的社会责任感和公民意识，锻炼他们的领导力和团队协作能力。此外，活动也可以设计为展示和弘扬学校的理念和价值观，以促进形成良好的学术风气和道德风尚，使思想政治教育深入人心，提升其教育效果。

第二节　立足"大思政课"的大学生思想政治教育与中华优秀传统文化融合

一、"大思政课"概述

（一）"大思政课"的内涵

"大思政课"是学校思想政治教育的新理念、新方法、新格局，坚持马克思主义的整体观，以全员、全过程、全方位为方法论指引，贯通式思考、系统性组织思想政治教育工作，通过工作力量的大调动、资源要素的大调配、体系结构的大调整，促进思想政治教育要素有效整合、体系机制优化完善，实现育人质量和效果的有效提升。

"大思政课"以理论与实践相结合作为逻辑起点，以在思想政治教育中引入现实社会生活元素为主要特征，实质是增强思想政治课的社会生活内涵，将思想政治教育的理论知识与生活实践中的思想政治元素充分结合在一起，拓展思想政治课的教育资源、教育场域、教育途径和方法。

在教育资源方面，"大思政课"拓展到了所有学科，以及社会生活；在教育场域方面，"大思政课"拓展到了所有课堂，以及社会生活；在教育途径和方法方面，"大思政课"强调通过现代教学技术和教学方法开展教学。

（二）"大思政课"的特征

1.教育内容的广泛性

"大思政课"以其独特的教育视角和全面的教育内容，吸引着人们的目光。它涵盖了马克思主义理论教育、理想信念教育、爱国主义教育、劳动教育、道德与法治教育等传统思想政治课的内容，同时又突破了这些传统范围，吸纳了多学科的知识，如历史、文化、哲学、经济、社会等，形成了独特的教育内涵。正因如此，"大思政课"的教育内容非常广泛。

"大思政课"在教育内容上强调马克思主义理论教育。马克思主义理论教育是"大思政课"的基石，是构建社会主义核心价值观的重要支柱。它包括了对马克思主义基本原理的深入研究，对中国特色社会主义理论体系的深入解读，对科学社会主义的深入领悟，以使学生深刻理解马克思主义理论的科学内涵和时代价值，增强马克思主义理论的信仰自觉。

"大思政课"的教育内容还包括理想信念教育。理想信念是人的精神家园，是人的精神支柱。"大思政课"通过理想信念教育，引导学生树立远大理想、坚定理想信念，培养学生为理想而奋斗的精神风貌。这一教育内容对于塑造学生的人格、培育学生的精神力量，有着重要的作用。

爱国主义教育是"大思政课"不可忽视的一部分。爱国主义是中华民族精神的重要内容之一，是中华民族几千年不灭的民族精神。在这一教育内容中，"大思政课"引导学生热爱祖国、热爱人民，为中华民族伟大复兴的中国梦而努力奋斗。

"大思政课"在教育内容中也包括了劳动教育。劳动是人类的基本属性，是人的价值实现和社会发展的基础。"大思政课"通过劳动教育，培养学生的劳动意识、劳动习惯和劳动技能，使他们能够主动参与社会建设，为社会的繁荣发展贡献力量。

"大思政课"还强调道德与法治教育。道德是人类社会运行和发展的基本规范，而法治则是社会秩序和公平正义的保障。通过道德与法治教育，"大思政课"引导学生树立正确的道德观念和法律意识，培养他们的道德品质和法治精神，使他们具备正确的行为准则和法律素养。

"大思政课"与传统思想政治课最大的不同之一就是其内容的广泛性。"大思政课"巧妙地利用学科之间的联系，找准思想政治知识点和学科之间的切入点，融合各个学科富含思想政治要素的教学内容，综合运用人文社会科学知识、自然科学知识中蕴含的思想政治要素进行思想政治教育，打破学科壁垒，形成学科合力，发挥立德树人的重要作用。"大思政课"的教学内容将历史、现实和未来有机结合起来，既面对历史，又针对现实，还面向未来，实现历史与现实的有效对接、现实与未来的有效衔接。同时，"大思政课"充分运用古今中外的思想政治元素，使思想政治教育既扎根中国又融通中外。

2.教育方法的创新性

"大思政课"的特别之处并非只在于它的教育内容的广泛性，更在于它采取了创新的教学方法。这些方法充分体现了教育的实践性、体验性和参与性，使教育不再是单一的灌输，而是让学生在主动参与和深入思考中收获知识与智慧。

"大思政课"注重理论与实践的结合。这一点是通过各种教学活动的设计和开展实现的。例如，教师在授课中，除传授理论知识外，还会设计相关的实践活动，让学生亲身参与其中，从实践中领略理论的内涵，体验理论的力量。这种教学方法不仅使理论知识与实际生活相结合，而且激发了学生的学习兴趣，增强了学生的学习动力。

"大思政课"强调对于现代教学技术的充分运用，通过新的教学技术提升教学的效率与质量。例如，采用多媒体教学，丰富了教学形式，使教学内容更具生动性和直观性；利用网络平台进行在线教学，使学生可以随时随地进行学习，提高了学习的便利性。这些教学方法充分适应了现代社会的发展需求，满足了学生的学习习惯，提高了教学效果。

"大思政课"在教学过程中，还引入了许多互动性的教学方法，如小组讨论、案例分析、情景模拟等。这些方法可以使学生在交流与讨论中碰撞思想、激发智慧，从而更深入地理解和掌握知识。此外，通过角色扮演、情景模拟等方式，学生可以站在不同的角度看问题，体验不同的生活情境，从而增强了自身的综合素质和实践能力。

"大思政课"还倡导社会实践活动，以实践锻炼学生的能力，培养他们的社会责任感。通过到社区、企事业单位等进行社会实践，学生可以深入了解社会，体验生活，提升自我，树立奋斗方向。这种教学方法旨在让学生在实践中发现问题、解决问题、提升自我，以实践的方式将思想政治课程的知识与实际情境相结合，学会更好地应用所学的理论知识，培养实际工作能力和创新思维。

"大思政课"的教学方法使教育更加贴近学生的实际需求和现实情境，使学生在主动参与、深入思考和实践中获得知识和智慧。通过理论与实践的结合、现代教学技术的应用、互动性的教学方法和社会实践活动的开展，"大思政课"为学生提供了一个体验式的学习环境，有助于培养学生的综合素质和实践能力，帮助他们成为有理想信念、有社会责任感、具有创新精神的新时代青年。同时，这些教学方法也推动了思想政治课程的改革和提高，使其更好地适应现代教育的需求和社会发展的要求。

3. 教育主体的多元性

"大思政课"的理念正在引领一个教育变革，这是一种从单一的教育主体向多元的教育主体转变的趋势。在这个趋势中，思想政治教育不再仅仅是由思想政治课教师来完成的，而是全体教师共同参与的——所有学科的教师都肩负着思想政治教育的任务，将思想政治教育的内容融入各自的教学中去，从而形成了跨学科、全方位的教育格局。

这种转变的实质是将思想政治教育从一种孤立的、被动的教育形式转变为一种主动的、全员参与的教育模式。这种模式强调所有的教师都应该是思想政治教育的主体，都应该肩负起培养学生思想品德的任务。所有的教师都应该将思想政治教育的理念和内容融入自己的教学中去，使思想政治教育成为一种全校性、全过程的教育。这种转变的实现方式是将思想政治教育的内容与各学科教学的内容有机结合，形成跨学科的教育格局。例如，语文教师可以在教学中讲述中华民族的优秀文化，激发学生的民族自豪感和爱国热情；历史教师可以通过讲解历史事件，让学生明白历史的发展规律，增强对社会主义的信仰；科学教师可以通过科学实验，培养学生的科学精神和创新意识，引导他们为科技强国贡献力量。这种方式不仅会使思想政治教育的内容更具生动性和感染力，而且会使各学科教学的内容更具深度和广度。这种转变的结果是形成了一种全方位的教育格局，使学生在任何课程上，都可以接受到思想政治教育的熏陶，从而在不知不觉中形成正确的世界观、人生观和价值观。当然，"大思政课"的教育实施主体不仅限于学校和教师，政府、家庭、社会组织等都在"大思政课"的教育实施主体范畴内。

4. 教育环境的拓宽

"大思政课"的实施推动了教育环境的拓宽，使思想政治教育不再局限于课堂，而是延伸到学校的每一个角落，甚至家庭、社区和社会。这种拓宽的趋势是将教育的空间由狭隘的课堂拓宽到宽阔的社会，形成了校内外、课内外的立体化教育空间，使思想政治教育全方位、全时空地展开。

"大思政课"将教育环境从课堂延伸到了学校的每一个角落。无论是在图书馆，还是在实验室，无论是在运动场，还是在食堂，都可以成为思想政治教育的场所。在这些地方，学生可以通过实践活动体验生活、发现问题、解决问题，从而在实践中学习和成长。这种方式让思想政治教育从传统的讲授方式走向了生动的实践方式，使学生在生活中体验思想政治教育，使思想政治教育更加贴近实际、更加生动和有趣。

"大思政课"还将教育环境从学校延伸到了家庭、社区和社会。在家庭中，家长是孩子的第一任老师，其言传身教对孩子的成长有着深远的影响。通过家庭教育，家长可以教给孩子良好的生活习惯、健康的人生观，使孩子在家庭中接受到良好的思想政治教育。在社区中，社区是孩子开始广泛接触人群的重要场所，孩子在社区中可以参与各种社区活动、体验社会生活、提升自我。在社会中，社会是一个大课堂，孩子可以在社会实践中发现问题、解决问题，从而实现自我价值、实现社会价值。

与此同时，"大思政课"还将教育环境从课内延伸到了课外。在课外，学生可以通过参加各种课外活动提升自己的能力、培养自己的兴趣、丰富自己的生活。通过这种方式，学生可以在课外活动中体验思想政治教育，增强社会责任感，培养团队合作能力，从而实现全面发展。

二、中华优秀传统文化融入"大思政课"的路径

（一）系统整合中华优秀传统文化资源

对于"大思政课"而言，其教育内容旨在全方位、多角度地对学生进行思想政治教育。因此，从中华优秀传统文化中整合出来的伦理道德观念、历史故事、文化象征等内容，不仅可以作为思想政治教育的素材，而且可以作为"大思政课"开展教育的重要依托。这些传统文化元素可以帮助学生建立正确的世界观、人生观和价值观，提升他们的道德品质和文化素养。例如，中华优秀传统文化中的伦理道德观念，如孝道、忠诚、尊老爱幼等，不仅是中华民族的传统美德，而且是社会和谐、人际关系和谐的基础。将这些伦理道德观念纳入"大思政课"的教育内容中，可以帮助学生树立正确的道德观念，形成良好的道德行为习惯。中华优秀传统文化中的历史故事，如孔融让梨、愚公移山、孟母三迁等，其中蕴含的人性善恶、社会伦理、历史变迁等内容，都可以作为"大思政课"进行思想政治教育的素材。这些历史故事既能激发学生的学习兴趣，还能帮助他们理解历史的发展脉络，明辨是非，增强历史责任感和使命感。中华优秀传统文化中的文化象征，如龙、凤，体现了中华民族的精神追求和文化自信，将这些文化象征纳入"大思政课"的教育内容中，可以引导学生加强对中华优秀传统文化的认同和自豪感，激发爱国情怀，为其人格塑造和精神成长提供强大动力。总之，通过系统整合中华优秀传统文化资源，"大思政课"的教育内容能够更加丰富多样。这些传统文化元素不仅可以帮助学生理解和认同中华优秀传统文化的独特性，还能够培养他们的情感认同、文化自信和国家认同感。

在"大思政课"的教学过程中，教师可以通过多种教学方法和活动来引导学生深入理解和体验中华优秀传统文化。例如，通过讲故事、观影、读经典等方式，让学生亲身感受中华优秀传统文化的魅力；通过课外实践、社会实践等活动，让学生在实践中体验中华优秀传统文化的价值和意义；通过文化艺术节、展览、比赛等形式，让学生展示对中华优秀传统文化的表现力和创造力。此外，"大思政课"还应注重将中华优秀传统文化与现代社会相结合，使其更具现实意义和指导作用。例如，在讲授中华优秀传统文化的同时，教师可以引导学生思考如何将中华优秀传统价值观与现代社会问题相结合、如何处理互联网时代的信息传播与伦理道德问题、如何在新时代弘扬优秀传统文化等问题。

（二）注重跨学科融合

"大思政课"以其广泛性和多元性特征，突破了传统思想政治教育仅限于特定课程的局限，也使中华优秀传统文化可以被更广泛地融入各个学科的教学中。这样的融合不仅丰富了"大思政课"的内容，而且使中华优秀传统文化的教育更为深入和全面。

以文学类课程为例。文学类课程中常常包含大量的古代文学作品，这些作品是中华优秀传统文化的重要载体，其中富含对人性的深层探索、岁道德伦理的姐以及对社会规律的揭示等内容。通过对古代文学作品的学习，学生可以更直接地感受到中华优秀传统文化的魅力，理解人文精神的深远含义。教师可以引导学生深入分析文学作品中的人物性格、情节设定、语言艺术等元素，引发学生的思考，从而提高他们的审美能力和人文素养。

对于历史类课程，无论是中国历史还是世界历史，传统文化的发展变迁都是其中重要的一部分。从历史的角度看，传统文化是一个民族历史发展的重要记录，揭示了一个民族的源远流长、独特性和连续性。教师可以详细讲解各个时期传统文化的发展脉络，突出文化的历史性和时代性，让学生了解并认识到传统文化在社会历史发展中的重要作用。

在哲学类课程中，中华优秀传统文化中的哲学思想是教学的重要内容。中华优秀传统文化中的哲学思想，如儒家的仁爱思想、道家的无为而治思想、佛家的因果思想等，既是传统文化中的重要内容，也是一种宝贵的思想资源。教师可以引导学生理解和掌握这些哲学思想，将其与现代社会的实际情况相结合，引发学生的深入思考，从而提升他们的哲学素养和思辨能力。

除此之外，其他课程如艺术、音乐、地理、生物等，都可以从各自的角度，融入中华优秀传统文化的教学内容。例如，艺术课可以通过教授中国画、剪纸等传统艺术形式，让学生了解传统文化的艺术表达方式；音乐课可以学习传统音乐曲目，带学生感受传统文化的音乐韵律；地理课可以通过讲解传统建筑、风俗习惯等内容，让学生了解传统文化与地理环境的关系；生物课可以研究传统中草药的运用和保健方法，让学生了解传统文化对健康的认识。

立足"大思政课"的开展，借助选修课、通识类课程以及实践活动等教育形式，在各个专业、学科中融入中华优秀传统文化的内容，有助于学生全面了解中华优秀传统文化的丰富内涵，培养对中华优秀传统文化的兴趣和热爱。同时，这种融合也有助于加深学生对学科知识的理解和应用，提高他们的综合素养和创新能力。因此，在实施"大思政课"的过程中，应充分发挥学科特点，创造性地将中华优秀传统文化与学科教学相结合，为学生提供丰富多样的学习体验。

（三）紧密联系现实生活

"大思政课"的特性决定了其教学内容与学生的实际生活之间有着密切的联系。"大思政课"并非局限于课堂之内的理论教学，而是致力于将教育活动拓展到日常生活的各个领域，让学生在真实的社会环境中了解和体验各种知识和理念。它能使学生直观地感受中华优秀传统文化的魅力，理解中华优秀传统文化在现代社会的价值，并在实践中培养自身的思想品格和行为习惯。

通过参观历史文化遗址，学生可以直接接触到中华优秀传统文化的实物载体，了解和感受实物的历史背景和文化内涵。例如，参观故宫可以让学生亲身感受到中国古代文明的辉煌，了解封建皇权的历史沉淀，从中领略到传统文化的深远影响。又如，参观长城可以让学生亲身体验到中华民族的伟大精神，了解民族历史的发展脉络，进一步提升爱国情怀。

进行中华优秀传统文化的传承活动，可以让学生更加深入地了解和掌握中华优秀传统文化，同时也是对中华优秀传统文化的现代诠释和创新发展。例如，学生可以参与中华优秀传统艺术的学习和创作，如中国画、书法、剪纸等，通过亲自动手，体验艺术创作的过程，理解艺术作品背后的文化意蕴。又如，学生可以参与传统节日的庆祝活动，如春节、中秋节等，通过亲身体验，了解传统节日的历史背景和文化内涵，同时这也是对中华优秀传统文化的传承和发扬。

现实生活中的社会问题和热点事件是在"大思政课"中融入中华优秀传统文

化的重要途径。教师可以引导学生关注社会现象，结合中华优秀传统文化的观念和理念，进行深入的思考和探讨。例如，面对社会公正的问题，教师可以引入儒家的仁爱思想、道家的无为而治思想，引导学生思考如何在现代社会实现公正与和谐。又如，面对环境保护的问题，教师可以引入中华优秀传统文化中的天人合一的观念，引导学生思考如何在实践中落实环境保护。

家庭和社区是中华优秀传统文化融入"大思政课"的重要平台。学生在家庭和社区中可以接触到中华优秀传统文化的生活化表达，如家庭的传统习俗、社区的传统庆典等。通过家庭和社区的中华优秀传统文化教育，学生能够深入了解中华优秀传统文化的精神内涵和价值观念，形成良好的道德行为习惯和家国情怀。

（四）创新教学方式

"大思政课"以其开放性和前瞻性，深入关注现代教学方法的应用与创新。在中华优秀传统文化的融入方面，现代教学技术的运用可以使中华优秀传统文化的教学变得更加生动和形象，提高学生的学习兴趣，增强教学效果。

多媒体技术的应用，可以使中华优秀传统文化的教学脱离传统的讲授模式，变得更加丰富多样。例如，教师可以使用 PPT、视频、音频等多媒体手段，让学生从多个角度、多种形式接触到中华优秀传统文化的内容。在教学过程中，教师可以播放与课程内容相关的历史纪录片或者动画片，让学生在视觉和听觉上直接感受中华优秀传统文化的魅力。同时，教师还可以设计一些互动环节，如在线投票、小组讨论等，来提高学生的参与度，增强教学效果。

网络技术的运用，使中华优秀传统文化的教学不再局限于课堂，而是可以延伸到课堂之外。例如，教师可以制作一些关于中华优秀传统文化的微课，发布在网络平台上，让学生在课后自主学习。这些微课可以是关于传统文化的基本知识讲解，也可以是对某一传统文化现象的深入分析，或者是介绍某种传统文化技艺的演示。通过这种方式，学生可以根据自己的学习需求和兴趣，自主选择和学习相关的内容，从而提高自主学习的能力。

此外，如果学校教学硬件资源允许的话，一些新兴的技术手段，如虚拟现实、增强现实等，也可以被运用到中华优秀传统文化的教学中。例如，通过虚拟现实技术，学生可以亲身体验到古代的生活场景，感受到传统文化的历史背景和生活氛围。又如，通过增强现实技术，学生可以在现实环境中看到传统文化元素的虚拟呈现，增强学习的体验感。

第三节 中华优秀传统文化融入大中小学思想政治课一体化建设

一、大中小学思想政治课一体化建设概述

（一）大中小学思想政治课一体化建设的内涵

党的二十大报告强调："用社会主义核心价值观铸魂育人，完善思想政治工作体系，推进大中小学思想政治教育一体化建设。"推进大中小学思想政治教育一体化建设，是培育和提升学生思想政治素养的重要依托，是推进"大思政课"开展的重要途径，是保证学生思想建设不偏离党和国家要求的关键措施，是对学校思想政治教育的更高要求和系统化部署。

大中小学思想政治课一体化是基于学生发展阶段性、连续性、渐进性，构建学段有机衔接、课程思政与思政课程"同向同行"一体化、全贯通的思想政治教育体系。大中小学思想政治课一体化建设的内涵，是指在各个层次的学校中实现思想政治教育的有机衔接、整体协调和系统完善。这一构想旨在培养具有社会主义核心价值观的合格公民，推动学生德智体美劳全面发展，同时，将不同阶段的思想政治核心素养有机联系在一起，使其形成一个循序渐进的、符合学生认知发展规律的培养体系，将全面发展的理念贯穿学生培养的始终。大中小学思想政治课一体化建设强调在各个层次的学校中形成一个以立德树人为核心的、完整、协调的思想政治教育体系。从中小学教育到高等教育，思想政治教育应贯穿学生的整个成长过程，确保教育内容的连续性和系统性。

（二）大中小学思想政治课一体化建设的意义

1.深化学生对于思想政治理论知识的理解

系统学习大中小学的思想政治课程，能让学生对马克思主义的基本理论以及中国特色社会主义的道路、理论、制度、文化等方面有更深入的理解。这种理论"装备"能有效抵制错误的思想，守卫意识形态安全。一体化的大中小学思想政治课构建能够更有效地帮助学生形成正确的世界观、人生观和价值观，确保学生在成长和发展过程中沿着正确的道路前进。这使他们能够更好地理解社会发展的

规律，明确自己的生活目标和价值追求，逐步深化对马克思主义理论及其在中国的实践成果的理解，掌握强大的思想武器，用科学的世界观来认识世界，用科学的方法论来指导实践。

2.更好培育学生社会主义核心价值观

整合大中小学的思想政治课，可以实现更长周期的思想政治教育实践，使学生更深入地学习、实践社会主义核心价值观。在这个逐步推进的思想政治课程中，学生可以持续吸收先进文化的精髓，并在自己的行为中不知不觉地体现出社会主义核心价值观。这样，他们可以更有效地为国家和社会的发展做出贡献，并培养出强烈的社会责任感。

社会主义核心价值观的内容涵盖了许多方面，其培养也并非一蹴而就的。随着世界各领域发展速度的加快，信息传播的方式也变得多样化。在这个信息爆炸的时代，多元化的文化发展容易使学生受到不良思想的影响。因此，推动大中小学思想政治课的整合，有利于通过持续的思想政治教育，帮助学生逐步建立正确的世界观、人生观和价值观，使他们能够主动抵制不良思想的影响，按照社会主义核心价值观的要求来构建自己的思想道德体系。

3.强化爱国主义教育

整合大中小学的思想政治课，目标是在学生心中种下爱国精神和民族自豪感。深入学习马克思主义理论及其在中国的实践、国家的历史、优秀的传统文化和民族精神，可以进一步培育学生的民族团结力，使他们成长为具有强烈民族自觉和文化自信的新一代人。爱国主义教育是强化国家认同、民族团结和文化自信的基础，也是思想政治教育的关键部分，对于国家的繁荣和昌盛起着至关重要的作用。

4.保证思想政治教育的连续性

大中小学思想政治课一体化建设使思想政治教育贯穿在学生的整个学习生涯中，从小学到初中，到高中，再到大学，学生在各个阶段都会接触到符合他们认知水平和生活经验的思想政治教育内容，这种连续性的学习体验有助于他们更好地理解和接受思想政治教育，提高思想政治素质。大中小学思想政治课一体化建设也让教师有机会在教学过程中，更有意识地将思想政治教育元素融入其他学科教学中，使思想政治教育不再是孤立的，而是与其他学科教学相互补充、相互促进的。这样不仅有助于提高教学效果，而且使思想政治教育的连续性得到了保障。大中小学思想政治课一体化建设在课程设计、教学方法、评价方式等方面进行了全方位的整合和优化，使思想政治教育在各个阶段都能得到深化和提升，从而形成了一条完整、连续的教育链条，这对于保持和提高思想政治教育的连续性具有重要意义。一体化建设还有助于打破各个教育阶段之间的壁垒，实现教育资源的共享和互动，促进教育改革的深化，提高教育质量，这对于保障和提高思想政治教育的连续性同样具有重要作用。

大中小学阶段的思想政治课各有侧重点，一体化建设有助于在不同阶段实现思想政治理论知识的传承与衔接，确保学生在成长过程中不断巩固和拓展已学的思想政治理论知识，形成系统化的理论体系。大中小学思想政治课一体化建设强调在教育过程中注重理论联系实际，关注学生生活实际问题，以解决实际问题为导向进行教学，并且随着学生年龄的增长，教学的内容与方式会进行相应的调整，以保证思想政治教学与学生的生活实践保持密切的联系，符合学生认知发展的规律。这样能够提高思想政治教育的实效性，使学生在实际生活中真正做到学以致用，能够运用马克思主义的科学理论解决实际生活中所遇到的问题，使思想政治理论知识得到更好的运用和发展。大中小学思想政治课一体化建设有利于实现教育资源的共享与优化配置。不同层级的学校通过与政府、社会之间的充分合作，可以进一步整合思想政治教育资源，提高教育服务水平，实现区域教育均衡发展，进一步推动思想政治教育的持续性与系统性。通过大中小学思想政治课一体化建设，还能建立完善的教学质量监控和评价体系，有利于对大中小学思想政治教育质量进行全面、深入的检查和反馈，从而不断改进和提高教学质量，确保教育的持续性与系统性。

二、中华优秀传统文化融入大中小学思想政治课一体化建设的意义

中华优秀传统文化蕴含了中华民族的精神特质和历史智慧。在新时代背景下，将中华优秀传统文化融入大中小学思想政治课一体化建设，不仅有助于传承和弘扬中华优秀传统文化，而且有助于提升思想政治教育的效果，让思想政治教育真正成为引导学生成长的强大力量。

中华优秀传统文化中蕴含着丰富的道德规范和价值观念，这对于塑造学生的道德观念、培养他们的社会责任感有着重要作用。例如，中华优秀传统文化中的孝道、忠诚、诚信、仁爱等价值观，都可以成为思想政治教育中的重要内容。这

些价值观的内化，可以帮助学生建立健康的人格，培养他们的社会责任感，增强他们的公民意识。

对中华优秀传统文化的学习，可以帮助学生深入理解国家的历史和文化，从而增强民族认同感和自豪感。在经济全球化的背景下，弘扬和保护中华优秀传统文化，培育民族精神，对于强化国家凝聚力、增强国家软实力具有重要意义。在思想政治教育中融入中华优秀传统文化，可以使学生更好地理解国家的历史和文化，增强他们对于民族文化的尊重和认同，从而深化他们对国家和民族的认同。

中华优秀传统文化中的故事、寓言、典故等，都是优秀的思想政治教育资源。例如，愚公移山、精卫填海等故事，既富含丰富的道德情操，又具有鲜明的历史文化背景，可以有效地吸引学生的注意力，提高他们对思想政治课程的兴趣，从而让学生在情感上接纳这些价值观，从而达到思想政治教育的目的。

中华优秀传统文化也是拓宽思想政治教育方法的有效手段。例如，可以通过戏剧、诗歌、书画等形式，让学生在实践中学习中华优秀传统文化，提高他们的审美能力和创新思维。同时，也可以通过中华优秀传统文化的教育，培养学生的文化自信和创新精神，使他们具备跨文化交流的能力。

综上所述，将中华优秀传统文化融入大中小学思想政治课一体化建设，对于传承和发展中华优秀传统文化、提升思想政治教育效果具有重要意义。这不仅能够培养学生的道德情操和社会责任感，增强国家凝聚力和民族认同感，还能够丰富思想政治教育资源，提高学生的兴趣和参与度，同时也有助于培养学生的审美能力和创新精神，使他们成为具有文化自信和全球视野的有志青年。

三、中华优秀传统文化融入大中小学思想政治课一体化建设的路径

（一）课程内容的融合是基础

课程内容的融合是实现中华优秀传统文化融入大中小学思想政治课一体化建设的基础。为此，需要深入研究如何将中华优秀传统文化的元素有机地融入思想政治教育中，以期达到立德树人的目标。

首先，应该深化对中华优秀传统文化的理解。中华优秀传统文化是一个丰富的宝库，有着深厚的历史积淀和丰富的思想资源。其中，孔子的仁爱之道、老子的无为而治、孟子的仁政思想、墨子的兼爱非攻，都是中华民族精神文明的重要组成部分。这些传统的道德观念和社会理想对于当今社会的和谐发展仍具有重要

意义。因此，应该充分挖掘这些资源，将其转化为思想政治课程中的重要内容。

其次，应该尊重教育的规律。每一级别的教育都有其特定的教育任务和教育目标。因此，在将中华优秀传统文化融入大中小学思想政治课一体化建设时，不应一刀切，而应该根据学生的年龄、认知水平和心理特点进行差异化教学。例如，小学阶段可以通过寓教于乐的方式，如故事、游戏等，让学生在轻松、愉快的氛围中接触和了解中华优秀传统文化。中学阶段可以适当提高教学难度，引导学生进行深入的学习和探讨，培养他们的独立思考能力和判断能力。

再次，应该注重跨学科的融合。中华优秀传统文化不仅可以作为思想政治课程的重要内容，还可以与其他课程如历史、语文、艺术等进行有机结合，形成互动互补的教育模式。这样，既能够增加教学的趣味性和生动性，也能够帮助学生从不同角度理解和体验中华优秀传统文化，提高自身综合素养。

最后，应该强化评价的导向。评价是教育的导向，对于推动教学改革和提高教学效果具有重要作用。应该建立科学合理的评价体系，以素质教育为导向，注重学生的德智体美劳全面发展，关注学生的学习过程和学习效果。评价应该突出对学生思想品德、道德情操、价值观念的评价，注重对学生的思想成长和人格培养的反映。同时，评价应该关注学生对中华优秀传统文化的理解和运用能力，以及对社会问题的思考和解决能力。科学合理的评价，可以激励学生更深入地学习中华优秀传统文化，从而更好地发挥中华优秀传统文化在思想政治教育中的作用。

将中华优秀传统文化与大中小学思想政治课一体化建设相结合，有助于丰富教育内容，提高教育的吸引力和影响力，促进学生的全面发展和品德提升。在实施过程中，各级学校需要深化对中华优秀传统文化的理解，尊重教育规律，注重跨学科融合，强化评价导向。各级学校通过共同努力，可以让中华优秀传统文化在思想政治教育中焕发出新的活力，为培养德智体美劳全面发展的社会主义建设者和接班人做出积极贡献。

（二）育人体系建设是支撑

将中华优秀传统文化融入大中小学思想政治课一体化教学，实际上是将理论教学和价值引领相结合的过程。这个过程涉及课堂教学、实践活动以及家校联动等多个方面，每一个环节都是一个相互渗透、相互影响的过程，旨在提升学生的道德素养，帮助学生形成正确的世界观、人生观与价值观。

在课堂教学中，教师应有意识地将中华优秀传统文化与思想政治课程内容进行有效结合。这就要求教师不仅要有扎实的思想政治理论素养，还要有丰富的中华优秀传统文化知识储备，能够通过故事、案例、情景模拟等多种教学方式，让学生在轻松、愉快的学习氛围中，既了解思想政治理论，又感受中华优秀传统文化的魅力。例如，小学阶段可以通过传统节日来开展思想政治教育；中学和大学阶段可以结合国内外热点事件，让学生在实践中感受社会主义核心价值观的内涵。

实践活动是课堂教学的重要补充，也是融入中华优秀传统文化的有效方式。教师应经常组织一些与中华优秀传统文化、思想政治教育相关的实践活动，让学生在实际操作中体验思想政治理论和中华优秀传统文化的结合，这样可以帮助学生将抽象的思想政治理论和中华优秀传统文化具体化、现实化，进一步深化对思想政治理论的理解和对中华优秀传统文化的认知。

家校联动是大中小学思想政治课一体化建设的重要环节。学校和家庭是学生成长的两个重要场所。家庭是社会的细胞，是最基本的道德社区，对孩子的思想品德影响深远。因此，家校应携手，形成合力，让优秀的传统文化渗透到孩子的日常生活中，让孩子在家庭的熏陶中进一步形成良好的道德品质和社会价值观。

将中华优秀传统文化融入大中小学思想政治课一体化教学体系，可以实现理论教学与价值引领的有机结合。学生不仅可以获得思想政治理论知识，而且能感受到中华优秀传统文化的魅力和价值，进而形成正确的世界观、人生观与价值观。这种融合教学的方式不仅能够提升学生的道德素养和思想品德，还能够增强他们对中华优秀传统文化的认同和自豪感，促进国家认同和民族认同的形成。同时，这种教学模式还能够促进学生的实践能力和综合素养的培养，使其能够将所学的思想政治理论和中华优秀传统文化知识运用到实际生活中，为建设社会主义现代化强国贡献力量。

（三）多样化举措是载体

多样化举措是实现中华优秀传统文化融入大中小学思想政治课一体化建设的重要载体。无论是目标的制定、内容的选择、方法的应用、师资队伍的建设，还是评价体系的设计，都应坚持纵向衔接、横向贯通的原则，以确保思想政治课一体化建设的整体性。中华优秀传统文化的融入，使这个过程更加生动具体，也更具深度和广度。

首先，信息技术的发展为实现这一目标提供了可能性。在数字化时代，教师可以利用多媒体资源，如动画片、电视剧、电影等，为学生展示中华优秀传统文化的魅力。例如，小学阶段可以让学生观看《孔融让梨》等动画片，帮助其感受中华优秀传统文化中蕴含的精神；中学和大学阶段可以让学生观看《觉醒年代》《长津湖》等红色电视剧或电影，帮助其理解国家的历史和社会主义的伟大事业。同时，教师也可以鼓励学生利用新媒体，发掘生活中的真善美，传播中华优秀传统文化，传播社会主义核心价值观。

其次，中华优秀传统文化与思想政治课的融合，不仅仅要体现在课堂教学和实践活动方面，更应体现在校园文化建设方面。学校可以将中华优秀传统文化融入校园生活中的各个角落，让学生在日常生活和学习中接受思想政治教育的熏陶。例如，可以通过举办书法大赛、传统知识比赛、诗词大会等活动，让学生在参与中了解中华优秀传统文化，感受中华优秀传统文化的魅力。同时，学校的宣传栏、校报、校园广播等也都可以成为传播中华优秀传统文化和思想政治内容的阵地。

在融合的过程中，教育者需要注意以下内容：既要尊重教育的规律，根据学生的年龄、认知水平和心理特点进行差异化教学，也要注重培养学生的自主学习能力和独立思考能力。要引导学生主动去发现和理解中华优秀传统文化，体验其内在的精神和智慧，而不仅仅是让学生被动接受。可通过启发式教学、讨论式教学等方法，激发学生的思维，培养他们的创新能力和批判思维能力。要关注学生的情感体验，通过情感教育的方式，让学生从内心深处产生对中华优秀传统文化的认同和情感共鸣。

（四）教师队伍建设是保障

在大中小学思想政治课一体化建设进程中，教师是推进此项工作的关键力量，因此教育主管部门要树立思想政治课教师一体化培养的意识，搭建和完善大中小学思想政治课教师培养、交流和合作平台。要加大思想政治课教师的培养及输出，同时加强各学段思想政治课教师培训工作，引导思想政治课教师准确把握各学段思想政治课教学目标，增强各学段思想政治课教师的衔接意识与全局观念，形成大中小学思想政治课一体化师资体系。

从思想政治课教师自身来说，作为传道、授业、解惑之人，思想政治课教师要有坚定的理想信念、扎实的政治理论功底，还要有高尚的道德品格，为学生作表率、树榜样，通过言传身教让思想政治教学内容深入学生内心，并外化为行为。

将中华优秀传统文化融入大中小学思想政治课一体化，这对思想政治课教师自身素质提出了更高要求。各学段思想政治课教师作为思想政治理论的传授者，又肩负着将思想政治课与中华优秀传统文化融合的重任，因此不仅要有一定的传统文化底蕴与知识储备，而且要善于通过对优秀传统文化的旁征博引，将思想政治课的知识传达给学生。只有这样，才可以有效帮助学生认识中华优秀传统文化的现实价值，让中华优秀传统文化在思想政治教育中焕发新活力。

第四节　在社会实践中推动中华优秀传统文化融入大学生思想政治教育

一、社会实践对于大学生思想政治教育的意义

（一）深化理论学习

在大学生思想政治教育中，深化理论学习并非仅仅是学习书本知识的过程，更是一个理解、消化并将理论应用于实际的过程。社会实践是这个过程的重要组成部分，它为学生提供了将思想政治理论知识应用于实际的机会，使学生能够更深入地理解和掌握这些理论。

社会实践是提升理论学习深度的重要途径。理论学习的过程不仅仅是知识的接受过程，更是对知识的理解和思考过程。社会实践为学生提供了直接观察和体验社会现象的机会，使他们可以从实际的角度出发，深入理解和思考思想政治理论。例如，通过参与社区服务活动，学生可以直接了解和感受社会主义核心价值观在现实生活中的具体体现，加深对社会主义核心价值观的理解。通过参与环保项目，学生可以体验到生态文明建设的重要性，深化对生态文明理念的理解。这种由实践引发的理论思考，是对理论学习的深化，有助于提高学生的理论素养和分析能力。

社会实践是弥补理论学习与实际生活脱节的有效手段。传统的大学生思想政治教育往往容易陷入空谈理论的误区，忽视了理论与实际生活的紧密联系。通过

社会实践，学生可以看到理论知识在现实生活中的具体体现，认识到理论并非脱离实际的抽象概念，而是对实际生活的科学反映和理论指导。这种联系理论与实际生活的过程，有助于加深学生对理论知识的理解，提高理论学习的效果。

社会实践是培养学生独立思考和解决问题能力的重要途径。在实践中，学生需要运用所学的理论知识来面对和解决实际问题。例如，面对社区的一些实际问题，学生需要运用马克思主义的视角和方法，进行深入的分析和研究，提出解决方案。这种从理论到实践的过程，是对学生思维能力和创新能力的重要锻炼，有助于培养他们的独立思考和问题解决能力。

通过社会实践，学生能够将所学的思想政治理论知识应用于实际生活，并从实践中深化对理论的理解和掌握。因此，在大学生思想政治教育中，应积极组织和引导学生参与社会实践活动，创造条件让学生亲身体验、实践和探索，帮助学生将理论与实践有机地结合起来，实现深入学习。

（二）培养社会责任感

在大学生思想政治教育中，社会实践被赋予了丰富的教育意义。其中之一就是通过参与社会实践活动，培养学生的社会责任感，使他们能直接接触社会，了解社会的多元性和复杂性，体验到作为公民应尽的社会责任。这种培养方式可以显著提高学生的社会责任感，同时也有助于他们形成正确的世界观、人生观和价值观。

首先，参与社会实践是增强学生社会责任感的重要方式。高校是社会的重要组成部分，大学生是中国未来的建设者，因此对大学生进行社会责任教育显得尤为重要。在大学生社会实践活动中，他们有机会亲身体验社会的各种问题，如贫困、环境污染、公共卫生等。通过直接参与解决问题的过程，学生可以深刻感受到自己的行为对社会的影响，从而产生强烈的社会责任感。这种亲身体验和参与，远比课堂上的理论学习更能让学生感受到社会责任的重要性和紧迫性。

其次，社会实践可以帮助学生了解社会的多元性和复杂性。在实践活动中，学生将直接接触到社会的各种人和事，看到社会的不同面貌，理解社会的复杂性。这些体验将挑战他们过去的认知和观念，使他们意识到世界并非黑白分明，而是包含了多元的价值和复杂的问题。这种理解将帮助他们开阔视野，增强批判性思维，形成更为成熟和全面的社会认识。

最后，社会实践有助于学生形成正确的世界观、人生观和价值观。在参与实践活动的过程中，学生将遇到各种道德和价值的选择，这些选择将迫使他们思考自己的世界观、人生观和价值观，反思自己的行为和态度。例如，他们可能会在帮助贫困人群的过程中，认识到人的价值不仅仅在于物质财富，更在于道德品质和人格尊严；他们可能会在参与环保活动的过程中，认识到环境的保护不只是个人的责任，也是社会的责任。通过这些体验和反思，学生能够逐渐形成正确的世界观、人生观和价值观，明确自己的社会责任和人生追求。

因此，在大学生思想政治教育与中华优秀传统文化融合育人中，教育者应该积极组织和推动社会实践活动，为学生提供广阔的实践平台，帮助他们在实践中成长、思考和探索，实现思想政治教育的综合发展。同时，教师也应扮演好引导者和指导者的角色，引导学生在实践中思考，从而真正体验到社会责任的重要性，为社会做出积极贡献。

（三）提升实践能力

在大学生思想政治教育中，社会实践不仅是理论知识学习的重要补充，而且是提升学生实践能力的重要途径。社会实践提供了一个广阔的平台，使学生能够将课堂中学习的理论知识运用于实际生活，解决具体的社会问题。这个过程对学生的思维能力、判断能力、组织协调能力等都有极大的锻炼和提升。

社会实践能够锻炼和提升学生的思维能力。在实践过程中，学生面临的不再是教科书上的问题，而是真实且复杂的社会问题。解决这些问题需要学生运用所学知识，进行深入的思考和判断。例如，学生可能需要运用社会学的知识来分析社区的社会问题，或者运用经济学的知识来解决企业的经营问题。这些实践过程迫使学生去积极思考，发挥他们的创新能力，从而锻炼和提升他们的思维能力。

社会实践能够锻炼和提升学生的判断能力。在面对复杂的社会问题时，学生需要做出判断和决策，这既需要他们具备理论知识，也需要他们具备良好的判断能力。社会实践提供了这样的机会，使学生在实际问题面前，学会如何做出科学合理的判断，从而提升他们的判断能力。

社会实践也能够锻炼和提升学生的组织协调能力。许多社会实践活动是以团队的形式进行的，这就需要学生具备良好的组织协调能力。例如，学生可能需要组织一次社区服务活动，或者协调一次校园活动。在这些活动中，学生需要有效地组织和协调团队成员，以达成团队目标。这种实践经验将锻炼和提升学生的组织协调能力。

社会实践还能够提升学生的专业技能。通过参与社会实践，学生可以在实践中运用和提升自己的专业技能。例如，新闻传播专业的学生可以通过参与社会实践，提升他们的采访、写作和编辑技能；商业管理专业的学生可以通过参与实践项目，提升他们的市场调研、数据分析和团队管理能力。这些专业技能的提升将使学生更加具备实际工作的能力和竞争力。

社会实践对于大学生思想政治教育的开展与学生个人素质的提升具有重要的促进作用。高校应该积极组织和推动社会实践活动，为学生提供广阔的实践平台，帮助他们在实践中培养综合能力和发展潜力，为未来的职业发展和社会贡献奠定基础。同时，教师也应发挥好指导的作用，帮助学生在实践中不断学习和成长，实现全面发展。

（四）扩展视野与思维

社会实践是教育的重要组成部分，尤其在高校教育中，社会实践占有重要地位。在实践中，学生可以将理论知识与实际相结合，锻炼自己的实践能力和解决问题的能力，更重要的是，社会实践能够使学生跳出校园，进入更广阔的社会，接触到更多元化的人和事，从而扩大他们的视野，开阔他们的思维。这对于提升他们的思维敏锐度和创新能力具有重要意义。

社会实践能使学生了解到更多的社会面貌，提高他们的社会认知能力。通过参与社会实践，学生可以接触更广阔的社会，体验社会的复杂性和多元性，了解社会的运行机制，从而提升他们的社会认知能力。例如，学生可以通过参与志愿者服务，了解到社会的贫困问题，理解到贫困产生的原因和解决的办法；通过参与社区活动，了解到社区的管理和运作方式，以及社区居民的生活状态。这种直接的社会体验，可以使学生更好地理解社会，提高他们的社会认知能力。

社会实践能扩大学生的视野，提升他们的跨文化交流能力。在经济全球化的今天，具备跨文化交流能力对于学生来说是非常重要的。通过参与社会实践，学生可以接触到不同的文化背景，了解到不同的生活方式，从而扩大他们的视野，提升他们的跨文化交流能力。例如，学生可以通过参与国际交流项目，了解到外国的文化和社会，从而提升他们的跨文化交流能力。

社会实践能开阔学生的思维，提升他们的创新能力。在实践中，学生需要面对各种问题和挑战，这就需要他们运用所学的知识和技能，创新性地解决问题。这种在实践中创新解决问题的过程，可以锻炼他们的创新能力，提升他们解决问题的能力。例如，学生可以通过参与科研项目，运用自己的专业知识，创新性地解决科研问题。

社会实践还能提升学生的思维敏锐度，提升他们的批判性思维能力。在社会实践中，学生需要面对不同的社会问题和现象，需要对其进行深入的思考和分析，这可以提升学生的批判性思维。例如，学生可以通过参与社会调研，分析社会问题产生的根源和影响因素，提出相应的解决方案。这种思辨和批判的过程，可以提升学生的思维敏锐度和批判性思维能力。

二、社会实践推动大学生思想政治教育与中华优秀传统文化融合的路径

（一）建立社会实践基地

在推动大学生思想政治教育与中华优秀传统文化融合过程中，建立社会实践基地是一种具有实效性的手段。这种手段需要高校与一些具有浓厚传统文化底蕴的社区、企业或非政府组织建立长期合作关系，以便在更大的社会范围内推广中华优秀传统文化，同时也为学生提供一个理论与实践相结合的平台。

大学生思想政治教育注重理论知识的教授，但同样也强调实践经验的积累。通过设立社会实践基地，学生可以有机会接触到中华优秀传统文化的实际存在形态，借助实物和实例，把抽象的理论知识转化为具体的实践经验。在实践基地中，学生可以深入了解中华优秀传统文化的具体内容和发展历程，掌握中华优秀传统文化的基本特征和精神内涵，理解中华优秀传统文化在现代社会中的价值和意义。

与此同时，社会实践基地也是一个对学生进行思想政治教育的平台。在社会实践基地中，学生可以直接接触到社会的实际情况，理解社会的复杂性和多样性，感受到自己作为一名社会成员所应尽的责任和义务。通过参与社会实践活动，学生可以把思想政治理论知识与社会实践相结合，分析和解决实际问题，从而提高他们的思想政治素质。

此外，社会实践基地还是一个提升学生实践能力的场所。在社会实践基地中，学生需要运用自己的知识和技能，解决各种实际问题。这既是对他们知识和

技能的一种锻炼，也是对他们解决问题能力的一种提升。通过社会实践，学生可以提高他们的实践能力和创新能力，从而为他们未来的职业生涯打下坚实的基础。而在这个过程中，中华优秀传统文化则可以作为一种教育资源，提供给学生丰富的学习内容。通过对中华优秀传统文化的学习和体验，学生可以增强文化自觉和文化自信，提升文化素养，同时也能更好地理解和接受思想政治教育的内容。

（二）开展中华优秀传统文化主题实践

开展中华优秀传统文化主题实践是一个有效的策略，能够将中华优秀传统文化与大学生思想政治教育结合在一起。这种方式可以让学生直接参与和体验中华优秀传统文化，同时，也可以引导他们用思想政治理论知识去思考和分析中华优秀传统文化的现代价值。

传统文化是一个国家和民族历史积淀的产物，是其精神象征和文化标识。通过开展中华优秀传统文化主题实践，学生可以直接感受到中华优秀传统文化的魅力，了解中华优秀传统文化的丰富内涵。例如，学生可以参与传统节日的庆祝活动，了解节日的历史背景和文化意义；可以参加传统工艺的制作体验，学习和掌握传统工艺的制作技艺；可以观看和参与传统艺术的展演，欣赏传统艺术的美感和魅力。同时，这些活动也可以作为思想政治教育的实践平台。在活动中，学生不仅可以亲身体验中华优秀传统文化，而且可以运用思想政治理论知识，去分析和思考中华优秀传统文化的现代价值。例如，学生可以思考中华优秀传统文化在现代社会的作用和影响，探讨中华优秀传统文化如何对现代社会的思想风气和道德规范产生影响，分析中华优秀传统文化如何对现代社会的文化发展和民族精神的培育起到推动作用，等等。

通过中华优秀传统文化主题实践，学生可以提高自身文化素养，增强民族自豪感和文化自信。他们可以更加深入地理解和把握中华优秀传统文化的精神内涵，更加积极地传承和发扬中华优秀传统文化。同时，他们也可以更好地理解和掌握思想政治理论知识，提高自己的思想品质和道德素质。

另外，这些实践活动还可以培养学生的团队合作能力和社会责任感。在实践活动中，学生需要协作完成任务，理解和尊重他人，解决团队中的冲突和矛盾，这可以锻炼学生的团队合作能力。同时，学生需要关心社会，关注社会问题，积极参与社会服务，这可以增强学生的社会责任感。

（三）设计大学生思想政治教育与中华优秀传统文化相结合的课程项目

设计大学生思想政治教育与中华优秀传统文化相结合的课程项目，是实现二者深度融合、培养学生综合素质的重要途径。这种课程项目设计可以使学生在项目实践中，积极探索、体验和理解中华优秀传统文化的精神内涵，同时，引导学生运用思想政治理论知识去审视和评价传统文化，以提升他们的文化自觉和社会责任感。在设计这种课程项目时，主要侧重以下几点。

首先，要明确课程项目的目标。课程项目的目标应该包含对中华优秀传统文化的理解和体验，以及对思想政治理论知识的运用和实践。这个目标可以通过研究中华优秀传统文化的某个具体方面，或者通过解决某个具体的社会问题来实现。其次，要合理设定课程项目的内容。课程项目的内容应该结合中华优秀传统文化的特点和大学生思想政治教育的要求，选取具有代表性和启示性的传统文化元素，如传统节日、传统艺术、传统礼仪、传统道德观念等，作为项目研究的对象。同时，要合理设计相应的实践活动，如参观历史文化遗址、体验传统手工艺、参加文化交流活动等，让学生在实践中体验中华优秀传统文化，理解其内涵。再次，要设计有效的教学方法。在教学方法上，要注重引导学生主动学习、积极参与，鼓励他们提出自己的见解和想法，通过讨论、辩论等方式，提高他们的思维能力和表达能力。可以运用案例分析、角色扮演、小组讨论等教学方法，激发学生的学习兴趣，提高他们的学习效果。最后，要设置合理的评价机制。评价机制应该考虑学生的知识掌握程度，但更重要的是他们的思想觉悟和实践能力。可以通过作业、报告、展示、辩论等方式，对学生的学习效果进行综合评价。

设计大学生思想政治教育与中华优秀传统文化相结合的课程项目，不仅能够使学生深入理解和体验中华优秀传统文化，还可以帮助他们运用思想政治理论知识，对中华优秀传统文化进行理性分析和评价，提高他们的思想素质和社会责任感。这样的课程设计，可以有效地推动大学生思想政治教育与中华优秀传统文化的深度融合，培养学生的综合素质。同时，这也是一种创新的教学模式，能够激发学生的学习兴趣和主动性，提高他们的学习效果和成长空间。在实施过程中，学校和教师应积极支持和指导学生，为他们提供必要的资源和机会，营造良好的学习环境，共同促进大学生思想政治教育与中华优秀传统文化的深度融合。

（四）鼓励学生开展独立的社会实践活动

学校应鼓励学生开展独立的社会实践活动，尤其是那些与中华优秀传统文化相关的活动。这种独立实践可以帮助学生在实际行动中理解和体验中华优秀传统文化，若辅以思想政治教育引导，就可以使他们理性地看待和评价传统文化，提高他们的社会责任感和历史文化意识。

在大学生思想政治教育与中华优秀传统文化融合育人中，教育者必须理解社会实践的重要性。对于学生来说，社会实践不仅是他们学习和实践思想政治理论知识的重要平台，而且是他们接触社会、了解社会、服务社会的重要方式。通过参与社会实践，学生可以将理论知识与实际生活相结合，提升自己的实践能力和社会责任感。教育者要看到，优秀传统文化是一个国家、一个民族的根和魂，是构建世界观、人生观和价值观的重要资源。鼓励学生开展与中华优秀传统文化相关的社会实践活动，可以使他们深入了解和体验中华优秀传统文化，理解中华优秀传统文化的精神内涵和历史价值，增强对中华优秀传统文化的认同感和自豪感。

教育者应当鼓励和支持学生根据自己的兴趣和专业背景，选择合适的社会实践活动。例如，对于历史专业的学生，可以鼓励他们参与到文化遗产的保护和研究中去；对于艺术专业的学生，可以鼓励他们学习和传承传统艺术；对于社会科学专业的学生，可以鼓励他们进行关于中华优秀传统文化在现代社会的传承和发展的研究。通过这些具有针对性的社会实践活动，学生可以更好地理解和感受中华优秀传统文化，同时也可以运用思想政治理论知识，分析和解决实际问题。此外，教育者还应该为学生提供必要的支持和指导。学校可以提供一些实践基地和实践资源，为学生的社会实践活动提供便利；教师可以提供一些实践指导和思想政治教育，帮助学生提高实践能力，提升思想政治素质。

（五）优化社会实践活动的评价机制

优化社会实践活动的评价机制，意味着从单一的结果导向转变为过程与结果并重。这一转变不仅能更全面地评价学生的实践能力，而且能更好地反映社会实践活动在大学生思想政治教育与中华优秀传统文化融合育人中的作用。建立一种综合评价机制，不仅评价学生的实践成果，还评价他们在实践中的参与态度、合作能力、问题解决能力等软性技能，有助于更好地推动学生的全面发展。

对于社会实践活动来说，实践成果是重要的，但更重要的是实践过程。在这个过程中，学生需要运用他们的知识和技能去解决实际问题，体验和学习中华优秀传统文化，理解和实践思想政治理论。这个过程中的体验和学习，对于学生的成长和发展来说，其实是更有价值的。因此，教育者需要将评价的重点从实践成果转移到实践过程，关注学生在实践过程中的学习和成长。

学校需要建立一种综合评价机制，这种评价机制不仅要考查学生的实践成果，还要考查他们的参与态度、合作能力、问题解决能力等。参与态度可以体现学生对社会实践的热情和投入，合作能力可以体现学生的团队协作能力，问题解决能力可以体现学生的创新和实践能力。这样的评价机制能够更全面地评价学生的实践能力，更好地反映社会实践活动的教育效果。例如，可以设立一系列的评价指标，如实践成果的质量和数量、实践过程的参与度和活跃度、实践活动的创新性和实用性等。此外，学校还可以设置一些特殊奖项，如最佳合作奖、最佳创新奖等，以此激励学生积极参与社会实践，提高实践能力。

优化社会实践活动的评价机制，关注学生的实践过程和实践能力，建立一种综合评价机制，是推动大学生思想政治教育与中华优秀传统文化融合、提升社会实践活动的思想政治教育效果的重要举措。这样的评价机制能够更好地激发学生的学习动力和创新能力，促进他们的全面发展，并有效推动大学生思想政治教育与中华优秀传统文化的深度融合。教育者应积极引导学生参与社会实践，为他们提供必要的支持和指导，营造一个积极、开放、创新的实践环境，为学生的全面成长和发展提供良好的平台和机会。

参考文献

[1] 柳琼，韩冰，张薇.大学生思想政治教育对策研究 [M].长春：吉林出版集团股份有限公司，2020.

[2] 董康成，顾丹华.新时期大学生思想政治教育实践路径研究 [M].长春：吉林大学出版社，2021.

[3] 邓云晓，陆志荣.传统文化视阈下大学生思想政治教育创新研究 [M].成都：西南交通大学出版社，2020.

[4] 张季菁.文化视野中的大学生思想政治教育 [M].银川：宁夏人民出版社，2009.

[5] 张宜英.中国传统文化与大学生思政教育研究 [M].长春：吉林大学出版社，2021.

[6] 李程.传统文化精神与大学生思政教育 [M].北京：光明日报出版社，2013.

[7] 李君霞，龙黎.大学生思政教育教学实践与改革研究 [M].长春：吉林大学出版社，2022.

[8] 昝金生.大学生思政教育建设及其信息化发展研究 [M].延吉：延边大学出版社，2020.

[9] 张丹绮.全媒体时代下大学生思政教育创新探索 [M].长春：吉林出版集团股份有限公司，2019.

[10] 冯国营.新媒体时代大学生思政教育挑战与创新 [M].天津：天津科学技术出版社，2018.

[11] 刘艳芳.中华优秀传统文化融入高校思想政治教育研究 [M].郑州：郑州大学出版社，2021.

[12] 胡雁波，胡显峰，蒋怡.大学生思政教育与中华民族传统文化 [M].长春：吉林大学出版社，2017.

[13] 徐以国.传统文化视角下大学生思政教育 [M].北京：中国原子能出版社，2018.

[14] 刘晓璞.当代大学生思政教育研究 [M]青岛：中国海洋大学出版社，2016.

[15] 邢大海.传统文化精神与大学思政教育 [M].延吉：延边大学出版社，2018.

[16] 刘金玲.传统文化融入高校思政课教育教学研究 [M].长春：吉林大学出版社，2018.

[17] 康超.中国传统文化与大学生思想政治教育研究 [M].北京：中国文史出版社，2016.

[18] 郑君.中华优秀传统文化的思想政治教育价值研究 [D].长春：东北师范大学，2022.

[19] 张娜.以精准思政推进优秀传统文化融入高校思政教育研究 [D].济南：山东大学，2022.

[20] 杜丽."四史"教育融入高校思政课教学研究 [D].武汉：华中师范大学，2022.

[21] 马强.中华优秀传统文化融入高校思政课教学研究 [D].西宁：青海大学，2022.

[22] 熊祎.新时代高校思政课实践教学模式研究 [D].重庆：四川外国语大学，2022.

[23] 薛金枝.儒家优秀传统文化融入大学生思想政治教育研究 [D].西安：西安理工大学，2021.

[24] 秦冰馥.中华优秀传统文化融入高校思想政治教育研究 [D].长春：东北师范大学，2021.

[25] 徐亚芳.习近平传统文化观视域下大学生思想政治教育的创新研究 [D].南昌：江西师范大学，2021.

[26] 杨一琼.中华优秀传统文化融入大学生思想政治教育研究 [D].锦州：渤海大学，2021.

[27] 代霞.中华优秀传统文化融入高校思想政治教育的路径研究 [D].成都：西华大学，2021.

[28] 陈美含.中华优秀传统文化融入大学生思想政治教育研究 [D].长春：长春工业大学，2021.

[29] 成清霞.优秀传统文化的思想政治教育功能及其实现路径 [D].安庆：安庆师范大学，2021.

[30] 于文香.新时代高校思政课涵育大学生文化自信研究 [D].上海：上海师范大学，2021.

[31] 孙琳.高校思政课教学中新媒体运用研究 [D].沈阳：沈阳师范大学，2021.

[32] 游珍花.中华优秀传统文化融入大学生思想政治教育研究 [D].武汉：武汉理工大学，2021.

[33] 吕菲.在高校思政课中发挥学生主体性作用研究 [D].秦皇岛：燕山大学，2021.

[34] 林文君.高校思政课加强文化自信教育研究 [D].长沙：湖南大学，2021.

[35] 王晓晶.中华优秀传统文化浸润思想政治教育的研究 [D].南京：南京师范大学，2021.

[36] 晏振宇.中华优秀传统文化融入大学生思想政治教育研究 [D].济南：山东大学，2021.

[37] 徐小贺.优秀传统文化融入大学生思想政治教育路径探究 [D].长春：吉林农业大学，2020.

[38] 向云鹭.中华优秀传统文化大学生思想政治教育功能发挥研究 [D].武汉：华中师范大学，2020.

[39] 吕小亮.课程评价视角下的高校思政课教学改革研究 [D].厦门：厦门大学，2019.

[40] 孙希颜.高校思政课与校园文化协同育人创新路径研究 [D].无锡：江南大学，2019.

[41] 刘欣雨，张萌，白婕.马克思主义同中华优秀传统文化相结合背景下高校思政教育实践路径探究 [J].天津职业院校联合学报，2023（5）：8-11，36.

[42] 秦瑛，秦鹏.中华优秀传统文化融入高校思政教育的实施路径 [J].林区教学，2023（5）：24-27.

[43] 宣王威.高校思政教育：现实障碍及化解途径 [J].山西财经大学学报，2023（增刊1）：127-129.

[44] 于影，张卓月.中华优秀传统文化融入高校思政课堂的路径研究 [J].辽宁经济职业技术学院 辽宁经济管理干部学院学报，2023（2）：76-78.

[45] 王伟，胡世怡，程智龙.中华优秀传统文化融入高校思政教育的三维探析 [J].无锡职业技术学院学报，2023（2）：63-67，78.

[46] 董永升，董悦.中华优秀传统文化融入高校思政教育路径 [J].大众文艺，2023(4)：199-201.

[47] 赵丽华.传统优秀文化在高校思政教育中的应用研究 [J].中国民族博览，2023(2)：185-187.

[48] 徐玉钦，杨玉仁.中华优秀传统文化融入高校思政课的意义与路径探析 [J].甘肃教育研究，2023（1）：94-96.

[49] 郭燕.优秀传统文化融入高校思政课程的现实困境与路径 [J].教育理论与实践，2023（3）：53-56.

[50] 董子涵，任凤琴.中华优秀传统文化融入高校思政教育的三维审视 [J].领导科学论坛，2023（1）：144-148.

[51] 李亚美. 高校思政课课程体系构建探析 [J]. 学校党建与思想教育，2023（1）：25–28.

[52] 张翠方. 中华优秀传统文化融入高校思政课程教学的路径分析 [J]. 产业与科技论坛，2022（24）：144–146.

[53] 刘郁，况怡霞，赵青青. 道家传统文化与高校思政育人结合的价值研究 [J]. 汉字文化，2022（增刊2）：295–297.

[54] 潘昱州，龚珍旭. 中华优秀传统文化资源融入高校思政课的三重向度 [J]. 学校党建与思想教育，2022（14）：61–63.

[55] 安秀荣. 马克思教育观融入高校思政课教学的逻辑理路 [J]. 湘潭大学学报（哲学社会科学版），2022（2）：157–162.

[56] 张薇. 传统文化在高校思政教育中的渗透途径 [J]. 中学政治教学参考，2022（9）：97.

[57] 李俊. 中华优秀传统文化融入高校思政教育探究 [J]. 中学政治教学参考，2021（48）：100.

[58] 周松，邓淑华，陈希. 信息技术融入高校思想政治理论课的四重维度 [J]. 黑龙江高教研究，2021（8）：125–130.

[59] 张涛华. 新时代高校思政课教师队伍建设略论 [J]. 学校党建与思想教育，2021（11）：61–63.

[60] 于超，于建福. 中华优秀传统文化融入高校思政课的价值与路径 [J]. 中国高等教育，2020（15/16）：40–42.

[61] 韩菲. 传统文化用于高校思政教学现状剖析 [J]. 中学政治教学参考，2020（22）：98.

[62] 黄岩，朱杨莉. 中华优秀传统文化融入高校思政课的思考 [J]. 思想政治教育研究，2019（1）：81–86.

[63] 王冰洁. 如何通过中国传统文化教育加强高校思政教育建设 [J]. 吉首大学学报（社会科学版），2018（增刊1）：169–171.